汽车销售技巧与实务

QICHE XIAOSHOU JIQIAO YU SHIWU

刘秀荣　编著

電子工業出版社
Publishing House of Electronics Industry
北京·BEIJING

图书在版编目（CIP）数据

汽车销售技巧与实务/刘秀荣编著. —北京：电子工业出版社，2015.1
高职高专“十二五”汽车类规划教材
ISBN 978-7-121-25110-8
Ⅰ.①汽…　Ⅱ.①刘…　Ⅲ.①汽车－销售－高等职业教育－教材　Ⅳ.①F766
中国版本图书馆 CIP 数据核字（2014）第 292677 号

策划编辑：姜淑晶
责任编辑：刘淑敏
印　　刷：北京虎彩文化传播有限公司
装　　订：北京虎彩文化传播有限公司
出版发行：电子工业出版社
　　　　　北京市海淀区万寿路 173 信箱　邮编　100036
开　　本：787×1092　1/16　印张：16.5　字数：361 千字
版　　次：2015 年 1 月第 1 版
印　　次：2019 年 7 月第 4 次印刷
定　　价：35.00 元

凡所购买电子工业出版社图书有缺损问题，请向购买书店调换。若书店售缺，请与本社发行部联系，联系及邮购电话：（010）88254888。

质量投诉请发邮件至 zlts@phei.com.cn，盗版侵权举报请发邮件至 dbqq@phei.com.cn。

服务热线：（010）88258888。

前言

本教材以适应高职高专教学改革与课程改革的需要为出发点，努力贴近高职高专的教学实际，进行“教学做”一体的课程教学改革与实践，以“理论够用，重在实践”为原则，从结构到内容都进行了突破与创新。

本教材以销售人员职业岗位为主线，以任务为中心，整合了汽车销售技巧与实务课程内容，设计了两个模块的内容。第一个模块包括八个学习情境，分别是客户开发、展厅接待、需求分析、车辆展示、试乘试驾、成交与签约、新车递交及售后跟踪；第二个模块包括四个学习情境，分别是大客户开发、大客户的邀约与拜访、大客户洽谈与合同的订立，以及大客户管理。

本教材具有以下特点：

1．教材结构上的创新。根据汽车销售职业岗位特点，坚持行动导向的课程开发理念和方法，将汽车销售技巧与实务设计为两个模块、十二个学习情境的课程结构，将汽车销售岗位的销售流程都囊括了进来。在每一个学习情境中都有案例引入、任务背景、任务目标和任务实施；每个学习情境都有职业知识检测、职业技能训练，学生结合课堂教学内容再进行相应的实操能力训练。因此，本教材具有针对性、有效性、可操作性和实践性。

2．教材内容的创新。在教学内容的选取上，注重与销售岗位的技能紧密联系，重点突出解决问题能力和技巧的训练。其目的是为学生从事汽车销售工作打下基础。

3．在学生的自主学习方面，其能力训练也具有多层次性。本教材的能力训练分为职业知识检测和职业技能训练。职业知识检测包括复习思考题、案例分析，通过训练可以提高学生分析问题的能力、解决问题的能力及销售技巧；职业技能训练包括单项技能训练和综合技能训练及技能迁移训练，通过技能迁移训练，扩展学生技能的应用领域；通过职业技能训练，一方面能够提高学生的动手能力和应用能力，另一方面能够增加学生的就业机会。

本教材根据销售职业岗位特点设计学习内容，构思新颖、内容精练，可作为高职高专汽车类、汽车服务类、汽车营销等专业的汽车销售实务等课程的教材使用，也可供汽车销售人员及相关销售人员在职培训或社会从业人员自学使用。

本教材由天津职业大学刘秀荣教授编写，在编写过程中得到了企业一线销售顾问边晶的大力支持与帮助，在本教材编写的组织与协调方面做了大量的工作，在此表示衷心的感谢。由于作者水平有限，加之适用于行动导向的教材开发打破了传统教材的结构，一定有尚不成熟和待完善之处，敬请广大读者批评指正。

刘秀荣

目录 Contents

第一篇 消费者市场汽车销售

情境一 客户开发……2
案例引入……2
任务背景……3
任务目标……3
任务实施……3
一、明确客户开发的目标……3
二、确定客户开发的渠道……4
三、选择客户开发的方法……7
四、运用客户开发的技巧……18
五、进行客户资格审查……19
职业知识检测……22
职业技能训练……23
情境二 展厅接待……26
案例引入……26
任务背景……26
任务目标……27
任务实施……27
一、做好展厅接待的准备……27
二、来店客户心理分析及应对……37
三、进行展厅接待……41
四、运用展厅接待的技巧……44
职业知识检测……46
职业技能训练……47
情境三 需求分析……50
案例引入……50
任务背景……50
任务目标……51
任务实施……51
一、进行需求分析……51
二、运用需求分析的方法与技巧……61
职业知识检测……69
职业技能训练……72
情境四 车辆展示……75
案例引入……75
任务背景……75
任务目标……76
任务实施……76
一、做好车辆展示的准备……76
二、选择车辆展示的方法……79
三、进行车辆的展示……83
四、运用车辆展示的技巧……87
五、车辆介绍中应注意的问题…88
职业知识检测……90
职业技能训练……91
情境五 试乘试驾……95
案例引入……95
任务背景……95
任务目标……96
任务实施……96
一、明确试乘试驾的目的……96
二、做好试乘试驾前的准备……97
三、试乘试驾中……101
四、试乘试驾后……107
五、试乘试驾中各阶段技巧的运用……109
职业知识检测……112
职业技能训练……113
情境六 成交与签约……117
案例引入……117
任务背景……117
任务目标……118

任务实施……118
一、与无异议的客户达成交易……118
二、与有异议的客户达成交易……120
三、成交失败的处理……143
职业知识检测……144
职业技能训练……145
情境七 新车递交……148
案例引入……148
任务背景……148
任务目标……149
任务实施……149
一、做好交车的准备工作……149
二、确定交车过程……152
三、完成交车仪式……161
职业知识检测……162
职业技能训练……163
情境八 售后跟踪……166
案例引入……166
任务背景……166
任务目标……167
任务实施……167
一、明确售后跟踪的目的……167
二、做好售后跟踪的主要工作……169
三、客户抱怨的处理……174
四、进行保险理赔服务……178
职业知识检测……181
职业技能训练……182

第二篇 大客户市场汽车销售

情境九 大客户开发……186
案例引入……186
任务背景……187
任务目标……187
任务实施……187
一、认识大客户开发的规律……187
二、选择大客户开发的渠道……191
三、确定大客户开发的方法……192
四、运用大客户开发的技巧……194
五、进行大客户资格审查……195
职业知识检测……201
职业技能训练……202
情境十 大客户的邀约与拜访……204
案例引入……204
任务背景……204
任务目标……204
任务实施……205
一、进行邀约……205
二、选择约见客户的方法……207
三、拜访大客户……214
职业知识检测……221
职业技能训练……222
情境十一 大客户洽谈与合同的订立……226
案例引入……226
任务背景……226
任务目标……227
任务实施……227
一、进行洽谈……227
二、合同的订立……241
职业知识检测……246
职业技能训练……247
情境十二 大客户管理……252
案例引入……252
任务背景……252
任务目标……253
任务实施……253
一、明确大客户管理的内容……253
二、确定大客户管理的策略……254
职业知识检测……255
职业技能训练……256
参考文献……258

第一篇
消费者市场汽车销售

情境一

客户开发

案例引入

老推销人员论新业务员找客户之道

作为公司的业务员，把产品销售出去才是工作的首要任务，但要把产品销售出去就得开发客户。作为新手，开发客户真是一个很大的难题。那么，如何开发客户呢？下面介绍几点经验：

1）开始开发客户时，首先要尽量多地去掌握产品的一些知识，因为这会帮助你克服在业务工作中遇到的困难。试想，一个对自己产品不了解的人如何去说服别人购买自己的产品呢？所以，在业务工作的开始，首先要把自己的产品了解清楚，所要了解的内容有产品名称、产品内容、使用方法、产品特征、售后服务、产品的交货期、交货方式、价格和付款方式、生产材料和生产过程，也要了解一下同行的产品及相关的产品。做完这些工作，你就可以去跑业务了，掌握这些知识会使你的业务做起来事半功倍。

2）对于新业务员，网上找客户是开始的最好选择，所以先在网上通过一些商业网站去搜索一些客户的资料，由于已掌握了产品的相关知识，哪怕是通过电话联系客户对你也不是很难的。

3）除了网上找客户外，你也可以通过电信黄页和专业的杂志等去找客户。电信黄页很好找到，在里面按行业查找，你会找到不少属于你的客户。这里介绍一下专业杂志。现在杂志行业都比较普及，这类杂志上的客户都比较适用，一般来说只要出现在杂志上的公司都是存在的，比较好的杂志行业分类比较清楚，容易找客户。

4）除了可以让相关联的行业里的业务员给你介绍客户外，你还可以用另一个方法去找客户——让你的客户给你介绍客户。这个方法听起来很难，但做起来并不难。当你诚心对客户好的时候，客户就会把你的优点介绍给他的朋友，因为哪个企业老板没有几个从事同一个行业的朋友呢？要是没有，那么他就不是一个成功的老板了。做生意都是靠互相牵带的，靠自己一个人白手起家的很少，一般都是有亲戚或朋友先做，自己是后来被带起来做的。这样，客户介绍给他的朋友来和你做生意，因为他是由朋友介绍来的，对你已经很肯定了，这样的客户几乎不费什么力气就可以得到，而且很有保障。

问题：

1. 上述内容中都提到了哪些开发客户的方法？
2. 这位老推销人员所说的话你是否完全赞同？为什么？
3. 如果你是一名新业务员，你觉得在寻找客户中还要注意什么问题？

任务背景

在整个销售活动中，寻找客户是一件最具挑战性、开拓性和艰巨性的工作。许多推销人员不喜欢主动寻找新的客户，往往满足于同老客户的业务往来，或者等待客户自己找上门来。这样的结果是，销售业务难以发展，销售业绩不断下降。寻找客户是推销人员扩大社交圈子、创造更多销售机会的过程，推销人员认识的人越多，目标客户群就越大，销售的机会就越多，销售业绩也就越好。因此，在这个阶段中，最重要的是推销人员要明确客户开发的目标，选择合适的客户开发渠道，恰当运用客户开发技巧和方法，不断扩展自己的客户网络。

任务目标

做好客户开发的目的是在满足客户需求的同时，使推销人员保持稳定的销量。具体来说，客户开发的任务目标包括：掌握各种客户开发的渠道；熟练掌握客户开发的方法；正确选择客户开发的方法；熟练掌握客户开发的技巧；掌握潜在客户管理的方法。

任务实施

一、明确客户开发的目标

通常，推销人员的客户信息当中，真正有购买意向的客户可能只占到 30%，而这 30%当中真正成交的可能只占到 40%。比如，推销人员有 100 个意向客户信息，真正有意向并能再次商谈的客户可能只有 30 个，最后能成交的可能只有 12 个，也就是说成交率为 12%。当然，上面所提到的比例只是一个假设，它可能会因推销人员的经验能力的不同而有所不同，但是每个推销人员都要对自己的商谈率和成交率进行分析，并且根据自己的销售目标和成交率来制定客户开发的目标。例如，某推销人员 8 月的销售目标设定为 10 辆车，目前手中已有的客户数为 30 个，其近期的成交率为 10%，则该推销人员 8 月的客户开发目标为 10÷10%−30=70（个）。

二、确定客户开发的渠道

（一）通过媒介渠道开发客户

顾名思义，媒介渠道就是利用网络、广告、报纸等媒介手段进行宣传的客户开发渠道。媒介渠道包括网络渠道、广告渠道和报纸渠道。

1．利用网络渠道开发客户

信息高速公路向你展示的不仅是它惊人的速度，更重要的是信息的数量和广度。在网络世界里，你可以很容易找到大量潜在的客户，同他们建立商业联系，把你的产品或服务介绍给他们，让他们变成你的真正客户。利用网络渠道开发客户有 3 种形式，如表 1-1 所示。

表 1-1　利用网络渠道开发客户的 3 种形式

序号	形　式	内　容
1	公司网站	公司网站就是一个公司的窗户，包括一家公司的历史、产品、订购方式、付款方式、联系方式等方面的信息，必然能够吸引一些对公司及其产品感兴趣的人，通过对网络浏览器的统计查询就可能发现准客户
2	合作建立的网站	指 4S 店与汽车之家网站合作建立的网站，随时与网络客户进行交流沟通
3	其他网站	这是指在其他网站能查阅到本店汽车的车型信息。由于网络之便，很多客户在计划买车时都会在网上查看感兴趣的品牌与车型的信息，进行对比筛选，再决定去 4S 店看实车

对于网络客户的开发，公司需要定期更换最新的车型信息与当前的价格活动等网络信息完善工作。对 4S 店来说，要及时查看门户平台上客户的交流信息，解答客户的疑虑，收集客户信息。销售顾问负责跟进这些客户，对这些客户进行进一步开发，吸引客户来店看车。

2．利用广告渠道开发客户

广告宣传也是客户开发常用的方法，虽然常常是短短几秒的播放时间，但经过重复的播放亦能使人留下印象，引起客户的注意，引发客户的兴趣。推销人员通过查阅公司的各种广告反馈记录，可以了解到可能的客户，这比采用普遍寻找法来寻找客户的范围要小得多，而且相对较为可靠，推销成交的概率也会大大提高。广告反馈信息应加工分类，分别传送到推销人员手中，成为发掘客户的线索。

3．利用报纸渠道开发客户

报纸渠道也是开发客户的一种常用方法。虽然目前网络盛行，但报纸依然占有一席之地，报纸这类传统媒介依旧广受大众喜爱。有些 4S 店会将近期的一些促销活动、政策动态等信息在报纸上公布，吸引众多的客户关注这些信息，推销人员可利用这一机会开发客户。

（二）在4S店外部开发客户

1．在现有客户中寻找潜在客户

在以往的推销工作中，企业如能以优质的产品、周到的服务取信于客户，满足客户的需求，客户就会对企业及其生产的产品产生信赖和亲近感。在这个前提下开展新一轮的推销活动，推销人员就可以请求现有客户向未来的新客户推荐介绍，以身示范，使老客户成为企业的宣传员和“业余推销人员”。例如，直销的成功，很多就是靠客户介绍客户开发客户的。

推销人员还可以采用其他形式和手法来获得老客户的启示与帮助。例如，请老客户写一封推荐信，将厂商、品牌、价格及服务情况，简略地介绍给潜在的新客户，并将推销人员推荐给新的客户，然后由推销人员持介绍信前往走访推销，进行上门服务。

2．从市场调查走访中开发客户

较之上述的工作思路，从市场调查走访中开发客户是在更大的范围和更广的视野内寻找推销对象的思路。通过文献调查、问卷调查、入户调查、电话调查和街头拦截访问等方法，都可以开发大量的潜在客户。

3．在熟悉的人中开发客户

很多推销人员抱怨不知道从哪里寻找客户，这样的推销人员恰恰忽略了自己的宝贵资源。大家都是社会中的人，都有自己的小学、中学、大学同学，有一帮亲朋好友，这些都是推销的宝贵资源。通过他们的互相介绍、推荐，你可以建立一个无限扩展的“链条式”的客户网来开发客户。

4．从商业联系中开发客户

商业联系比社会联系容易得多。借助于各种社交活动，你可以更快地进行商业联系。比如，你可以在行业协会或俱乐部那里发现绝佳的商业机会。

5．善用各种统计资料寻找准客户

国家相关部门的统计报告，行业、研究机构和咨询机构在报纸或期刊上面刊登的有关调查资料，都是开发客户的重要资料来源。

6．利用各种名录类资料开发客户

推销人员经常利用的资料有客户名录、同学名录、会员名录、协会名录、职员名录、名人录、电话黄页、公司年鉴、企业年鉴、报纸、杂志和有关的专业出版物等，这是一条最有效的开发客户的途径。

这里需要注意的是资料的时效性和可靠性。此外，平时还应注意积累资料（行业的或者客户的），以便能有效地开展工作。

7．通过各种贸易展销会开发客户

展销会是指由一个或若干个单位举办，具有相应资格的若干经营者参加，在固定场所和一定期限内，用展销的形式，以现货或者订货的方式销售商品的集中交易活动。我国有很多规模不等的商品贸易展销会，如上海汽车展销会等。企业通过参展、办展，不但能现场销售产品，还可以通过一系列的公共关系活动宣传企业，同时可以为开发客户提供线索。

（三）在4S店内部开发客户

很多4S店在业界有多年的经营历史，有健全的管理体系，也有一批训练有素的推销人员队伍，4S店内部的营销信息系统可能就有很多有助于推销人员开发客户的信息资料。因此，对一个初出茅庐的新手来说，从4S店内部开发客户不失为明智之举。4S店的内部信息主要包括以下几个方面。

1．来自企业财务部门的信息

4S店的财务部门是推销人员开拓客户的信息来源之一。凡是规模较大、实力较强的企业或公司一般内部分工缜密，有关业务分别由各个不同的职能部门承担，客户联系也由不同人员分头负责，推销人员可以从各个职能部门或科室机构寻找客户的线索。

2．来自公司售后服务部门的信息

4S店的服务部门（如售后服务部门、公关部、市场部）对开拓客户也是十分有益的。推销人员应当设法与服务部门、服务人员保持稳定的联系，经常与他们交换意见，从那里获得有关客户的信息资料。因为汽车需要定期保养或客户在产品损耗到一定程度需要更新维修，客户的购买意向和购买态度常受服务人员的影响，服务人员提供的信息往往是影响他们做出购买决定的重要因素。

3．来自公司销售记录的信息

推销人员首先应检查公司的原始记录，列出在汽车销售5年以上的客户清单，分析这些客户是否需要更换产品还是已经流失了。分析其原因，或许是由于公司的推销人员停止了对他们的访问，或许是由于该市场推销人员走马换将，业务关系也随着某个推销人员的离去而终止，但不管是什么原因，推销人员都可以打一个电话了解他们的现状，或许能从中开发若干客户，让他们重新回到4S店的客户名单中来。

4．来自客户来电记录的信息

客户服务电话除接受现有客户对公司产品的使用查询、申请服务及投诉外，也对其他的非客户公布，还可作为公司的咨询电话，从而成为开发客户的一种信息来源。

案例阅读 1-1

汽车推销大王与客户的联系

汽车推销大王乔·吉拉德在将汽车卖给客户数星期后，就会从客户登记卡中找出对方的电话号码，开始着手与对方联系：“以前买的车子情况如何？”白天打电话，接听的多半是购买者的太太，她大多会回答：“车子情况很好。”乔·吉拉德接着说：“假使车子振动厉害或有什么问题的话，请送回我这儿来修理。”他还请她提醒她的

丈夫，在保修期内送来检修是免费的。

同时，乔·吉拉德也会问对方，是否知道有谁要买车子。若对方说有位亲戚或朋友想将旧车换新的话，他便请对方告知这位亲戚或朋友的电话号码和姓名，并请对方拨个电话替他稍微介绍一下，且告诉对方如果介绍的生意能够成功，对方可得到25美元的酬劳。最后，乔·吉拉德没有忘记对对方的帮助表示感谢。

乔·拉德认为，即使质量上乘的产品，在装配过程中也会发生莫名其妙的小差错，虽经出厂检验也难免有疏漏，这些毛病在维修部修起来并不难，但对客户来说就增添了许多麻烦。把车子卖给客户后，对新车是否有毛病的处理态度和做法如何，将会成为客户向别人描述的重点。他可能会说："我买了一辆雪佛兰新车，刚买回来就出毛病！"但如果你主动问询对方对车子的评价，客户就会对别人说："乔·吉拉德这个人挺够意思，时时为我的利益着想，车子出了点毛病，他一发现就马上给我免费修好了。"

乔·吉拉德这样做一方面可以为客户提供满意的服务，另一方面可以在现有客户中寻找潜在客户，因为现有客户对车及推销人员是否满意将成为客户向别人描述的重点。

三、选择客户开发的方法

寻找客户往往是一个推销人员销售活动的开端。推销人员需要具备发现和识别客户的能力，并通过自己的工作来提高寻找客户的成效。客户开发的方法非常多，而且具有灵活性和创造性，以下介绍一些具体的方法。

（一）个人观察法

1．个人观察法的含义

个人观察法也称现场观察法，是指推销人员根据个人的知识和经验，通过对周围环境的直接观察和判断，寻找准客户的方法。个人观察法主要是依据推销人员个人的职业素质和观察能力，通过察言观色，运用逻辑判断和推理来确定准客户，是一种古老而基本的方法。

对推销人员来说，观察法是寻找客户的一种简便、易行、可靠的方法。运用这种方法，推销人员花费较少的时间、精力，就能够迅速地找到自己的客户，因而可以节省推销费用。如果一个推销人员不具备敏锐的观察力和洞悉事物的能力，那么采用这种方法寻找客户是不可能取得理想的结果的。

2．个人观察法的特点

个人观察法既有其十分明显的优点（见表1-2），又有其难以克服的局限性（见表1-3）。在推销实践活动中，推销人员应将个人观察法与其他方法配合使用，扬长避短，相辅相成，充分发挥观察法的作用。

表 1-2　个人观察法的优点

序号	优　点	具 体 内 容
1	直接性	与事物直接接触，不需要其他中间环节，观察到的结果和所获得的信息资料真实可靠，是第一手资料
2	情境性	观察一般是在自然状态下实施的，对被观察者不产生作用与影响，即无外来人为因素的干扰，不会产生反应性副作用，能获得生动朴素的资料，具有一定的客观性
3	及时性	观察及时，能捕捉到正在发生的现象，因此所获信息资料及时、新鲜
4	纵贯性	对被观察对象可以做较长时间的反复观察与跟踪观察，对被观察对象的行为动态演变可以进行分析
5	普遍性	观察适用范围较为普遍，不少方法（如调查法、实验法等）也与观察法有密切关系

表 1-3　个人观察法的局限性

序号	局 限 性	具 体 内 容
1	受观察对象的限制	观察法适宜对外部现象及事物的外部联系的研究，而不适宜于对内部核心问题及事物内部联系的研究。另外，对有些较为隐蔽的事物也不适合用观察法
2	受观察者本人的限制	由于人的感觉器官本身具有不精确性，而且都有一定的生理限度，超出这个限度，很难直接观察，所以观察往往难以精确化
		人的观察受主观意识的影响，不同的人有不同的意识背景与理论框架，因此对同一事物的观察往往带有各自的主观性，难以做到客观化
3	受观察范围的限制	由于观察对象具有有限性，特别是在同一时期内观察的对象是不多的，这种小样本不适用于大面积研究
4	受无关变量的干扰，缺乏控制	自然状态下的观察由于缺乏控制，因变量混杂在无关变量之中，没有纯化和凸显，从而使观察结果缺乏科学性

案例阅读 1-2

观　察　法

一天，原一平搭出租车出去办事，走到一个红绿灯的十字路口，红灯亮起，出租车停了下来。原一平无意中转头向窗外看了一眼，正好看到与他同行的一辆黑色豪华轿车，车里坐着一位很气派的老人。原一平心想，这老人一定大有来头，于是他让司机跟上那辆车，抄下那辆车的车牌号。随后，原一平打电话去交通监理所查这个车牌号的车主，得知这辆车的车主是一家大型公司的董事长。然后，他打电话到该公司，说："您好，是××公司吗？今天我在出租车上看到坐在那辆车牌号是××的黑色豪华车上的老先生，非常面熟，感觉好像在哪里见过，但我一时想不起来，您能帮忙提醒一下吗？我没有其他的意思。"对方说："那是公司常务董事长山本先生。"

原一平终于知道了那辆车的车主是××公司的董事长山本先生。接着，原一平开始调查他的学历、出生地、兴趣、爱好等。

当一切都调查清楚后，原一平就直接去拜访山本先生。由于原一平对山本先生情况的熟悉及对他公司的全面了解，推销就容易入手了。后来，山本先生成了原一平的客户。

案例中，原一平就是根据个人的知识和经验，通过对周围环境的直接观察和判断，获取了一手资料，并寻找到了客户。

（二）普遍寻找法

1. 普遍寻找法的含义

普遍寻找法也称逐户寻找法或者地毯式寻找法，是指推销人员在不太熟悉或完全不熟悉推销对象的情况下，直接访问某一特定地区或某一特定职业的所有个人或组织，从中寻找客户的方法。这一方法的理论根据是平均法则，也就是假定在被访问的所有人中，一定有推销人员要寻找的客户，并且这些客户的数量与访问人数成正比。根据这个平均法则，推销人员所要寻找的客户是平均地分布在某一地区的所有人当中的。这一方法的要点是，在特定的市场区域范围内，推销人员针对特定的群体，用上门、信件或者电话、电子邮件等方式对该范围内的组织、家庭或者个人无遗漏地进行寻找与确认。

这种看似笨拙的方法，曾被美国的推销人员称为无往而不胜的成功方法，被认为是所有寻找客户的方法中最有成效的方法。它最适用于销售广泛、人人必需的日用品，以及各种服务。

这种方法在我国古代也早有应用。例如，卖药的郎中，就是背着一个大包袱，挨家挨户地销售药品。又如，一些传统小食品经营者，也是走街串巷叫卖的。这种古老的方法在现代销售活动中被赋予新的内涵，依然是寻找客户的重要方法。

2. 普遍寻找法的特点

普遍寻找法既有优点（见表 1-4），又有缺点（见表 1-5）。因此，如果有些活动会对客户的工作、生活造成不良的干扰，则要谨慎进行。普遍寻找法可以采用推销人员亲自上门、发送邮件、电话及与其他促销活动结合进行的方式展开。

表 1-4　普遍寻找法的优点

序号	优　　点	具 体 内 容
1	普遍性	地毯式铺开不会遗漏任何有价值的客户
2	信息量大	推销人员在寻找客户的过程中接触面广、接触的信息量大，各种意见和需求都可能收集到，是分析市场的一个途径
3	广泛性	由于是逐户寻找，能够让更多的人了解自己的企业
4	可以获得客观、全面的信息	推销人员可以借机进行市场调查，并能比较客观和全面地反映客户需求状况。因为客户不认识推销人员，可以毫不客气地表明自己的真正立场和真实看法。同时，可能扩大推销商品的影响，为推销人员积累工作经验

表 1-5 普遍寻找法的缺点

序号	缺　点	具 体 内 容
1	具有盲目性	由于是在不太了解对方的情况下访问，尽管推销人员做了一些必要的选择工作，但仍然难免带有盲目性
2	成本高、费时费力	由于在特定的市场区域范围内，推销人员针对特定的群体，用上门、信件或者电话、电子邮件等方式对该范围内的组织、家庭或者个人无遗漏地进行寻找与确认，因此成本高，费时费力
3	容易导致客户的抵触情绪	很多情况下，人们不大欢迎不速之客，所以会对销售人员加以拒绝。客户的拒绝接见既给推销工作带来了阻力，也给推销人员造成了精神负担

广义的普遍寻找法还应包括个别偶遇的机会。在电梯里，在公共汽车上，在餐厅里，你可以尝试和你身边的人交谈。无论是做什么生意，你都会发现和走近你的人进行交谈是一件非常有趣的事情。如何结识你周围的陌生人，这是专业推销人员必须掌握的技巧。

如何有意识去处理与别人的偶遇呢？首先，我们承认并不是每次机会都会带来销售业绩，即使如此，我们有什么理由不去尝试而让这个机会溜走呢？

当你碰到一个人，他走进了你的五步范围，你应该友好而热情地自我介绍，并询问他的工作及为什么在这个地方出现。善意的对话会使对方做出积极回应。当他问及你的工作时，你的任务是将名片递给他。几乎没有人会拒绝你的热情和名片。接下来，你会发现对方开始问你的工作和你的产品等一系列问题，你需要的不正是对方的这些问题吗？你微笑着告诉对方："我猜想，可能某一天有为你或者是你的朋友服务的机会，为此事先致谢。"

准确地将这些话语和你当时的气氛配合起来，会产生良好效果。例如，"我猜想"，听起来一切都是自发的、自然而然的；"事先致谢"，说明你为人礼貌；"有可能"，显示一种谦逊的态度；"某一天"，使得你的产品或服务不至于被搪塞到遥远的将来；"为你服务"，把潜在的客户置于重要的（他们觉得自己对你很重要）位置，他很可能采取行动帮助你。

此时，通常出现下面 3 种情况，其中任何一种都对你有利：

1）他同意打电话与你进一步讨论。

2）同意让你打电话给他，进一步讨论。

3）他不感兴趣，但将帮助你向感兴趣的人推荐。

现在你得到了什么？你认识了一个你几乎没有可能认识的人，得到了一名潜在的客户并被推荐给别的潜在客户。

小贴士

采用普遍寻找法应注意的问题

1）要减少盲目性。推销人员在上门拜访前，应根据自己的产品特性与使用范围等，进行必要的可行性研究，从而确定一个比较可行的对象范围和地区范围。

2）要在总结以前经验的基础上，多做几种访问谈话的方案与策略。尤其是要斟酌好第一句话的说法和第一个动作的表现方式，以减少被拒之门外的可能性。

普遍寻找法在国外被广泛应用于对生活资料等的推销活动中，而在我国目前主要用于工矿企业对中间商及生产资料客户的推销上。

（三）连锁介绍法

1．连锁介绍法的含义

所谓连锁介绍法，是指推销人员依靠他人，特别是现有客户，推荐和介绍有可能购买产品的潜在客户的一种方法。这种方法要求推销人员设法从自己的每一次推销谈话中寻找到更多的潜在客户，为下一次推销访问做好准备。这一方法的客观依据和理论基础是事物的普遍联系，无论是自然界还是人类社会都存在着内在联系。连锁介绍就是根据消费者需求和动机的相互联系和影响，利用客户的相互关系，通过各个客户之间的连锁介绍，寻找更多的新客户。一份调查报告显示，在寻找新客户的各种途径中，由现有客户推荐而取得成功的占38%，而其他方法均在22%以下。

连锁介绍法在西方被称为最有效的寻找客户的方法之一。之所以如此，主要有以下几个原因：

1）在这个世界上，每个人都有一张关系网，每个企业都有一张联络图。曾经推销过 13 000 多辆汽车、创吉尼斯世界纪录的美国汽车推销大王乔·吉拉德有一句名言："买过我的汽车的客户都会帮我推销。"他的 60%的业绩就来自老客户及老客户所推荐的客户。他提出了一个"250 定律"，就是在每个客户的背后都有"250 人"，这些人是他们的亲戚、朋友、邻居、同事，如果你得罪了一个人，就等于得罪了 250 个人；反之，如果你能发挥自己的才能，有效利用一个客户，就等于得到 250 个关系，其中就可能有要购买你的产品的客户。

2）每个客户都有自己的信息来源，他可能了解其他客户的需求情况，而这些信息是推销人员较难掌握的。研究表明，日常交往是耐用品消费者信息的主要来源，50%以上的消费者是通过朋友的推荐而购买产品的，62%的购买者是通过其他消费者得到新产品的信息的。

3）连锁介绍法能够增加推销成功的可能性。一般来说，客户对推销人员是存有戒心的，如果是客户所熟悉的人推荐来的推销人员，就增加了可信度。客户帮助推销人员找客户，能起到花钱登广告所起不到的作用。心理学家哈斯曾告诉人们："一个造酒厂的老板可以告诉你为什么一种啤酒比另一种啤酒好，但你的朋友（不管他的知识是渊博还是浅陋）却可能对你选择哪一种啤酒具有更大的影响力。”研究表明，朋友、专家及其他关系亲密的人向别人推荐产品，影响力高达 80%，向由客户推荐的客户推销比向没有人推荐的客户推销，成交率要高 3～5 倍。

有些汽车推销人员认为，汽车作为一件大宗消费品，普通老百姓在短时间内通常只能消费一次，不会重复购买，因此对那些已经购买了汽车的客户就不再加以重视。其实，随着居民收入和消费水平的不断提高，很多客户都有能力更换新车甚至购买第二辆车。并且，即使这些客户没有能力购买新车或第二辆车，他们也能通过另一种方式为推销人员增加客户来源，那就是可以帮助介绍客户。

进行连锁介绍的方法有很多。比如，推销人员可以请现有的客户代为转送海报等宣传资料及名片等，从而促使现有客户的朋友转为准意向客户，并建立一定的联系；还可以尽可能地成为客户的朋友，融入他们的生活圈，进而赢得更多的客户。

房地产业内有句话，“早期业主是楼盘的最佳推销人员”。其实，把这句至理名言放在汽车销售上也完全适用。对于那些并非汽车发烧友的购车者来说，他们对汽车的认识并不多，他们更愿意相信那些已经拥有同类型车的亲朋好友的意见，因为他们认为这些亲朋好友都是已经使用过或正在使用这款车的，他们对这款车的各种功能是最有发言权的，评价也是最客观和公正的，所以他们的话最有说服力和号召力。

案例阅读 1-3

连锁介绍法

伟大的汽车推销人员乔·吉拉德非常善于运用连锁介绍法，因为他发现每个人参加婚礼、酒会这样的交际活动，都有机会认识 250 个陌生人。如果能把一辆汽车卖给其中一个人，就意味着同时拥有了 250 个潜在客户，关键是要让那一个购买车辆的客户将他的朋友介绍给自己。这就是著名的“250 定律”。

案例中，乔·吉拉德利用客户的相互关系，通过各个客户之间的连锁介绍，寻找更多的新客户。因此，他不放过每次接触客户的机会，设法从自己的每一次推销谈话中寻找到更多的潜在客户，为下一次推销访问做好准备。正如乔·吉拉德的一句名言：“买过我的汽车的客户都会帮我推销。”

2．连锁介绍法的特点

连锁介绍法的优点是可以减少推销过程中的盲目性，而且由于经人介绍，易取得信任感，因而成功率较高。连锁介绍法的不足之处是，由于潜在客户要靠现有客户引荐，事先难以制定完整的推销访问计划，而且寻找潜在客户受到现有客户的制约，可能使整个推销工作处于被动的地位。

该方法一般适用于寻找具有相同消费特点的客户或在推销群体性较强的商品时采用。连锁介绍法在寻找无形商品（如投资、金融、保险）的买主时尤其适用，因为在服务领域，信誉与友谊显得特别重要。但从使用范围来说，工业用品更多地使用这种方法寻找潜在客户，因为同类型的工业客户之间通常较为熟悉，且具备广泛的联系。

小贴士

采用连锁介绍法应注意的问题

1）要取信于现有客户。因为推销人员只有通过诚恳的推销态度与热情的服务精神，才能赢得现有客户的信服、敬重与工作上的配合，从而获得现有客户的介绍与帮助。

2）对现有客户介绍的未来客户，推销人员也应进行可行性研究与必要的准备工作。

3）推销人员应尽可能多地从现有客户处了解关于新客户的情况。

4）推销人员访问过客户介绍的客户后，应及时向现有客户（介绍人）汇报情况。这样做一方面是对现有客户的介绍表示感谢，另一方面可以继续争取现有客户的合作与支持。连锁寻找法比较适用于有特定用途、专业性强和服务技术性强的产品的推销。

（四）中心开花法

1．中心开花法的含义

中心开花法也称“名人介绍法”、“中心辐射法”、“权威介绍法”等，是指推销人员在一定的推销范围内发展一些具有较大影响力的中心人物或组织来消费自己的推销品，然后通过他们的影响力把该范围内的其他个人或组织变为自己的准客户的方法。该方法遵循的是“光辉效应法则”，即中心人物的购买与消费行为，就可能在他的崇拜者心目中形成示范作用与先导效应，从而引发购买与消费行为。特别是对时尚产品的销售，只要确定中心人物，使之成为现实的客户，就很有可能引出一批潜在客户。

一般来说，中心人物包括某些行业里具有一定影响力的声誉良好的权威人士、对行业的技术和市场具有深刻认识的专业人士及行业里具有广泛人际关系的信息灵通人士。

2．中心开花法的特点

中心开花法的关键在于中心人物，即名人，推销人员可以利用名人的影响力来扩大本企业及商品的影响力。因为名人往往是在某方面有所成就，因而为人所尊重甚至崇拜的人物。名人具有相当的说服力，对广大消费者具有示范效应，因而容易取得他们的信任。但完全将成交的希望寄托在某一个人身上，风险比较大，而且选择恰当的人选是非常重要的。中心开花法的优点如表1-6所示；中心开花法的缺点如表1-7所示。

表1-6　中心开花法的优点

序号	优　　点	具 体 内 容
1	可以节约时间和精力	推销人员可以集中精力向少数中心人物做细致的说服工作，避免推销人员重复单调地向每一位客户进行宣传和推销，节约了时间和精力

续表

序号	优　点	具 体 内 容
2	有利于扩大商品的影响力	推销人员能通过与中心人物的联系，了解一大批客户，还可以借助中心人物的社会地位扩大商品的影响力
3	有利于提高知名度和美誉度	由于推销人员联系到的都是行业中的权威人士、专业人士及信息灵通人士，因此可以提高推销人员的知名度和美誉度

表 1-7　中心开花法的缺点

序号	缺　点	具 体 内 容
1	中心人物比较难以接近和说服	许多中心人物事务繁忙，难以接近。每个推销人员认识的中心人物有限，若完全依赖此法，容易限制准客户数量的发展
2	中心人物难以确定	一定领域的中心人物是谁，有时难以确定。如果推销人员选错了客户心目中的“中心”人物，就有可能弄巧成拙，既耗时间又耗精力，最后往往贻误推销时机

小贴士

应用中心开花法应注意的问题

1）寻找中心人物是决定中心开花法使用效果的关键。这就要求推销人员进行详细准确的市场细分，确定每个子市场范围、大小及需求特点，从中选择具有较多准客户的市场作为目标市场，在目标市场范围内寻找有影响力的中心人物。

2）推销人员要努力争取中心人物的信任与合作。在较详细地了解了中心人物后，推销人员应首先以良好的产品和优质的服务充分满足其需求。

3）在现行政策允许的条件下，推销人员要千方百计地开展推销活动，与中心人物建立良好的人际关系。

（五）资料调查法

1．资料调查法简介

资料调查法也叫资料查询法，是指通过查阅各种有关的情报资料来寻找客户的方法。目前，我国可供查询的有关资料有工商企业名录、商标公告、产品目录、各类统计年鉴、银行账号、专业团体会员名册、市场介绍、专业书报杂志、电话号码簿、邮政编码册等。

2．资料调查法的特点

推销人员通过查阅资料寻找客户时，首先要对资料的来源及提供者的可信度进行分析，如果这些资料的来源或提供者的可信度较低，则会阻碍推销工作。同时，还应注意所收集资料的时间问题，应设法去获取那些最新的有价值的资料。如果是反映以前情况的资料，对推销人员的帮助不会很大，因为市场是不断变化的。

采用资料调查法，可以较快地了解大致的市场容量和准客户的情况，成本较低，但是时效性比较差。

3. 可查阅的资料

具体来讲，可查阅的资料主要有：

1）工商企业名录。

2）企业领导人名片集。

3）产品目录书。

4）电话号码簿及其插页。

5）各省、市、县的统计资料。尤其是城市调查资料，往往是采用固定样本格式追踪调查的，故资料齐全、及时、可信度高、适用性强。

6）各种大众传播媒介公布的财经消息。

7）年鉴及定期公布的经济资料。

8）各种专业性团体的成员名册。

9）商标公告、专利公告。

10）银行账号及其提供的信息资料。

11）政府及各主管部门可供查阅的资料。

小贴士

应用资料调查法应注意的问题

应用资料调查法时要对资料的来源及提供者进行信用分析，以确认资料与信息的可靠性；对收集到的有关资料还要注意资料的时效性及因为时间关系而出现错漏等问题。

（六）广告“轰炸”法

广告“轰炸”法是指利用广告宣传攻势，向广大的消费者告知有关产品的信息，刺激或诱导消费者的购买动机，然后推销人员再向被广告宣传所吸引的客户进行一系列的推销活动。根据传播方式不同，广告可分为开放式广告和封闭式广告两类。开放式广告又称被动式广告，如电视广告、电台广告、报纸杂志广告、招贴广告、路牌广告等。当潜在客户接触或注意其传播媒体时，它能被看到或听到。封闭广告又称主动式广告，它直接传至特定的目标对象与开放式广告相比具有一定的主动性，如邮寄广告、电话广告等。一般来说，对使用面广泛的产品（如生活消费品等），适宜运用开放式广告寻找潜在客户；而对使用面窄的产品（如一些特殊设备、仪器）或潜在客户范围比较小的产品，则适宜采用封闭式广告来寻找潜在客户。

小贴士

应用广告“轰炸”法应注意的问题

由于广告已成为一门专业性很强的学科与职业，所以对如何确定广告主题、如何选择广告媒介、如何确定与实现广告占位策略、广告费用的提取与分配等事项，最好聘请专业人士咨询与管理，或者委托广告公司全权代理。

推销人员可以利用物品广告来招徕客户。物品广告是指印刷在各种日用物品上的广告，常用的物品有手提袋、购物袋、衣服、雨披、雨伞、手表等。这些物品广告都能使企业的产品信息在目标客户心中留下印象，从而招徕客户。因此，物品广告也是推销人员寻找目标客户的一种方法和途径。

（七）“猎犬法”

“猎犬法”又称委托助手法，是指推销人员雇用他人寻找客户的一种方法。在西方国家，这种方法运用十分普遍。一些推销人员常雇用有关人士来寻找准客户，自己则集中精力从事具体的推销访问工作。这些受雇人员一旦发现准客户，便立即通知推销人员，安排推销访问。

另外，西方一些大的推销公司也为老推销人员安排新的推销人员作为助手。这种以老带新的方法主要有两个目的：一是尽快培养新手，增强他们独立工作的能力；二是帮助老推销人员寻找新客户。一般来说，大量的调查和准备工作由新推销人员负责，老推销人员则主要是在前者工作的基础上，判断、确定哪些客户是最具吸引力的，并据此来拟订详尽的推销方案，这样无疑能有效地加速推销活动的进程，提高工作效率。

当然，这种方法也有不足之处：一是推销助手的人选难以确定；二是推销人员会处于被动地位，其推销绩效要依赖推销助手的合作。

案例阅读 1-4

成功地应用“猎犬法”

在西方国家，许多汽车推销人员，往往雇用某些汽车修理站的工作人员当“猎犬”，由他们负责介绍那些潜在的汽车购买者，车主很可能就是未来的购车人。在汽修站里，如果这些推销助手发现有哪位修车的车主打算弃旧换新时，就立即介绍给汽车推销人员。所以，他们掌握的情报稳、准、快，又以最了解汽车性能特点的内行身份进行介绍，容易取得准客户的信任，效果一般都比较好。

案例中，汽车推销人员就是通过雇用有关人士来寻找准客户，自己则集中精力从事具体的推销访问工作。这种“猎犬法”无疑能有效地加速推销活动的进程，提高工作效率。

（八）网络搜寻法

网络搜寻法就是借助互联网寻找潜在客户的方法。它是信息时代的一种非常重要的寻找客户的方法。近些年来，随着互联网技术的不断发展与完善，各种形式的电子商务和网络推销也开始盛行起来，市场交易双方都在利用互联网搜寻客户。互联网的普及使得在网上搜索潜在客户变得十分方便，推销人员借助互联网的强大搜索引擎（如 Google、Baidu、Yahoo 等），可以搜寻到大量的准客户。对新推销人员来说，网上寻找客户是最好的选择。与传统方法相比较，网络搜寻法的优点如表 1-8 所示，网络搜寻法的局限性如表 1-9 所示。

表 1-8 网络搜寻法的优点

序号	优 点	具 体 内 容
1	效率高	推销人员可以在相关商业网站，通过各种关键词，快速寻找目标准客户，从而节约时间，避免盲目的市场扫荡，提高推销工作效率
2	方便供需双方互动	利用互联网搜索，推销人员与目标准客户可以双方互动，相互交流，推销人员能够准确地了解客户的需求
3	可以降低推销成本和市场风险	由于互联网的普及使得推销人员利用互联在网上搜索潜在客户变得十分方便、快捷，大大降低了推销成本和市场风险
4	可以在更大范围内寻找客户	推销人员利用互联网搜索客户，由于突破了地域和时间的限制，因此可以在更大范围内寻找客户
5	产品说明“声情并茂”	推销人员可以将产品的图片、说明发到相关的商业网站上，让产品说明“声情并茂”，由此吸引客户的注意力

表 1-9 网络搜寻法的局限性

序号	局 限 性	具 体 内 容
1	难以保证客户资料的准确性	由于网络信息更新较快，在一定程度上会影响所检索到的目标准客户资料的准确性
2	难以获得重要的资料	出于信息安全的考虑，一些重要资料并不在网上公布。比如，目标准客户及其相关资料，以及一些官方资料、企业内部信息资料等，推销人员在网上并不能完全查到
3	难以保证资料的真实性和可靠性	网络世界是个虚拟的世界，推销人员在运用互联网这一现代化信息手段查找资料时，难免会遇到假情报的干扰，从而不能完全保证目标准客户资料的真实性和可靠性

推销人员通过互联网可以获得以下信息：

1）准客户的基本联系方式。不过，推销人员往往不知道部门的负责人的联系方式，这需要电话销售的配合。

2）准客户公司的介绍。可以了解公司目前的规模和实力。

3）准客户公司的产品。可以了解产品的技术参数、应用指南等。

4）该行业的企业名录。一些行业的专业网站会提供该行业的企业名录。企业名录一般会按照区域进行划分，也会提供一些比较详细的信息，如慧聪国际、阿里巴巴这些网站往往会进行行业的分析研究而提供比较多的信息。

（九）交易会寻找法

交易会寻找法是指利用各种交易会寻找准客户的方法。国际、国内每年都有不少交易会，如每年在北京、上海、广州、深圳等地大大小小的车展都有几百个。这是一个绝好的商机，推销人员要充分利用。一般来说，众多的汽车厂商和经销商都会有针对性地派人参加车展，推销人员完全可以借此机会来拓展自己的客户源。

交易会不仅能实现交易，更重要的是能寻找客户、联络感情并沟通了解，这是一种很好的获得准客户的方法。参加展览会往往会让推销人员在短时间内接触到大量的潜在客户，而且可以获得相关的关键信息，对重点意向的客户也可以做重点说明，约好拜访的时间。

去过车展的人都知道，展会现场汽车品牌、型号众多，客户通常是无暇顾及每一个摊位的，这就需要我们掌握一定的技巧，并保持热情的态度，给客户留下一个良好的印象——对于每一位来自己展位咨询的客户，都应该认真对待，不可以貌取人或敷衍了事，并尽可能地取得与他们的联系方式，以便日后跟踪联系。对于那些对你的汽车特别感兴趣或购买意向特别强的客户，你要尽可能地邀请他们去门店参观，做进一步的洽谈。

推销人员应该在每年的年末将未来一年行业的展览会进行罗列，通过互联网使尽可能多的朋友都可以得到这些信息，然后贴在工作间的醒目处并在日程表上加以标注，届时提醒自己要抽时间去参观。

交易会寻找法的优点是效率高。这种方法能在最短时间接触到最多的准客户，因为参加交易会的人本来就对该行业有兴趣，对这样的客户，推销人员可以充分展示自己的产品。它的缺点是费用较高，因为参加交易会要给主办单位交一定的展位费。

小贴士

利用交易会寻找法应注意的问题

利用交易会寻找法时，需要得到潜在客户相关人员的名片，尽可能确定拥有决策权的潜在客户，在展览会结束后，尽快取得联系，以免记忆失效而增加后期接触难度；将客户的资料拿回来进行仔细分析，寻找机会。

（十）企业各类活动寻找法

企业通过公共关系活动、市场调研活动、促销活动、技术支持和售后服务活动等，一般都会直接接触客户，这个过程中对客户的观察、了解及相互沟通都非常深入，因而这也是一个寻找客户的好方法。

以上介绍了多种寻找客户的方法与技巧，它们均具有很强的适用性，但是在具体使用时又因产品、客户、推销人员的不同而有所差异。推销人员要根据实际情况选择具体的方法，并根据市场变化而随时调整方法。推销人员应将多种方法融会贯通，灵活运用，在运用中进一步理解，并争取有所发展和创新。

四、运用客户开发的技巧

1）开发客户时巧用寒暄。寒暄可以让客户放松心情，感觉舒适，让双方的关系立即变得友好融洽。

2）寻找自然接近潜在客户的机会。销售顾问应该寻找自然的时机接近客户。这就需要销售顾问在接待客户的过程中注意察言观色，寻找合适的切入点自然而然地接近客户，当他们出现需要服务的信号时及时上前为其服务。

3）善用赞美开发客户。每个人都有一定的虚荣心，喜欢听人说好话是人的共性，赞美就是利用满足客户的虚荣心理与客户建立融洽关系的好办法。但是，赞美客户要适当，否则会引起反感。一要注意选择适当的赞美目标，避免冒犯客户；二要针对不同的客户，选择不同的赞美方式；三要真诚赞美客户，避免虚情假意。

4）开发客户时要激发客户的谈话兴趣。在接待客户时要多和客户聊天，想办法让客户多说话，客户说得越多，他透露的信息资料就越多。有经验的推销人员往往会绕开汽车产品的介绍，和客户聊别的话题，让客户感到轻松，建立客户对推销人员的信任，这时客户也就比较愿意和你交流了。而且，在聊天中可以不知不觉地收集到客户的职业、家庭、喜好、对比品牌车型、朋友车型等信息，为接下来的洽谈找到很多切入点。

5）开发客户时，要争取留下客户资料。

五、进行客户资格审查

（一）开发潜在客户的原则

通过客户开发后，推销人员可以获得一些客户的名单，但这些客户是否都可以成为推销的对象还不一定。因为这些名单只是列出了一个大致的范围，其中有的暂时还不具备购买的条件，有的可能还存在一些未知的因素不能确定，因此需要对初拟的名单进行一次筛选，将其中最有可能成为客户的个人或组织挑选出来，被选定的这一部分客户才是推销人员将来进行推销活动的对象。在开发潜在客户的过程中，可以参考“MAN”原则，如表 1-10 所示。

表 1-10　开发潜在客户的“MAN”原则

序号	原　则	具 体 内 容
1	购买能力 M（Money）	Money 代表购买能力。所选择的对象必须有一定的购买能力，即 M（有）；m（无）
2	决定权 A（Authority）	Authority 代表购买“决定权”。该对象对购买行为有决定、建议或反对的权力，即 A（有）；a（无）
3	需求 N（Need）	Need 代表“需求”。该对象有这方面（产品、服务）的需求，即 N（有）；n（无）

开发潜在客户时，潜在客户应该具备以上特征，但实际操作中会碰到以下状况，推销人员应根据具体状况采取具体对策。

1）M+A+N：有希望的客户，是理想的销售对象。

2）M+A+n：可以接触，配上熟练的销售技术，有成功的希望。

3）M+a+N：可以接触，并设法找到具有 A 类之人（有决定权的人）。

4）m+A+N：可以接触，需调查其业务状况、信用条件等给予融资。

5）m+a+N：可以接触，应长期观察、培养，使之具备另一个条件。

6）m+A+n：可以接触，应长期观察、培养，使之具备另一个条件。

7）M+a+n：可以接触，应长期观察、培养，使之具备另一个条件。

8）m+a+n：非目标客户，停止接触。

由此可见，潜在客户在欠缺了某一条件（如购买力、需求或购买决定权）的情况下，仍然可以开发，只要应用适当的策略，便能使其成为企业的新客户。

（二）客户资格审查的内容

按照以上原则保留下来的客户，除了需要长期观察、培养的客户以外，其余的客户还需要进行客户资格审查。所谓客户资格审查，就是指推销人员对初步拟出的准客户名单，按照一定的标准进行评审，以确定适当的目标客户的行动过程。

客户的资格审查一般从 4 个方面进行，即客户需求评价、客户购买能力评价、客户购买权力评价和客户购买信用评价。

1. 客户需求评价

客户需求评价的目的在于确定客户名单上的具体对象是否真正需要推销人员所推销的商品。因此，需求评价是进行客户资格审查的首要内容，此项如果不能成立，其他方面的评价则无必要进行。

对客户的需求评价一般从估计客户需求的可能性和估计客户的需求时间两个方面进行，如表 1-11 所示。

表 1-11　对客户需求的评价

序号	项　目	内　容
1	估计客户需求的可能性	客户确实没有需求，对这样的客户自然应该从准客户名单中划掉
		客户尚未认识到他对汽车产品有需求。如果推销人员认为只是客户尚未认识到他对汽车产品有需求，则不要轻易将其划掉
		客户因某种原因暂时不需要。比如，客户刚刚买了其他的耐用消费品，对于汽车产品消费还未列入计划之内，或目前购买力确实存在问题等，这种情况只是暂时的，自然应该在名单中予以保留其准客户资格
		客户因传统习惯的影响对本产品存在一些偏见，表示不需要。比如，客户表示只接受某某品牌的产品等，对这样的客户不仅不能将其从名单中划掉，而且要作为重点客户来对待
2	估计客户的需求时间	在确定了客户有需求之后，还要对其需求时间做出评价，根据客户购买时间的不同安排拜访计划

2. 客户购买能力评价

客户购买能力评价的目的，在于选择具有推销价值的目标客户。对客户现有购买能力的评价从两个方面进行：一是通过了解客户买车的预算，了解其购买能力；二是如果客户使用汽车消费担保贷款，还要了解客户现有收入水平及有无抵押物等来估计和判断客户有无偿还贷款的能力，根据客户所选汽车消费担保贷款的种类（见表 1-12），由推销人员帮助客户递交相关的证件、收入证明、房产证等，然后由汽车金融公司完成对购买者的资质调查、担保、审批工作，向购买者提供分期付款。分期付款在信贷契约中的 3 个重要内容包括首期支付款、契约期限、利息与费用。分期偿还汽车消费贷款的期限通常为 2～5 年。

表 1-12　汽车消费担保贷款种类

序号	类　别	内　容
1	汽车抵押贷款	指购买汽车的借款人以其所有的抵押物（一般限定为房产）作为获得贷款的条件。贷款人与抵押人签订抵押合同后，双方必须依照有关法律规定办理抵押物登记。从抵押合同自抵押物登记之日生效，到借款人还清全部汽车贷款本息时终止前，借款人不得转移对该抵押物的财产的占有
2	汽车按揭贷款	指借款人在购买汽车时按规定支付了不少于 20%的首付款后，银行将借款人所购汽车的产权转给银行，作为还款的保证，然后由银行贷款为其垫付其余的购车款项。在还清所贷购车款之前，该辆汽车的所有权作为债务担保抵押给贷款银行，在还清全部按揭的本息后，银行将该汽车的所有权转回给购车者
3	汽车质押贷款	指银行允许购车借款者以其本人或第三人的动产作为质押物发放贷款。动产质押是指购车债务人将其本人的动产移交贷款银行，暂时归银行所有，以该移交的动产作为购车贷款的债权担保。当债务人不履行债务时，贷款银行有权依法以该抵押动产折价或者拍卖、变卖该动产，获得的价款优先用于还贷
4	第三方担保贷款	指经销商以其自身较高的商业信誉，为合格的汽车消费贷款申请人提供第三方全程担保，银行对在特约经销商处购买汽车的借款人提供的贷款

3. 客户购买权力评价

无论准客户是一个人还是一个单位，最终与推销人员洽谈购买的必定是一个具体的人，这个人必须拥有购买决定权。与一个没有购买权力的人谈判，无论怎样拉关系、讲交情都无助于推销。对客户购买权力评价的目的就在于缩小推销对象的范围，避免盲目性，进一步提高推销的效率。

客户购买权力因个人消费与大客户消费而有所不同，评价时应区别对待。对于一个家庭来说，究竟谁是购买的决定者呢？一般是夫妻共商，有时是妻子做主，有时是丈夫做主；有时是丈夫出面谈判，妻子幕后指挥，但也有时候奇兵难料，公公、婆婆、小叔、小姑也都可能是幕后人物。所以，要准确判断谁是购买决策的核心人物也不是一件容易的事。因此，在面对家庭客户推销时，最好对任何人都客气礼貌，礼节周全终归有利于最终成交，这一做法对于大客户也同样适用。

4. 客户购买信用评价

信用评价主要是通过对支付能力的分析来进行判断，确保货款的安全。客户信用评价不仅要调查了解新客户的信用状况，而且要注意老客户信用状况的变化。

职业知识检测

一、复习思考题

1. 客户开发的渠道有哪些？
2. 寻找客户的方法主要有哪些？每一种方法都有哪些优缺点？
3. 什么是连锁介绍法？采用连锁介绍法需注意哪些问题？
4. 什么是中心开花法？采用中心开花法需注意哪些问题？
5. 如何管理潜在客户？

二、案例分析

以耐性赢得潜在客户

某汽车公司的推销人员陈小青，自结识了某知名公司的潘科长之后，在销售达成方面一直没有取得进展。原因是潘科长一直在进行车型的比较，同时也是另外几家汽车公司重点公关的对象。大家都明白，如果能把潘科长搞定，不但可以影响到他的朋友，还可以影响到他的单位、他的同事、他身边的人。作为潘科长本人来说，各汽车公司所推荐的几款车型各有利弊、对所承诺的售后服务也是各有千秋，使他无法确认。加上不同汽车公司的推销人员以其销售经验和技巧成功地影响了潘科长的购车观点，使他想要这个，又舍不得放弃那个，一时也拿不定主意究竟买谁家的好，陷入了左右为难的境地。加上工作繁忙，潘科长决定把购车的事情暂时放一放。

这边几家汽车销售公司的主办人依然在紧盯不放，一来二去就把潘科长给惹烦了，一气之下说道："我不买了！"事情陷入了僵局，怎么办？其他公司的策略与方法姑且不说，我们来看看陈小青是怎么做的。陈小青认为，这种情况下登门面谈已不合适，于是决定采取软接触的方法，发手机短信，内容包罗万象。

天气冷热提醒："潘科长，明天有冷空气来临，注意穿着保暖。"驾车经验提醒："潘科长，您在驾车吗？含一颗薄荷糖有助于醒脑。"节假日祝贺："潘科长，祝您节日快乐。”休闲放松：“提示潘科长，经常听听音乐，放松一下自己。”……

刚开始时，潘科长并不以为然，因为他知道推销人员的用意和目的。但时间一长，潘科长不仅渐渐习惯而且被陈小青的这种方式所感动。这个时候，陈小青与潘科长的软接触差不多快三个月了。终于有一天，陈小青能够与潘科长用电话进行交流了，于是陈小青在电话里说道：“潘科长，别老是忙于工作了，身体重要啊，知道您也喜欢钓鱼，下周日我约个好地方一起去钓鱼吧!”潘科长愉快地接受了陈小青的邀请，当然再往下发展，其结果就不用说了，最终还是陈小青赢得了潘科长及其周围客户的购车订单。

分析讨论：

（1）试分析推销人员陈小青在开发客户时采用了哪些技巧，并加以说明。

（2）陈小青赢得了潘科长的购车订单后，接下来适合采取哪种客户开发的方法?

职业技能训练

一、单一技能训练

训练1：借助基盘客户获得潜在客户资料

汽车销售顾问：李先生，您好啊！我是××4S店的小李，最近工作挺顺利的吧!

客户：啊！是小李啊！最近一段时间老加班。

汽车销售顾问：说明你们公司业务相当好啊！平时还要多注意休息，虽然您的身体比我强壮。

客户：是啊！谢谢你关心。最近车卖得不错吧!

汽车销售顾问：托您的福，上次您介绍的那位朋友最终买了一款跟您相同型号的车，今天他来保养的时候还提到您呢。谢谢您给我介绍了那么多朋友。对了，上次曾听您介绍过，××单位的老总是您的朋友，正好我们公司有点业务方面的事情想麻烦他，您能不能把他的联系方式告诉我一下?

客户：你等一等，我找一下，他的办公电话是××××××××，手机电话是×××××××××××。要不要我先打个电话给他?

汽车销售顾问：谢谢了！等哪天有空的时候我专程去拜会他一下，就说您介绍的，可以吗?

客户：没有问题。

汽车销售顾问：要不今天先到这里，您的工作也很忙，改天等您有空的时候我专程登门拜访。

客户：好的。

汽车销售顾问：那谢谢了！再见!

训练 2：老客户介绍的新客户来访

一位客户走进展厅，四下张望了一会儿，便向服务台走去……

客户：谁是李明啊？

汽车销售顾问：（快步上前迎接客户）先生，您好，我就是李明，您可以叫我小李。您怎么知道我的名字呢？

客户：哦，几个月前，我朋友赵立在你这里买了一辆车。他说你态度不错，很懂车，所以让我看车就来找你。

汽车销售顾问：哦，赵大哥，对，他 4 月中旬在我这儿买下了 A 品牌的一款车。6 月，他还带着他同事刘先生过来也买了一辆车。赵大哥最近好吗？车子开得顺心不？（记住与老客户接触的细节，表达关切与重视）

客户：他挺好的，车子也不错，我还试过他的车呢。

汽车销售顾问：这就好。对了，先生，还不知道怎么称呼您呢？

客户：我姓张。

汽车销售顾问：那我就叫您张大哥啦。您有看好的车型吗？

客户：没有。

汽车销售顾问：没关系，您时间不急的话，我可以带您在展厅转一圈，每款车都看一看。

客户：好啊……

二、综合技能训练

每 3～4 人一组进行客户开发训练。一人作为销售顾问，其余人扮演客户；然后互换角色训练。

人　员	车辆展示训练内容	训 练 要 求
销售顾问 1 名；若干名客户	客户开发渠道的选择 客户开发方法的选择 客户开发技巧的运用	掌握客户开发的不同渠道 掌握客户开发的不同方法 掌握客户开发的技巧

三、技能迁移训练

（一）技能训练

假设你是一名手机卡推销人员，请寻找你的客户，并弄清楚他是否有支付能力。然后在班里交流，同学们互相点评，最后由教师点评。

（二）案例分析

成功地寻找准客户

我曾经是某外贸公司的办公室文员，由于公司生意不景气，我辞掉了工作，加盟雅芳公司，做了一名职业推销人员。加入一个新行业，一切都必须从零开始，我为自己没有客户而发愁，不得不每天挎着一个大背包，里面装满了各种眉笔、唇膏、粉饼等化妆品，一家家地敲着陌生人的大门。可是能开门见我的人很少，多数人只是在门镜里看了看，就很不客气地在门里说："我们不需要，快走吧！"一连几个月，我的收入虽然有所提高，但仍不足以维持温饱，这深深刺痛了我那颗骄傲的心。我不相信在别人干得有声有色的行业中，自己只是一个"脓包"，我一定有办法开创自己的新天地。

我先向我的同学、亲友介绍雅芳化妆品，先请她们试用，并借机向她们推销产品。很快，我的业绩有了上升，之后我又请她们把我介绍给她们的同事。但是，当用这些常规方法发展到近 50 人时，我的业务又出现了停滞。

接下来，我决定先在自己住的小区里展开推销活动。我写了几百封信："××号的李女士，您好！我是您的邻居王小丽，在雅芳公司工作，我很希望与您交个朋友。您能在晚上 6～8 点钟给我打个电话吗？我的电话是 8765××××。"并附上一些化妆品的说明书，然后把信件塞进各户的信箱。之后几天晚上，我陆续接到 5 个电话，卖出了 3 支口红、4 个保湿粉饼和 1 瓶毛孔收缩水。

就这样做了几个月，我的推销成绩又有了很大进步，但我仍觉得销售增长的速度慢。怎样才能提高效率呢？我冥思苦想了很长时间也不得要领。后来，在儿子的家长会上，我偶然得知有一个孩子的妈妈是某单位的工会主席，姓王。我突然有主意了，决定试一试。机会来了，有一天下着大雨，孩子们一个个被家长接走了，工会主席还没来，她的孩子很着急。我就主动上前安慰小家伙，告诉他说："阿姨可以送你回家。你先给你妈妈打个电话，告诉她不要着急，康明（我的儿子）的妈妈送你回家。"他照办了。我把他送到家，记住了他家的地址。后来，我和王主席成了好朋友，我给她做了全套护肤美容和化妆，边做边讲解，并针对她的肤质特点提出建议。工会主席发现她化妆后比平时漂亮多了，大家的赞美使她很高兴，她自然成了我的客户，也帮助我介绍了一些同事。在她的影响下，她们单位的不少女士也都开始使用雅芳化妆品了，我的客户数量达到了 300 人，收入大幅增长。

王主席后来又帮我和另外几个大企业的工会主席取得了联系，我们慢慢地都成了朋友。通过这种方法，我发展了几个公司的大量客户。她们中有的人买全套化妆品，有的人只买单件。不论怎样，我对她们一视同仁，不厌其烦，周到服务，大家对我非常满意。因此，我的客户量像滚雪球般越来越大，销售量直线上升，收入也有了极大的提高。

问题：

1. 在寻找客户的过程中，该推销人员用了哪些方法？
2. 你对该推销人员还有哪些建议？

情境二

展厅接待

案例引入

一天，云南省曲靖市一家大品牌的汽车4S店来了一位穿着很脏的男子，他进店后径直走向一款标价79万元的豪华轿车。这时，营销顾问小王上前接待了他，问："先生，您是看车吗？"男子回答说："是的，就是这款车！我想进车里感受一下。"小王看了看他的脏衣服和手，表情很无奈，半天无语，并且试图用身体挡住车门。男子见状非常气愤，拉开车门一下子坐到驾驶座上，大声吼道："你看不起我是不是？这车我买了！"小王顿时满脸通红，半晌不知说什么才好。

事后，小王才知道这位男子是一家矿上的"煤老板"，当天下矿后没换衣服就来到这家汽车4S店，想买他心仪已久的这款轿车，可他没想到车是买了，却为此生了一肚子气！而营销顾问小王，虽说卖了车，可是她却怎么也高兴不起来。

问题：

1. 汽车推销人员仪容仪表的规范包括哪些内容？

2. 这个案例中，营销顾问小王有哪些问题？推销人员在工作中应该如何对待这样的客户？

3. 展厅接待的步骤是什么？展厅接待的技巧有哪些？

4. 营销顾问小王的这次经历给了我们怎样的启示？

任务背景

在客户来访的最初时刻，最重要的是使他放心。服务接待在客户到来时应面带微笑，以缓解客户的不安情绪，这能让服务接待更容易地和客户进行交流并理解其要求，同时要注意必要的礼节，让内行挑不出毛病，让外行看着舒心。

客户来到销售现场时，推销人员要主动热情地上前迎接，开始现场接待的第一步。这是至关重要的，它是你给予客户第一印象的形成时机。能否推销成功，第一印象的作用占一半以上。应该说，来店接待的要求比来电接待更加严格，毕竟它是面对面的行为，客户不仅可以从你的声音、语调上判断你是否友好、专业、自信，而且还会从你的一举一动来考察你是否是他们理想中的汽车推销人员。

任务目标

汽车推销人员做好展厅接待工作至关重要，这在很大程度上决定着整个销售过程的成败。汽车推销人员如果不能让客户接受自己、认可自己、甚至信任自己，那么就很难将汽车顺利地销售出去。展厅接待的具体任务包括：做好展厅接待的准备工作；进行来店客户的心理分析及应对；熟练掌握展厅接待流程；会运用展厅接待的技巧。

任务实施

一、做好展厅接待的准备

（一）汽车推销人员的礼仪规范

1. 汽车推销人员仪容仪表的规范

汽车推销人员在与客户交往时，第一印象十分重要。第一印象在心理学上称为“最初印象”，是指人们初次对他人形成的印象。通俗地说，第一印象就是和他人初次见面进行几分钟谈话，对方在你身上所发觉的一切印象，包括仪表、礼节、言谈举止，对他人的态度和表情，以及说话的声调、语调、姿态等诸多方面，人们依此对你的基本评价和看法。第一印象一旦形成，便很难改变。对推销人员来说，第一印象犹如生命一样重要。推销人员给客户的第一印象往往会决定交易的成败，客户一旦对你产生好感，自然会对你和你所推销的产品有了好感。如何把握与客户初次见面短暂的时机，创造一个良好的第一印象呢？推销人员的仪表、举止、谈吐等方面的表现显得格外重要。

（1）仪表规范

汽车推销人员在与客户见面之初，对方首先看到的是汽车推销人员的仪容、仪表，如容貌和衣着。推销人员能否受到客户的尊重，赢得好感，能否得到客户的承认和赞许，仪表起着重要的作用。要给人一个良好的第一印象，就必须靠最基本的打扮来实现。合体的服装、美的打扮可使男同志显得潇洒、女同志显得秀美。生活中，一个人的着装打扮会有意无意中在人们心里形成某种感觉和印象，可能是愉快的、羡慕的，也可能是厌恶的、鄙夷的。因此，注意仪表形象不仅仅是个人的事，同时代表了企业的形象，所以更应该作为一种礼节来注意。

仪表不仅仅是汽车推销人员外表形象的问题，也是一个内在涵养的表现问题。良好的形象是外表得体与内涵丰富的统一。当然，对汽车推销人员来说，注意仪表绝不是非要穿什么名贵衣物不可，不要刻意讲究，一般做到朴素、整洁、大方、自然即可。推销人员的衣着打扮，一要注意时代特点，体现时代精神；二要注意个人的性格特点；三要符合自己的体形。另外，头发也会给人很深的印象，所以头发要给人以清爽感，油头粉面等容易给人厌恶感。总之，外貌整洁、干净利落，会给人仪表堂堂、精神焕发的印象。

（2）举止规范

汽车推销人员要树立良好的交际形象，讲究礼貌礼节，就必须注意行为举止。举止礼仪是自我心态的表现，一个人的外在举止可直接表明他的态度。推销人员的行为举止，要求做到彬彬有礼、落落大方，遵守一般的进退礼节，尽量避免各种不礼貌或不文明习惯。

（3）谈吐规范

作为一名汽车推销人员，说话清楚流利是最起码的要求，而要成为一名合格而优秀的推销人员，则必须掌握一些基本的交谈原则和技巧，遵守谈吐的基本礼节。在拜见客户和其他一些交际场合中，推销人员与客户交谈时态度要诚恳热情，措辞要准确得体，语言要文雅谦恭，不要含糊其词、吞吞吐吐，不信口开河、出言不逊，要注意倾听，要给客户说话的机会，“说三分，听七分”，这些都是交谈的基本原则。交谈的基本原则具体体现在以下4个方面，如表2-1所示。

表2-1　交谈的基本原则

序号	原　　则	具 体 内 容
1	说话声音要适当	交谈时，音调要明朗，咬字要清楚，语言要有力，频率不要太快，尽量使用普通话与客户交谈
2	双目注视对方并适当用些手势	与客户交谈时，应双目注视对方，不要东张西望、左顾右盼；谈话时可适当用些手势，但幅度不要太大，不要手舞足蹈；不要用手指人，更不能拉拉扯扯、拍拍打打
3	要给对方说话的机会	在对方说话时，不要轻易打断或插话，应让对方把话说完。如果要打断对方讲话，应先用商量的口气说“请等一等，我可以提个问题吗”“请允许我插一句”，这样可以避免对方产生你轻视他或对他不耐烦等误解
4	要注意对方的禁忌	与客户交谈要注意对方的禁忌。一般不要涉及疾病、死亡等不愉快的事情；在喜庆场合，还要避免使用不吉祥的词语；客户若犯错误或有某种生理缺陷，言谈中要特别注意，以免伤其自尊心；对方不愿谈的话题，不要刨根问底，引起对方反感的问题应表示歉意或立即转移话题

另外，谈话对象超过三个人时，应不时与在场人攀谈几句，不要只把注意力只集中到一两个人身上，使其他人感到冷落；交谈时要注意避免习惯性口头禅，以免使客户感到反感；交谈要口语化，使客户感到亲切自然。

2．汽车推销人员肢体语言的规范

站姿、走姿和手势等这些肢体语言已经是礼仪的象征，汽车推销人员会用肢体语言表达其所要表达的意思则被认为是有涵养的文明人，反之会被认为粗俗、没有礼貌、缺乏修养，会在汽车销售中遇到不该有的麻烦。因此，肢体语言在汽车销售工作中是十分重要的，推销人员应该努力学习和掌握尺度。汽车推销人员肢体语言的规范如表 2-2 所示。

表 2-2　汽车推销人员肢体语言的规范

序号	肢体语言规范	内　容
1	站姿的标准	女士要站得优雅；男士要站得稳重。正确的站姿是挺胸、收腹、抬头。挺胸能使人身体宽厚，也显得英姿勃发，充满力量。收腹既可使男女的胸部突起，也可以使臀部上抬，这种站立姿态，显得很稳定、很平衡。挺胸的方法是双肩略向后用力，平时多做上肢运动，增强胸肌、背肌、腹肌的力量。抬头时，头正直，腰部用力，背脊挺直，不要弯腰或垂头，不要显出萎靡不振或松松垮垮的样子，两臂自然下垂或双手叠放靠在腰下，眼睛平视，环顾四周，嘴微闭，面带笑容，以保持随时为客人服务的姿态
		站立时，下颌微收，目视前方，视线与眼睛同高，眼睛看前方 1m 左右，向上向下都会使印象减弱，显得不沉着
		女士的站姿有两种：一是双脚呈V字形，如图 2-1（a）所示，即膝和脚后跟要靠紧，两脚张开的距离应为两拳；二是双脚呈 Y 字形，如图 2-1（b）所示，即双腿并拢，左脚跟从右脚中部斜伸出去，与右脚构成一个 Y 字形。女性站姿要有女性特点，要表现出女性的温顺和娇巧、纤细、轻盈、娴静、典雅之姿，给人一种“静”的优美感
		男士的站姿，如图 2-2 所示。男士站立时，双脚可并拢，也可分开，双脚与肩同宽，身体不应东倒西歪，站累时脚可以向后或向前半步但上体仍需保持正直，不可把脚向前向后伸出得太多，甚至叉开太大。站立时若空着手，可双手在下体交叉，右手放在左手上，双手放前、放后均可以
2	走姿的标准	男士的走姿应当是昂首，闭口，两眼平视前方，挺胸收腹，直腰，上身不动，两肩不摇，步态稳健
		女士走路的姿态应是头端正，不宜抬得过高；目光平和，目视前方；上身自然挺直，收腹，两手前后摆动的幅度要小，以含蓄为美；两腿并拢，平步行进，走成直线；步态自如，匀称轻柔

续表

序号	肢体语言规范	内　容
2	走姿的标准	行走线路是脚正对前方所形成的直线，脚跟要落在这条直线上，上体正直，抬起头，眼平视，面带笑容，双臂自然前后摆动，肩部放松，走时轻而稳，两只脚所踩的应是两条平行线，两脚落在地上的横向距离大约是 3cm。步度就是每走一步，两脚间的距离标准
		走路时，脚步要既轻又稳，切忌晃肩摇头，上体摆动，腰和臀部居后。行走应尽可能保持直线前进，遇有急事，可加快步伐，但不可慌张奔跑。男士的走姿如图 2-3 所示
		两人并肩行走时，不要用手搭肩；多人一起行走时，不要横着一排，也不要有意无意地排成队形
		走路时一般靠右侧，与客户同走时，要让客户走在前面；遇通道比较狭窄、有客户从对面来时，服务人员应主动停下来，靠在左边，让客户通过，但切不可把背对着客户
		遇有急事或手提重物需超越行走在前的客户时，应彬彬有礼地征得客户同意，并表示歉意
3	坐姿的标准	男士正确的坐姿是身体坐在椅子的 2/3 处，坐姿又分端坐和分腿式坐姿两种。端坐是头正、目平、表情自然，重心垂直向下，腰部挺直，上身微向前倾；双膝双脚并拢，男士手的搭法为右手搭握左手腕根部并放于两腿中间偏右腿处，距膝 10～15 厘米，双臂自然弯曲，以舒服自然为好，如图 2-4（a）所示。分腿式坐姿是在端坐的基础上，男士将右腿向右移动 10 厘米，分腿而坐，并将双手打开放于两腿之上，不要盖膝盖，也不僵置于大腿根，双臂要自然弯曲，以舒服为好。这种坐姿显出恭敬、庄重、有教养、董礼节，但要根据环境、气氛的改变而变换姿态，如图 2-4（b）所示
		胸部自然挺直，立腰收腹，肩平头正，目光平视；女推销人员着裙时双腿并拢，斜放或平直放，双手自然摆放在腿上。女士坐姿如图 2-5（a）和图 2-5（b）所示
		与人交谈时，身体要与对方平视的角度保持一致，以便于转动身体，不得只转动头部，上身仍需保持正直
4	手势	手势是最有表现力的一种“体态语言”，它是服务人员向客户做介绍谈话、引路、指示方向等常用的一种形体语言。手势要求正规，得体，适度，手掌向上。在指引方向时，应将手臂伸直，手指自然并拢，手掌向上，以肘关节为轴指向目标。同时，眼睛要转向目标，并注意对方是否已看清目标，手掌掌心向上的手势表示虚心的、诚恳的。在介绍、引路、指示方向时，都应掌心向上，上身稍前倾，以示敬重。在递给客人东西时，应用双手恭敬地奉上，绝不能漫不经心地一扔，并切忌以手指或笔尖直接指向客人

（a）V字形站姿

（b）Y字形站姿

图 2-1　女士的站姿

图 2-2　男士的站姿

图 2-3　男士的走姿

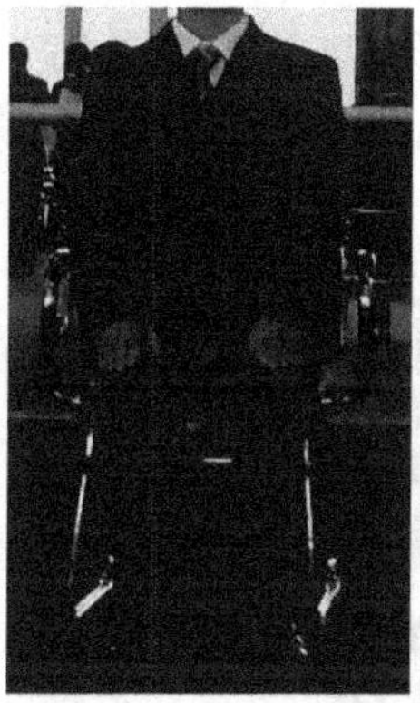

（a）

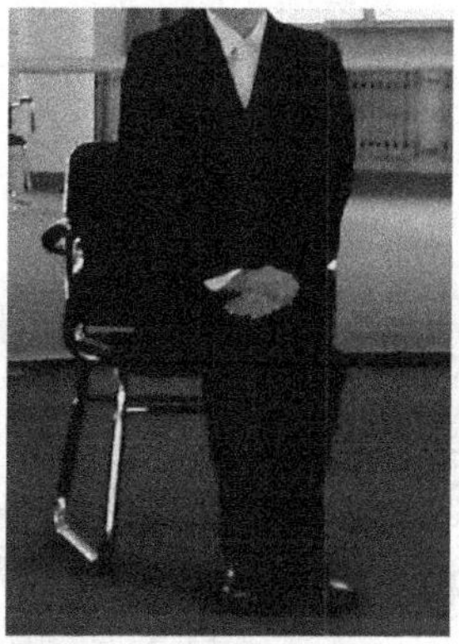

（b）

图 2-4　男士坐姿

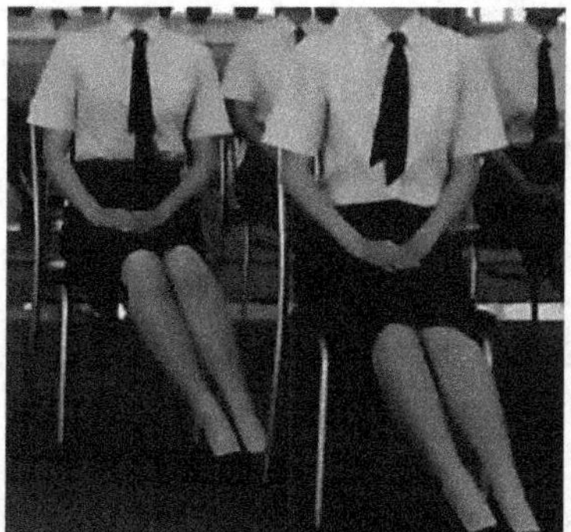

（a）

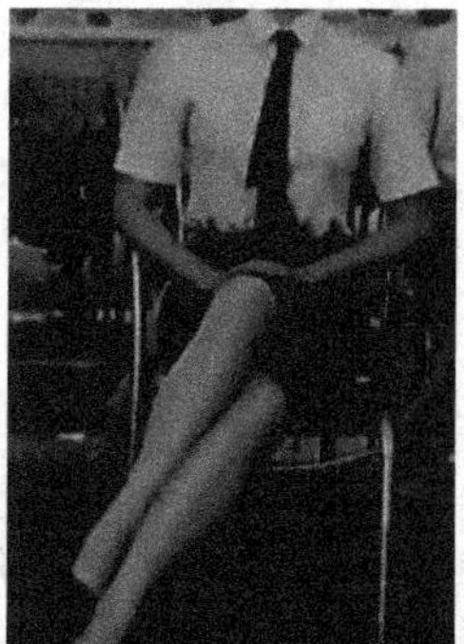

（b）

图 2-5　女士坐姿

小贴士

不同国家手势的风俗习惯

在使用手势时，应注意各国的风俗习惯。竖起大拇指，在我国有称赞、夸奖的意思，在澳大利亚则有侮辱之意；用手指点组成 O 形在美国含有好与平安的意思，在日本是钱的意思，在地中海沿岸则含侮辱之意。阿拉伯人用小手指拉在一起表示断交。

销售过程中，汽车推销人员要运用恰当的手势，以免带来不必要的麻烦。

3. 汽车推销人员常用的礼仪规范

（1）握手礼仪

现代社会中，文明得体的见面礼仪显得日益重要。人与人之间的情感交往往往也是从细微中流露的，而见面握手也是最常见的一种礼仪。可以说，握手是交际场合中运用最多的一种交际礼节形式。行握手礼时，距离客户约一步，上身稍前倾，两足立正，伸出右手，四指并拢，拇指分开向受礼者握手，并轻轻向下微摇 2～3 下，礼毕即松开。握手礼仪如图 2-6（a）和图 2-6（b）所示。

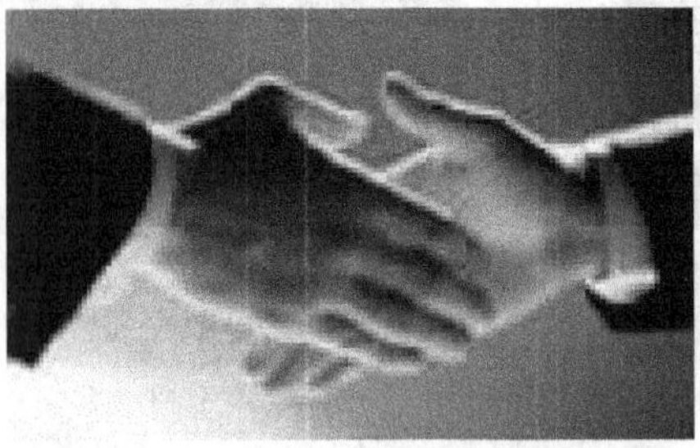

(a)

(b)

图 2-6　握手礼仪

推销人员和客户握手之后，可以寒暄美言几句以便营造一个轻松愉快的开场气氛。例如，可以这样说，您的气色真好，身体真棒；您的衣服漂亮极了。这样能够拉近与客户的距离，从而让客户尽快接受你，以便接受你的产品。

小贴士

行握手礼时应注意的问题

见到女士、年长者、身份高者，不应主动伸出手来，可先行问候礼，待对方伸手时再握，如对方不伸手，点头微笑示意即可。

与男士握手可适当重些，以示友情深厚，但又不宜握得太紧，以不产生手疼为宜。

与女士握手时，可适当轻些，但又不宜太轻，否则不够友好。

与男士握手时，应把帽子、手套脱掉，如果在社交场合女士戴薄纱手套或网眼手套，可不必将手套摘下。

如身体不适或不便行握手礼时，可向对方声明，请原谅。

如遇有多人同时握手，就等别人握完后再握手，切忌抢着握手和交叉握手。

（2）介绍礼节

介绍是汽车营销中重要的环节。介绍的礼节是通向交际大门的钥匙，推销人员有时需要为初次见面的他人进行介绍，有时需要在相互之间进行自我介绍。

汽车推销人员进行自我介绍时，注意介绍的内容要让人对自己的信息有所了解，一般包括姓名、职业、单位、经历、年龄、特长和兴趣。但初次见面时，可只向对方介绍前三项即可。

小贴士

汽车推销人员为他人进行介绍时的顺序和应注意的问题

把客户向主人介绍之后，随即将主人再介绍给客户。

一般情况下，应先把男子介绍给女士之后，再把女士介绍给男子；应先把年轻的、身份低的介绍给年长的、身份高的，然后再把年长的身份高的介绍给年轻的、身份低的；先把未婚者介绍给已婚者；同级、同身份、同年龄时，应将先者介绍给后者。介绍时，要把被介绍的姓名、职衔（职位）说清楚。

向双方做介绍时，应有礼貌地以手示意。手向外示意时手心向外，手向里示意时手心向着身体，身体稍倾向介绍者，切勿用手指划，更不能拍打肩膀或胳膊。

介绍双方姓名时，口齿要清楚，说得慢些，能让双方彼此记住。

（3）接电话礼仪

电话是现代人之间进行交流和沟通的便捷工具。在没有电话的年代，事必躬亲，很可能为了讲一句话而必须千里迢迢地登门拜访。现在，通过电话就能立刻与对方进行联系。在商业领域，通过电话销售，能够使公司的整体工作效率大幅度提高。

由于电话的应用在商业活动中越来越广泛，因此公司的相关人员非常有必要掌握一些电话的接听技巧，如注意在接听过程中保持亲切和气的态度、确定来电目的、确定来电者的身份等。

1）左手持听筒、右手拿笔。大多数人习惯用右手拿起电话听筒，但是在与客户进行电话沟通过程中往往需要做必要的文字记录，在做记录的时候一般会将话筒夹在肩膀上面，这样电话很容易夹不住而掉下来发出刺耳的声音，从而给客户带来不适。为了消除这种不良现象，提倡用左手拿听筒，右手写字或操作计算机，这样就可以轻松自如地达到与客户沟通的目的。

2）电话铃声响过两声之后接听电话。在公司内部，很多员工由于担心处理方式不妥当而得罪客户，从而招致老板的责备，因此很多人都把电话当作“烫手的山芋”，抱有能不接电话就尽量不接电话的心理。实际上，跟客户进行电话沟通的过程也是对员工能力的锻炼过程，只要养成良好的接听习惯，接电话就不是一件困难的事情。通常，应该在电话铃声响过两声之后接听电话，如果电话铃响三声之后仍然无人接听，客户往往会认为这个公司员工的精神状态不佳。

3）报出公司或部门名称。电话接通之后，接电话者应该先主动向对方问好，并立刻报出本公司或部门的名称，如“您好，这里是某某公司……”随着年龄的增长，很多人的身价会越来越放不下来，拿起电话往往张口就问：“喂，找谁，干吗……”这是很不礼貌的，应该注意改正，彬彬有礼地向客户问好。

4）确定来电者身份。电话是沟通的命脉，很多规模较大公司的电话都是通过前台转接到内线的，如果接听者没有问清楚来电者的身份，在转接过程中遇到问询时就难以回答清楚，从而浪费了宝贵的工作时间。在确定来电者身份的过程中，尤其要注意给予对方亲切随和的问候，避免对方不耐烦。

5）听清楚来电目的。了解清楚来电的目的，有利于对该电话采取合适的处理方式。电话的接听者应该弄清楚以下一些问题：本次来电的目的是什么；是否可以代为转告；是否一定要指名者亲自接听；是一般性的电话销售还是电话来往。公司的每个员工都应该积极承担责任，不要因为不是自己的电话就心不在焉，并要对电话的内容做记录，以便帮助客户解决问题。

6）注意声音和表情。沟通过程中表现出来的礼貌最能体现一个人的基本素养，养成礼貌用语随时挂在嘴边的习惯，可以让客户感到轻松和舒适。因此，接听电话时要注意声音和表情。声音好听，并且待人亲切，会让客户产生亲自来公司拜访的冲动；不要在接听电话的过程中暴露出自己的不良心情，也不要因为自己的声音而把公司的金字招牌践踏在脚底下。打电话时要注意保持一个好的心情，虽然对方看不到你，但是从你快乐的语调中也会被你所感染，给对方留下极佳的印象。由于面部表情会影响声音的变化，所以即使在打电话时也要抱着“对方看着你的心态”去与之交流。倘若没有微笑，表情僵硬地对着电话讲话，对方从电话中听到的声音也许就是平淡的、呆板的，甚至不愉快的，对方肯定感觉不到你的诚意。因此，接听电话时要需要注意一些细节，如表 2-3 所示。

7）保持正确姿势。接听电话过程中应该始终保持正确的姿势。一般情况下，当人的身体稍微下沉，丹田受到压迫时容易导致丹田的声音无法发出。大部分人讲话所使用的是胸腔，这样容易口干舌燥；如果运用丹田的声音，不但可以使声音具有磁性，而且不会伤害喉咙。因此，保持端坐的姿势，尤其不要趴在桌面边缘，这样可以使声音自然、流畅和动听。此外，保持笑脸也能够使客户感受到你的愉悦。

表 2-3　接电话时的声音和表情

序号	细　　节
1	接听电话时，虽然对方无法看到你的面容，但你的喜悦或烦躁会通过语调流露出来。正是因为对方不能从电话中看见你的笑容，所以你的声调就要负起全部的责任。你的声调要充满笑意，而且要比平时高兴的时候更有笑意
2	接听电话时，让自己处于微笑状态。微笑地说话，声音也会传递出很愉悦的感觉，听在客户耳中自然就变得有亲和力。让每一个电话都保持最佳的质感，帮助你进入对方的时空

8）复诵来电要点。电话接听完毕之前，不要忘记复诵一遍来电的要点，防止记录错误或者偏差而带来的误会，使整个工作的效率更高。例如，应该对会面时间、地点、联系电话、区域号码等各方面的信息进行核查校对，尽可能地避免错误，以便准确和及时地帮助客户解决问题，否则会影响公司的服务，造成不好的影响。

9）道谢。最后的道谢也是基本的礼仪。来者是客，以客为尊，千万不要因为电话客户不直接面对而认为可以不用搭理他们。实际上，客户是公司的衣食父母，公司的成长和利润的增加都与客户的来往密切相关。因此，公司员工对客户应该心存感激，向他们道谢和祝福。

10）不要先挂断电话。通话结束后，也许客户的耳朵此时尚未离开话筒，如果你先挂电话，他们听到“喀哒”一声，就会以为你已经对他不耐烦了。在通话结束后停上一两秒钟，再轻轻挂断电话，这种习惯至少不会使你意外地失去一个客户。

（4）名片使用礼仪

初次见到客户，首先要以亲切态度打招呼，并报上自己的公司名称，然后将名片递给对方，如图 2-7 所示。名片夹应放在西装的内袋里，不应从裤子口袋里掏出，如图 2-8 所示。

小贴士

递名片时应注意的问题

递接名片时最好用左手，名片的正面应对着对方、名字向着客户，最好拿名片的下端，让客户易于接受。

如果是事先约好才去的，客户已对你有一定了解，或有人介绍，就可以在打招呼后直接面谈，在面谈过程中或临别时，再拿出名片递给对方，以加深印象，并表示保持联络的诚意。

异地推销时，名片上留下所住旅馆名称、电话。

对方递给名片时，应该用左手接，但是右手立刻伸出来，两手一起拿着名片；接过后要点头致谢，不要立即收起来，也不应随意玩弄和摆放，而是认真读一遍，要注意对方的姓名、职务、职称，并轻读不出声，以示敬重，如图 2-7（a）和

图 2-7（b）所示。对没有把握念对的姓名，可以请教一下对方，然后将名片放入自己口袋、手提包或名片夹中，如图 2-7（c）所示。

不可递出污旧或皱折的名片。

上司在时不要先递交名片，要等上司递上名片后才能递自己的名片。

外出拜访时，经上司介绍后，再递出名片。

对外宾应递上印有英文的一面、面带微笑并说“多多关照”、“常联系”。

递名片时的禁忌：背面、字向颠倒。

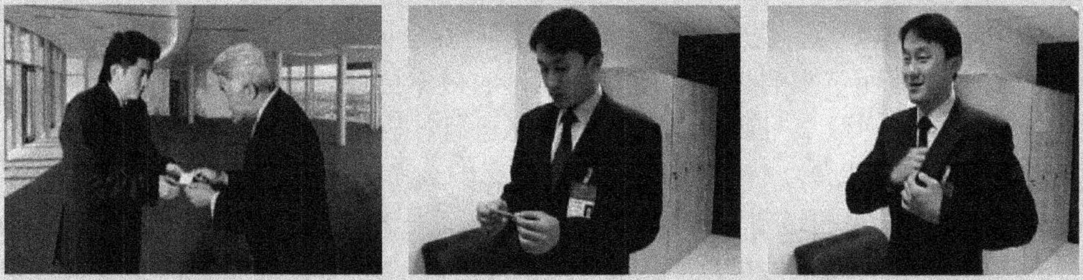

（a）　　（b）　　（c）

图 2-7　递接名片礼仪

名片除在面谈时使用外，还有其他一些妙用，如表 2-4 所示。

表 2-4　名片的其他用处

序号	用　　处
1	拜访客户时，对方不在，可将名片留下，客户来后看到名片，就知道你来过了
2	把注有时间、地点的名片装入信封发出，可以代表正规请柬，又比口头或电话邀请显得正式
3	向客户赠送小礼物，如让人转交，则随带名片一张，附几句恭贺之词，无形中关系又深了一层
4	熟悉的客户家中发生了大事，不便当面致意，寄出名片一张，省时省事，又不失礼

（二）接待区的准备工作

1．办公区或洽谈区的准备

推销人员要做好办公区或洽谈区的准备，如表 2-5 所示。

表 2-5　办公区或洽谈区的准备

序号	内　　容
1	桌面整理干净（基本是空的），可布置一些装饰品（如鲜花等），保持室内空气清新
2	电脑开机，随时方便输入客户信息或调出客户档案等
3	准备好饮水机、饮品、杯子、糖果、烟、烟灰缸（干净）、雨伞等

续表

序号	内　容
4	准备名片、洽谈记录本、笔等
5	查看商品车库存（品种、颜色、数量、优惠标准等）情况及即将到货情况
6	浏览当月工作计划与分析表等

2. 展车的准备

推销人员要做好接待前展车的准备，如表 2-6 所示。

表 2-6　展车的准备

序号	内　容
1	展车要干清。该项工作要落实到销售顾问每个人头上，保证时刻保持清洁，车内空气清新
2	展车门不上锁，方便来店客户进入车内观看、动手体验
3	其他方面的准备，见情境四的车辆展示中的车辆摆放的准备

3. 销售顾问工具包的准备

每个销售顾问都必须配备工具包，而且随身携带。工具包内的物品类别及内容如表 2-7 所示。

表 2-7　工具包内的物品

序号	类　别	内　容
1	办公用品	计算器、笔、记录本、名片（夹）、面巾纸、打火机等
2	资料	公司介绍材料、荣誉介绍、产品介绍、竞争对手产品比较表、媒体报道剪辑、客户档案资料等
3	销售表	产品价目表、新车协议单、一条龙服务流程单、试驾协议单、保险文件、按揭文件、新车预订单等

二、来店客户心理分析及应对

推销人员每天都会见到各种各样的客户，他们来自不同的地区、年龄不同、职业不同、收入不同、文化教育程度不同、性格不同，因此需求和消费习惯也各有差异。俗话说："一把钥匙开一把锁。"要做到有针对性的销售，推销人员首先要识别和细分各种不同的客户群体，从中找出规律性的东西。销售中，要求推销人员"见什么人，说什么话"，这里并无贬义，而是指区别不同客户的客户身份，采取不同的沟通方式、内容和对策。客户的心理表现出不同的特征，所以对待不同心理的客户应运用不同的方法和策略。

（一）了解来店客户的期望

汽车销售顾问在接待客户的时候，首要问题是打消客户的顾虑。这种情况下，首先了解一下客户是怎么想的，不同身份的客户的心理是什么样的对于推销人员来讲是非常重要的。

客户进入展厅查看自己感兴趣的车时，不希望旁边有人打扰他，特别不喜欢销售顾问在旁边喋喋不休。客户有可能是一个人，也可能是两个人或三个人结伴而来，他们站在自己感兴趣的车面前看车，一边看一边评头论足。有些汽车销售顾问看到这种情况之后，就跑过去准备接待他，而这些客户看到汽车销售顾问走过来，他们马上就拔腿走人了。

客户虽然在看车的时候不希望被打扰，但在需要帮助的时候又希望能够得到及时的帮助。其实这并不矛盾，当客户看完车以后，对有些问题不清楚，他会主动去找汽车销售顾问。而客户的类型及心理又是千差万别的，无论汽车推销人员经验如何丰富，也很难做到万无一失，因此对于各种不同的客户可以视其性格的不同而加以调整。

（二）不同身份的客户心理分析

要想更好地掌握客户需求，进而更好地满足客户需求，则必须对客户的心理有足够的了解。因为“心”支配了一个人的思想、意志，同样也支配了一个人的购买行为。因此，推销人员要紧紧围绕客户的“心”展开工作。同样，分析客户心理会对掌握客户心理和客户心理规律有极大的帮助，对提高推销人员素质也有很大帮助。

1. 女性消费群心理分析

职业女性的消费需求已日渐超过男性，其消费特征如表 2-8 所示。

表 2-8 女性消费群体特征

序号	特　征	内　容
1	相对缺乏理性	与男性相比，女性对商品选择更具有感性，易受他人左右，购买意识、消费方式也很容易在女性消费之间传播并相互影响
2	忌妒心比较强	一般来说，女性思虑更细，很容易被引发“忌妒心”，攀比心理比较强烈，在生活追求上易与周边熟人比较。但对于知识文化水平较高的女性来说，这一点并不是很明显

2. 单身贵族消费群心理分析

白领阶层的消费意识随着社会进步发展迅速，单身贵族对商品要求日益强烈，对商品的功能要求较高。该群体多为高收入、高学历的单身者，其消费特征如表 2-9 所示。

表 2-9 单身贵族消费群特征

序号	特　征	内　容
1	对商品的要求相对苛刻	由于多是知识阶层的消费者，所以对商品的要求相对苛刻，有时愿花较多的钱也不愿买回廉价粗糙的商品

续表

序号	特　　征	内　　容
2	要求稀有、精致	由于单身贵族们独立独行的意识较强，对珍贵、稀有、精致的商品有浓厚兴趣，以体现其“贵族”风范
3	理性，不受折扣影响	他们的购买理性，冷静而客观，对大减价方式不屑一顾，他们更相信专家。与这类客户接触要掌握足够的专业知识，并力求表现得高雅而富有内涵

3．老年消费群体心理分析

中国老年人消费市场日益扩大，其消费心理和消费能力与年轻人相比更加理性和开放。随着人口老龄化的加快，老年人的消费能力资源会比较充裕，其消费特征如表 2-10 所示。

表 2-10　老年消费群体特征

序号	特　　征	内　　容
1	经济自主自立	现代都市里，知识型老人已基本脱离了要子女代劳的传统，选择商品时喜欢按自己的意志和喜好；也有一些老年人开始购买汽车，以便提高自己的生活质量
2	态度谨慎	老年人多在金钱使用时谨慎小心，不会过分地奢侈，买车时注重车的质量

4．老板一族心理分析

是老板不一定是企业家。据最新的统计资料显示，中国私营企业家中，农民出身的占 70%。因此，这一群体素质差异性较大，有文化素质高的，也有没有文化的，但多数是指有较强消费能力、拥有大量财富、是文化素质较差的一族。对于这一族，价格越高，广告做得越多，越高档的汽车才最能成为他们炫耀的依据，也是他们购车的决定因素。其消费特征如表 2-11 所示。

表 2-11　老板一族消费群体特征

序号	特　　征	内　　容
1	炫耀心理	由于该群体有大量财富，已超出一般市民的消费心理，选择商品时要体现其“高档”身份，以示自己与常人不一样的“差异性”，故而觉得商品越高档越好
2	附庸风雅心理	尽管该群体文化素质较差，但拥有大量财富，可呼风唤雨，追求时髦、现代，附庸风雅心理较重，喜欢用“文化”包装自己
3	要“面子”心理	由于这些群体的富有，处处要体现“身份”，因此购买商品时好“面子”心理较重，此种心理是可以利用的

5．企业家心理分析

企业家与老板具有质的不同。这类群体具有较高的文化素质，购买理性、冷静而客观，相信自己的判断。其消费特征如表 2-12 所示。

表 2-12 企业家消费群体特征

序号	特 征	内 容
1	追求文化品位	该群体文化素质较高，对生活质量、生活素质要求也高，尤其追求高品位的商品
2	购车理性	该群体中多数人计划力较强，判断力也强，具有足够的专业知识，不易受别人诱导，因此推销人员要力求具备综合素质

6. 工薪族心理分析

目前，在发展中的都市工薪族，有购车能力的多数是白领及少数的高级蓝领。该群体多数具有较高的文化素质和专业知识，由于年轻及社会阅历较少，综合素质相对低。其消费特征如表 2-13 所示。

表 2-13 工薪族消费群体特征

序号	特 征	内 容
1	新潮型	这一群体来自天南海北，有的来自城镇，有的来自都市，面对现代化都市生活，跟潮流心理较重，追求生活品位，追求生活质量，文化品位高雅精致
2	理性型	这一群体除了收入因素，更重要的是文化素质较高，有判断能力。但由于社会经验缺乏，对商品方面的专业知识不一定很多，只要推销人员能从专业角度理性地予以介绍，他们也会理性地接受

7. 生意人心理分析

生意人是指有店铺或开小餐馆、食杂店等人士。这一消费群体构成较复杂，文化素质良莠不齐，消费观念差异性较大。他们多表现出精明、会算账，但真正具有知识者很少。因此，面对这类客户，要认真地从专业角度做介绍，并且要表现出诚恳的态度。

8. 知识分子、专家心理分析

该群体是指具有较高学历，从事着专业性较强的工作，并且多数已具有事业基础或专业成果，职业相对较稳定的人。具有高学历的人群占城市总人口的近 30%，这一类人多在重要的科研机构及大型企业的重要岗位上工作。我国引进了一大批外资、外地企业，这些企业界里也拥有一大批知识分子——CEO 或高级白领，这一类人属于“白、骨、精”类的人才。

该群体属较年轻的知识分子，学历、才华、机遇使这一类人进入中国国防科研机构，理想的事业、丰厚的收入、稳定的家庭生活或单身贵族构成了这一群体。这一群体与高知人群不同的是，他们对生活的观念、追求不同，在追求事业的同时更追求生活质量，而这个生活质量与高知人群还有所不同，他们更接受西方发达国家的生活观和生活质量标准。总体来说，针对高级知识分子、专家这一群体，首先要尊重、谦恭、耐心，在充分满足他们自尊心的基础上，再进行产品介绍就比较有效。

9．高级白领心理分析

这一群体多在大型企业，具有较丰厚的收入，但工作稳定性不如国有科研机构，因此追求生活质量标准的方式也有所不同。总体来说，高级白领购车时，性价比是他们购车要考虑的，因此在购车时，这部分人要考虑汽车的售价、质量、油耗、售后及销售人员的态度。同时，车型也要体现他们的生活水准。

三、进行展厅接待

（一）客户进门时的接待

对于来店的客户，汽车销售顾问要主动热情地上前迎接，因为展厅是客户第一印象的形成时机，客户到展厅主要是为了了解信息或者进一步了解有关产品或购车相关信息。接待客户的步骤，如图 2-9 所示。

图 2-9　接待客户的步骤

从心理学角度讲，客户进门之前肯定是愉快的，因为他要购买的商品一定是他所需要的。一旦进入大门，发现推销人员迎过来的时候，他的心情就会紧张。紧张的因素有很多，其心理状态是很微妙的，尤其是在购买价值很高的贵重商品的时候。此时，推销人员的言行不应该是去加重客户的这种紧张心理，而是应设法缓和客户的紧张情绪。如果客户一直保持着紧张情绪，这对未来的销售是不利的，会增加他对你的不信任感。只有客户感觉到周围环境对自己的威胁消失了，他重新回到了进店之前的那种舒适放松的状态，这个时候他才会从容不迫地看车、订车了。因此，汽车销售顾问应随身携带名片和笔记本并保持微笑，积极主动地迎接客户，和客户打招呼，不让其感到被冷落。如果客户只是在门外观望，推销人员也要主动打招呼并请其进门。如果是雨雪天气，还必须主动帮助客户收拾雨具、放置衣帽等，进行自我介绍，询问客户的姓名，主动提供服务。

在这个阶段，当客户进入展厅时，推销人员要做到以下几点：

1）30 秒钟内察觉到客户的到来，并在几秒钟内大脑就要加工处理客户的信号，依据其衣着、姿态、面部表情、眼神等，评估出客户的态度与购买倾向等，注意不要以貌取人。

2）目光相遇时，点头示意，如客户点头回应，应即刻上前接待；如果客户视而不见且直奔展车、专注看车，可给客户 1～2 分钟的自由看车时间。

续表

序号	应　对	内　容
4	建立良好的关系	推销人员与客户交谈时，除了谈产品以外，可以寻找恰当的时机多谈谈对方的工作、家庭或其他感兴趣的话题，建立良好的关系
5	借用推销工具	推销人员在洽谈区接待时可以借用推销工具，如公司简介、产品宣传资料、媒体报道、售后服务流程，以及精果、香烟、小礼物等

4．客户离开时

客户离开时，推销人员应从5个方面应对，如表2-17所示。

表2-17　客户离开时的应对

序号	应　对	内　容
1	陪同客户走向门口	推销人员放下手中其他事务，陪同客户走向展厅门口
2	提醒客户勿忘随身携带的物品	推销人员提醒客户清点随身携带的物品及销售与服务的相关单据
3	交换名片	推销人员递交名片，并索要对方名片（若以前没有交换过名片）
4	预约下次来访时间	推销人员与客户预约下次来访时间，表示愿意下次来访时仍由本销售顾问来接待，便于后续跟踪
5	目送客户离去	推销人员真诚地感谢客户光临本店，期待下次会面；在展厅门外，挥手致意，目送客户离去

5．客户离开以后

推销人员应从4个方面完成客户离去以后的工作，如表2-18所示。

表2-18　客户离去以后的工作

序号	应　对	内　容
1	车辆复原	推销人员将车辆调整至最初规定位置并进行清洁
2	清理、清洁洽谈桌	推销人员对洽谈桌的水杯、烟灰缸等卫生细节进行清理、清洁
3	整理客户信息	推销人员开始整理客户信息
4	个人的调整及下一步工作的准备	推销人员将自我着装、情绪调整到最佳状态，准备接待其他客户

四、运用展厅接待的技巧

每一名汽车推销人员都希望自己能赢得更多客户的信赖与好感，取得优秀的业绩与回报。事实上，汽车推销人员与客户的第一次碰面和第一句交流，在很大程度上就已经决定了双方关系的融洽程度及交易的成败。初次接洽时，汽车销售人员应该注重接待技巧，这可使销售工作收到事半功倍的效果。具体来讲，需要做好以下4点。

1．热情、友善地对待你的客户

无论客户看起来是腰缠万贯还是工薪阶层，无论客户的态度是温和友好还是拒人千里，汽车推销人员都要热情友善地接待客户，多一点微笑，多一些礼貌用语，让客户有“宾至如归”的亲切感。

2．细心地观察你的客户

从客户走近展厅开始，汽车推销人员就应该细心地关注对方的神情举动，分析、揣摩对方的想法，进而提供能让客户感到放松、舒适的服务。例如，客户进门时大汗淋漓，推销人员可以请他们坐在凉爽的地方休息，并递上冷饮；客户提着满满的购物袋进来时，推销人员就应该主动帮他们提一下。这些细心的观察和做法会赢得客户的信赖。

案例阅读 2-1

细节决定成功

一位安徽客户要买一辆车。经过货比三家后，他到这里购买了这辆车。当询问他为何选择在此买车时，他的回答是他认为这家店在细节上让他耳目一新。当时他说：“我想听听这辆车的音响效果怎么样。”销售顾问就问他：“您喜欢听哪方面的音乐？”这位客户笑起来了：“怎么？我想要的音乐你有吗？”销售顾问说：“您说说看。”这位客户是安徽人，他说：“我想听黄梅戏。”

大家想想看，你们的汽车 4S 店里面有黄梅戏的 CD 吗？可能 99%的回答是没有。但是这家店就有。销售顾问立刻到总台把黄梅戏碟调出来，放进去给他听。这个客户看到那个 CD 上写的是黄梅戏，非常感动，当时就说：“不用试了，我们下面就办手续吧。”通过这一件小小的事情，他说：“你们店能把事情考虑得这么细，买车以后，我还有什么不能相信你们的地方呢！”

案例中，汽车推销人员在接待客户的过程中，随时关注客户的细节，并提供能让客户感到放松、舒适的服务。由此，细心的观察和做法就会赢得客户的信赖。

3．勤勉地对待你的客户

汽车推销人员每天都要接待很多客户，难免会疲乏、劳累。如果在汽车推销人员休息、吃饭时恰好有客户走进展厅，优秀的汽车推销人员仍然会“咬牙”坚持，微笑着接待客户，表现出自身对本店汽车品牌的信心与热情。汽车推销人员的行动就会赢得客户的尊敬和信任，高人一筹的销售业绩就是靠勤勉得来的。

4．主动地迎接你的客户

主动是汽车推销人员必备的一种素质。如果汽车推销人员主动一点，做到真诚的语言表达，就可以使原本只打算来展厅看看的客户改变先前的想法，认真考虑买车；可以使原本打算下个月购车的客户在今天就签约购买；可以使老客户介绍好友来买车。主动有可能创造销售奇迹。

职业知识检测

一、复习思考题

1. 作为一名合格的汽车推销人员，展厅接待时与客户交谈的基本原则有哪些？
2. 简述接电话包括的礼仪。
3. 推销人员使用名片时，需要遵守哪些礼仪？
4. 推销人员应如何做好洽谈区的接待工作？
5、展厅接待的技巧有哪些？

二、案例分析

一次失败的接待

一个秋高气爽的午后，某经销商的展厅内，来访的客户络绎不绝，有的在看车，有的围着推销人员津津有味地商谈着什么，还有的围在前台仔细地阅读着一份份有关车款、车型或某些新特征的产品介绍书。

汽车推销人员小王紧盯着门口，等待可能出现的新客户。小王来到这个展厅工作已经两个多月，但业绩一直平平，毫无起色。作为一名营销专业的本科毕业生，销售业绩一直处在初级的水平上，这让小王颇为着急。

这时，一位先生和一位女士走了进来。尽管这两位人士衣着休闲，却异常考究，明眼人一眼就能看得出来，这二位颇有些“来头”。小王紧紧盯着这一男一女，暗暗判断着：从衣着和气质上看，这二位绝不是一般的看车主；从神情上看，显然是一对夫妻。想到这里，小王来了精神，看来这二位潜在客户很有希望啊！正暗自高兴的他，突然眼前一亮，他看见这二位停在了一款新车前面，这款新车是刚刚推向市场的，集现代、流行、高档于一身，颇受客户青睐。机会难得，他赶紧走了过去。

“二位好，今天天气不错，看看车啊！”小王热情地打着招呼。

男士点点头应声：“看看这款新到的车。”

小王：“感觉如何？这是新上市最流行的流线型轿车，德国原装。”

男士没有回应，仍在专注地看着车，小王饶有兴致地介绍起来：“该车采用的是全时四驱的技术，这是国内轿车所不具备的，变速器是手自一体的，还有……”

男士突然摆摆手，打断了正介绍在兴头上的小王，很客气地说：“谢谢你的热情介绍，我们只是来看看。”

“先生，你们现在开的什么车呀？”小王见客户有抵触情绪，赶忙转换话题。

“是代步用的捷达。”女士开口了，但眼睛仍然没有离开车。

“啊，那款车是有些过时了，看二位现在的身份，再开那辆车与现在的身份不相配呀！”小王恭维道。

但没想到小王话音刚落，那位男士突然变了脸色，女士和男士不约而同地对视了一眼，女士说："咱们走吧，改日再来。"说着两个人向门口走去，小王怔怔地待在那里，不知如何是好，他困惑不解，不知道自己做错了什么。

分析讨论：

（1）小王为什么失败了？

（2）如果你是推销人员，你会如何接待好这两位客户？

（3）沟通中应该使用哪些技巧？

职业技能训练

一、单一技能训练

训练 1：新客户接待

汽车销售顾问：您好！欢迎光临××4S 店！想看哪一款车？

客户：这款车怎么样？

汽车销售顾问：您真有眼光，凡是来我们展厅的朋友首先都会被这款车吸引，这也是我们这里卖得最好的一款车。

客户：那就介绍一下吧！

汽车销售顾问：这款车有 10 大卖点、5 大优势，如果要一一介绍的话，可能会占用您很多的时间。能否请教一下，当您准备拥有一部车时，您会最先关注哪一点？

训练 2：老客户接待

汽车销售顾问：您好！王先生，欢迎再次光临！这几天我们几位同事都谈到您，说好几天没有见到您了。

客户：真的吗？正好出差去了。

汽车销售顾问：今天准备再了解哪一款车呢？

客户：旗舰型，怎么样？现在有哪些优惠了？

汽车销售顾问：这几天我一直想打电话给您。你上次看中的那款车自上市以来一直热销。那不，昨天刚到了 10 辆车，今天一大早就提走了 4 辆，下午还有 3 辆要现货。我还担心要是您来迟了没车交付，还真对不住朋友呢。

客户：这么好卖啊！不会吧？

汽车销售顾问：还真没想到，这几天买车的人会那么多，还真有点招架不住了。怎么样，您最后定了哪个价位的？

客户：还没定！还有些问题没有弄清楚。

汽车销售顾问：是哪些问题让您下不了决心呢？

客户：主要是……

汽车销售顾问：我还以为是什么大问题呢！您担心的这些都不是问题，您看……我说的没错吧！还犹豫什么？

二、综合技能训练

展厅接待训练表

序号	考 核 任 务	接待客户的规范做法（要点）	所占分值（分）	实际得分（分）
1	客户进入展厅时		10	
2	客户自行参观车辆时		10	
3	接近的时机（推销人员） 1）打开车门 2）触摸配备 3）来回在某车型前转		10	
4	客户希望推销人员帮助介绍时		10	
5	推销人员介绍自己时		10	
6	客户坐进车时		10	
7	推销人员与坐在商谈桌前的客户交谈时		20	
8	留下客户信息时		10	
9	送客户离开展厅时		10	

每 4 人一组进行展厅接待训练。先将表中的空项填上，然后 1 人作为销售顾问，1 人扮演客户，其余 2 人根据实际情况打分；接着互换角色训练；最后比较两组的得分情况。

三、技能迁移训练

（一）技能训练

请同学们到手机专卖店观察手机推销人员是如何接待顾客的。在给顾客介绍机型时，他是如何运用肢体语言的？是否规范？如果你是手机推销人员，你应该怎么做？然后在班里交流，同学们互相点评，最后由教师点评。

（二）案例分析

细节决定成功

彭奈创设的基督教训商店，是美国零售业内非常著名的零售商店。彭奈的第一个零售店开业不久，有一天，一位客人来到店里买搅蛋器。

店员问：“先生，你是想要好一点的，还是要次一点的？”那位客人听了显然有些不高兴：“当然是要好的，不好的东西谁要？”

店员就把最好的一种“多佛”牌搅蛋器拿了出来给他看。

男子看了问："这是最好的吗？"

"是的，而且是牌子最老的"。

"多少钱？"

"120 元。"

"什么！为什么这样贵？我听说，最好的才六十几块钱。"

"六十几块钱的我们也有，但那不是最好的。"

"可是，也不至于差这么多钱呀！"

"差得并不多，还有十几元一个的呢。"

男子听了店员的话，马上面现不悦之色，想立即掉头离去。

彭奈急忙赶了过去，对男子说："先生，你想买搅蛋器是不是，我来介绍一种好产品给你。"

男子仿佛又有了兴趣，问："什么样的？"

彭奈拿出另一种牌子来，说："就是这一种，请你看一看，式样还不错吧？"

"多少钱？"

"54 元。"

"照你的店员刚才的说法，这不是最好的，我不要。"

"我的这位店员刚才没有说清楚，搅蛋器有好几种牌子，每种牌子都有最好的货色，我刚拿出的这一种，是同牌中最好的。"

"可是为什么比'多佛'牌的差那么多钱？"

"这是制造成本的关系。每种品牌的机器构造不一样，所用的材料也不同，所以在价格上会有出入。至于'多佛'牌的价钱高，有两个原因，一是它的牌子信誉好，二是它的容量大，适合做糕饼生意用。"彭奈耐心地说。

男子的脸色缓和了很多："噢，原来是这样的。"

彭奈又说："其实，有很多人喜欢用这种新牌子的，就拿我来说吧，我就是用的这种牌子，性能并不怎么差。而且它有个最大的优点，那就是体积小，用起来方便，一般家庭用最适合。府上有多少人？"

男子回答："5 个。"

"那再适合不过了，我看你就拿这个回去用吧，保证不会让你失望。"生意成交，彭奈送走了客人。

问题：

1. 店员的销售与后来彭奈的销售有何不同？接待客户有哪些技巧？
2. 试分析店员在销售过程中忽略了哪些细节？有何不妥之处？
3. 请说说这个案例给你的启示是什么？

情境三

需求分析

案例引入

一天，某汽车品牌4S店走进一位客户。进入展厅，他在一款车前停住，抱着肩，只顾看车，不说话也不提问，营销人员李娟见状急忙走向他说：“先生，这款车24.9万元，你想花多少钱买车呢？”先生没有回答，李娟一边上下打量着客户，一边用手指向旁边的一款车说：“这款车挺适合你开的。”先生苦笑着说：“我是给太太选车。”李娟有些不好意思地说：“给你太太选车就看看前面那款吧。”只见先生说了一句“改天再看吧”，转身就要离开。这时，展厅里又来了一位客户，李娟回了一声“好吧”就急忙招呼新来的客人去了，先生看着李娟的背影，一脸无奈地走了。

问题：

1. 如何对客户需求进行分析？
2. 李娟是否辨明了客户的需求？
3. 你作为汽车销售顾问应该如何做？
4. 汽车营销人员在进行客户需求分析时应当注意的事项有哪些？

任务背景

在企业的销售队伍中，经常听到的抱怨是 “我们的客户不需要”“我们的客户没有钱”“客户说要等一段时间”等这样一些消极的声音，根本的原因是不了解客户的真实需求。推销人员在销售时盲目地向客户介绍或者演示产品，结果徒费口舌。推销人员没有了解客户的需求就开始销售产品，就像在屋子里蒙上眼睛打移动靶，击中的概率很低；了解客户的需求后再介绍产品，就像在屋子里瞄准了移动靶来打，打中的概率却大幅度提升。

推销人员销售汽车不是为了自己的需求，而是为了客户的需求；不是卖自己认为客户需要的东西，而是卖客户真正需要的东西。推销人员对客户了解得越清楚，成交的概率就会越高。

任务目标

通过客户需求分析能够帮助推销人员挖掘出影响购买决定的非价格因素。详细说明这些非价格因素的重要性会降低价格因素在购买决策中所起的作用。

通过客户需求分析可实现增值销售。通过了解客户需求并获得客户参与后，可以提高客户的认知水平，创造内心要求转变的动机，使客户想要购买的心情比推销人员想将产品卖出去的心情还要急切。此时，价格在购买决策中扮演的角色就不是主要的了。价格只是很多购买要素中的一个，而不是人们决定购买某项产品的主要原因。相反，高的价格代表产品能带来更多的好处。

具体来讲，任务目标包括：熟练掌握客户需求分析流程；熟练掌握针对不同性格的客户消费心理的销售应对策略；熟练掌握需求分析的方法与技巧。

任务实施

一、进行需求分析

作为一名推销人员，在向客户介绍产品之前，首先要了解客户的需求，进行客户需求分析，才能在满足客户需求的同时实现销售。客户需求分析流程如图 3-1 所示。

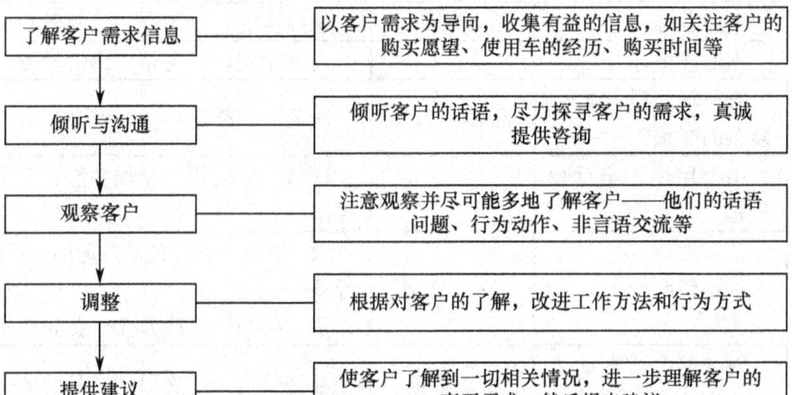

图 3-1　客户需求分析流程

（一）了解客户需求信息

这是需求分析流程的第一步。推销人员通过了解客户需求信息，进行客户需求心理分析。

1．填写客户信息表

汽车推销人员要明确需要了解客户的哪些需求信息，才能更加有针对性地收集到有用的信息。客户需求信息如表 3-1 所示。

了解客户需求信息可以通过开放式的询问和封闭式的询问方式来进行。开放式的询问方式适用于希望获得大信息量时。客户信息了解得越多，就越有利于把握客户的需求。

开放式询问可采取 5W1H 的方式：

谁（Who）：您为谁购买这辆车？

何时（When）：您何时需要您的新车？

什么（What）：您购车的主要用途是什么？您对什么细节感兴趣？

为什么（Why）：您为什么一定要选购三厢车？

哪里（Where）：您是从哪里获得这些信息的？您是从哪里过来的？

怎么样（How）：您认为××车动力性怎么样？

封闭式询问即所提的问题，对方可以直接给出肯定或否定的答案，适合获得结论性的问题。例如，“您喜欢这辆××车吗”、“我们现在可以签订单吗”等都属于封闭式询问。

表 3-1　客户需求信息

项　　目	信 息 内 容	分　　析	客户关注的问题及推销人员主攻的角度
个人信息	姓名、联系方式	—	—
	职业、职务	品牌、车型	声誉、赞美、感情投资
	兴趣爱好	品牌、车型	操控性能、动力性、投其所好
	家庭成员	—	内部空间、后备箱、感情投资、舒适性
购买愿望	对车辆造型、颜色、装备的要求	品牌、车型	时尚、声誉、舒适、安全
	主要用途、年行驶里程	品牌、车型	底盘、发动机、操控性能、安全、舒适、经济
	谁是使用者	品牌、车型	女：时尚、操控便利、健康、舒适、安全、经济 男：操控性、动力性、安全、舒适、声誉
	对××品牌车的了解程度	品牌倾向	品牌价值、品牌口碑、品牌实力
使用车的经历	选购车时考虑的主要因素	购买动机	时尚、声誉、安全、舒适、经济、健康、同情心
	品牌、车型	品牌、车型	同品牌产品升级；不同品牌的品牌价值、品牌口碑、品牌实力、旧车满意之处
	当初选购的理由	—	
	不满意的因素	品牌、车型	
购买时间	—	重要程度	早买早享受、价格已与国际接轨、后续跟踪

小贴士

3类客户需求

在汽车销售的实践中，客户明确的需求是构成销售的基础。客户的需求表现可以归纳为3类。

1）显性需求。即客户自己说出来的需求。通过客户的表达，推销人员可以清楚地知道他们需要买什么样的汽车，但符合这个条件的汽车并不一定完全能解决客户问题。例如，客户说"我买的这部车品质要好、性价比要高"，表明的是客户对汽车的品质和价格方面的要求。

2）隐性需求。隐性需求比较复杂，可能有的客户自己都不知道自己真正的需求到底是什么。例如，某客户打算花20万元买车，可是不知道买什么车好，这个时候推销人员要解决客户的问题，就要首先了解客户。所以，推销人员既要解决客户的显性问题，也要了解客户的隐性问题，这样才能正确分析客户的需要。

3）售后服务需求。售后服务方面能够给客户提供什么样的保障，这是客户做出购车决定前必须解决的问题。例如，客户可能会提出："这部车还必须有高品质的服务，必须对我提供全方位的照顾；我到了维修站后要有人认真倾听我的谈话，理解我。"因为销售市场的竞争，让更多的客户在买车前对售后服务给予了更高的关注，这也是各制造商为什么拼命发展4S店从而提高售后服务质量的一个重要原因。

2．进行客户需求心理分析

一般汽车消费者的需求心理有4种，分别是品牌心理、炫耀心理、从众心理和价值心理。

（1）品牌心理

品牌心理是消费的一个表现，产品的品牌在一定程度上可以左右人们的消费导向。不同品牌的产品在技术、质量及服务方面存在较大的差距，而知名品牌在某种程度上是消费者的一种保障，让消费者有一种安全感。除了与消费者自身有关外，品牌也与行业的是否发展成熟有关。不可否认，现今的中国汽车行业，国产品牌汽车与国际知名品牌汽车还是有一定差距的，尽管这些国际品牌汽车也是在国内生产，但是在技术、质量要求、质量监控、产品规模、市场服务能力等方面还是有优势的。除了产品质量以外，汽车文化也影响客户的品牌心理。例如，日本品牌汽车重视外观的精美，做工精细，内饰考究，成为一些客户的品牌首选；而欧美等国家的汽车注重安全和舒适性，也拥有相当的客户群。此外，各品牌汽车在中国市场的占有率及售后服务网络的发达程度，都会成为客户选择品牌的因素。

（2）炫耀心理

中国很多人有炫耀心理，追求一种老爷的心态，认为拥有一辆高档汽车是非常荣耀的事情，是一种身份和地位的象征。过去是人抬，现在是安上了轮子的“坐骑”，没有大的排量，没有强劲的动力，没有宽敞的后座位，如何显示出派头和实力。所以，再高档的车，再昂贵的车，在中国都有其市场。

我们不能绝对认为带着炫耀心理购车的客户就一定是很有钱的人，他们在实际交易的时候肯定也会考虑价格问题，但是价格的影响程度已经大大降低，他们更多的关注点是如何体现他们所追求的“分量”。因此，推销人员在销售过程中要充分掌握这一特点，不妨为客户推介档次高一点的车型，满足他们的心理需求。

（3）从众心理

从众心理存在于大多数人之中。这类客户不希望与别人有太多的不同，朋友圈里买什么车，他也会买相同层次的车，标新立异的事他是不会考虑的。

（4）价值心理

具有价值心理的客户，影响其购车的因素主要是产品的性价比，也就是说他会比较理智地去考虑所花的钱买这样一辆车值不值得。有些客户在经济上不存在问题，花二十几万元买车不在话下，但是如果他觉得某款十几万元的车性价比非常高的话，也许他会降低档次，退而求之。相反，有的人经济实力并不很强，本来准备买辆十几万元的车，也可能会考虑物超所值的高一档次的车，当然前提是不会产生较重的经济问题。对于这类价值回归心理强烈的客户，详细的性能和价格对比分析是汽车推销人员的工作重点。

（二）倾听与沟通

客户为什么想买车？有的推销人员会这样回答：因为客户希望上下班或者日常出行能更舒适、更自由；或者客户希望能提升家庭的生活品质；或者客户为了不落后于身边有车的朋友、同事等。事实上，这些原因都只是表面上的。从根本上说，客户的购车行为都是源于对现实的不满意与不满足，正是因为有这种不满，才会有新的需求与追求，才会有改变。优秀的汽车推销人员要善于从客户随意的一句感慨或者抱怨中挖掘出客户的不满意与不满足，挖掘出其需求，从而找到突破口。因此，推销人员需要通过倾听客户话语，发现客户的需求，如表 3-2 所示。

倾听也是了解客户需求的方式，推销人员在倾听时要注意以下几点：

1）创造良好的倾听环境，没有干扰，空气清新、光线充足。

2）眼睛接触，精力集中，表情专注，身体略微前倾，认真记录。

3）用肢体语言积极回应，如点头、眼神交流和感叹词（唔、啊）等。

4）忘掉自己的立场和见解，站在对方角度去理解对方、了解对方。

5）适度地提问，明确含糊之处。

6）让客户把话说完，不要急于下结论或打断他。

7）将客户的见解进行复述或总结，确认理解正确与否。

表 3-2　推销人员通过倾听客户的感慨与抱怨发现的需求

序号	客户的感慨与抱怨	客户的问题与需求	推销人员的倾听与沟通
1	这夏天一到可太难受了，又闷又热，成天都是一身汗	客户希望夏天的生活能凉爽一些，舒适一些	您说得对，夏天实在是酷热难当。您可以上驾驶座上休息一会儿，我现在打开空调，不出 3 分钟，整个车内的温度就会立刻降下来。有一款这样的车，以后您的夏天就不用再怕闷热、怕出汗了。怎么样，是不是要凉快很多、舒适很多呀……
2	我现在开的车是老车型，安全配置不高，我老婆怀孕了，为了安全，她再不敢坐我的车了	客户担心妻子、孩子的安全，希望再购置一款安全系数高的车	您一定是个非常爱家的好丈夫、好父亲。确实，对一个即将有宝宝的家庭来说，安全比一切都重要。为了安全，哪怕牺牲一点驾驶的刺激和愉悦都是理所应当的。我们有一款车配备了八大全方位的安全保障，而且后排空间非常舒适，很适合准妈妈和未出生的小宝宝，我们一起来看看……
3	我很早就想来看这款车了，但一直忙着接待客户，腾不出时间来	客户有商务用车的需求	您这么年轻，就能自己办公司，而且取得这么好的发展，真是让人敬佩。宝马配英雄，好车也应该配您这样的精英人士。有这款车陪伴您，我想您的出差旅程会舒适、自由一些；而且，这款车能体现您的实力和品位，相信客户看到您的爱车，也会更放心地与您合作……

（三）观察客户

对客户的观察有助于推销人员掌握客户的特点和动机，从而能够在介绍商品的时候做到有的放矢，提高成交的几率。这种观察更多地需要靠目测，主要是根据来访客户的外在形象对客户做一个初步的综合评价。观察的重点主要在 7 个方面，如图 3-2 所示。

衣着	一定程度上反映经济能力、选购品位、职业、喜好
姿态	一定程度上反映经济能力、选购品位、职业、喜好
眼神	可传达购车意向、感兴趣点
表情	可反映情绪、选购迫切程度
行为动作	可传达购车意向、感兴趣点、喜好
随行人员	其关系决定对购买需求的影响力
步行/开车	可以传达购买的是不是首部车及其品牌、置换、预购车型等信息

图 3-2　观察客户的项目

1．衣着

从一个人的衣着可以看出他的服饰喜好和个性。喜欢穿休闲装的人，通常较为随意，不喜欢受到约束；总是西装革履的人，则通常较为重视形象。此外，从服饰的品牌还可以看出客户的身份、消费能力和地位。比如，当一个人穿着名牌衣服、戴着名贵首饰的时候，我们可以判断他属于中高端客户或者高端客户，那么他可能会对较为高档的商品更感兴趣。相反，对于穿着普通的客户，我们可以先向其推荐一些物美价廉的产品。

2．姿态

姿态一定程度上反映客户的经济能力、选购品位、职业、喜好等。从客户随身携带的包通常可以看出客户的消费能力，名牌的皮包和布包持有者的消费能力应该有着较大差距。

3．眼神

目光是心灵的窗口，可传达购车意向及感兴趣点。从客户谈话的态度可以大致看出客户的心理动机，可以初步判断成交的可能性。假如客户在谈话时总是东张西望，目光游离不定，基本上可以判断出这个客户目前很可能没有强烈的购买意向，也许仅仅是为了闲逛或者了解一下商品而已。

4．表情

从客户的表情上可以初步判断他的性格特征。比如，客户满面春风、笑容可掬，说明他是一个性格平易近人的人；如果客户笑的声音很大，笑得旁若无人，那么他应该是个不拘小节的人；假如客户面带怀疑表情并经常习惯性地摆手，说明他对什么都保持着戒备心理，对人对事总是持有怀疑态度。

5．行为动作

从客户的步态可以看出他的具体性格。比如，客户脚下生风，通常是说话快人快语、豪爽、讲究办事高效率的人；而如果是脚步沉稳缓慢，则通常表明他是一个有城府或办事慢条斯理的人；动作敏捷、说话干脆利落的客户，其性格一般是豪爽明快的，推销人员应迅速为其推介商品，快速达成交易；在挑选汽车的时候，经过再三犹豫，仍然无法做出选择的客户，一般属于顺从型的性格特征，独立性较差，这时推销人员应耐心周到地接待，帮助其挑选，并适当加以解释，以促使其做出购买决定。

6．随从人员

与客户一起来的随从人员，其关系决定着对客户购买需求的影响力，推销人员除了了解客户的需求情况，还要关注随从人员的态度，观察随从人员与客户的关系，以及随从人员对车的看法及对客户购买决定的影响，采取有针对性的措施，使随从人员认同推销人员的看法，促成交易。

7．步行还是开车

通过了解客户是步行来的还是开车来的信息，可以传达客户购买的是不是首部车还是再买一部新车，还是置换新车。如果是步行来的，则需要进一步了解客户的需求信息；如果是开车来的，则要了解客户是开什么品牌的车，为什么再购置车，预购置什么品牌的车型；如果是置换，则要了解客户置换什么品牌的车型等信息。

（四）调整与提供建议

1．客户购车的心理模式

推销人员通过与客户交流，在获得客户大量信息的基础上进行分析，提炼出客户一两个主要购买动机，并通过询问来得到客户的确认，再结合现有车型的产品定位，进行有针对性的产品推荐。

在这个阶段，了解客户购车的心理模式是很重要的。推销人员需要了解客户购车的心理变化过程，目的就是为了能够充分了解和把握客户的心理变化，针对不同的心理变化阶段找到不同的应对方式，准确判断客户处于哪一个阶段，才能够把握住制胜的先机。

客户对汽车产品消费心理的发展过程分为 15 个阶段，如表 3-3 所示。对于绝大多数客户而言，从萌生购车的想法到最终掏钱买车，是一个心理渐进发展、占有欲望不断强化、购买目标逐步明确的过程。在这个过程中，客户逐渐确定了符合他们购车目标的选车标准，即选什么样的品牌、选哪一款车、选什么样的销售商。这个过程从阶段 4 到阶段 11，需要经过 8 个阶段的心理变化与调整。掌握并识别客户心理处在何种阶段，对推销人员有针对性地调整销售行为及提供建议会有很大帮助。

表 3-3 客户购车的心理模式

阶段	消费心理的发展过程	客户消费心理发展过程各阶段的特点
1	无动于衷	客户对汽车产品还没有需求，表现为不关心与汽车有关的事件和信息
2	心有所动	客户由于受某种因素的影响，如周围人群的意见、交通不便造成对工作和生活的影响、对提升自身形象和地位的要求、生意的因素等，从而感觉到自己需要一部汽车，所以开始注意周围人群买车用车的情况，包括品牌、车型、价格
3	想要购买	客户对汽车的占有欲增强，开始幻想拥有汽车后对工作、生活、事业、地位等方面带来的好处和帮助，表现为特别关注与汽车有关的信息、经常参加车展等活动、愿意听别人谈使用汽车的感受等
4	确定初步投资金额范围	客户会根据自己的收入情况和支付能力确定汽车的投资金额范围，但这只是一个参考值。其表现为，特别关注在设定的投资金额范围内的汽车产品信息
5	收集资料	客户会对投资金额范围内的汽车产品有一个全面的了解，表现为上网查询或到专卖店了解有关品牌、车型、价格方面的情况，对推销人员的介绍特别留意，并会认真做好记录

续表

阶段	消费心理的发展过程	客户消费心理发展过程各阶段的特点
6	分析比较	这是购车决策前的一个很重要的步骤。此时，客户需要对已经了解到的情况有一个明确的判断，缩小选择的范围。其表现为，主动与他们认可的“行家”或买过某款汽车产品的熟人联系，征求相关的意见，此时听到的意见对他们的最终决策影响很大
7	找出问题	客户通过比较，已经缩小了选择的范围，对汽车产品也有了较多的认识，同时找到了影响购买决策的问题，如产品品质、售后服务、价格等。其表现为，把问题记在产品说明书上或记在专门的记事本上
8	求证问题	客户通过对问题的求证来验证其判断正确与否，最大限度地降低投资风险，同时确定是否还需要做进一步调查。其表现为，再次回到专卖店或打电话与推销人员联系，了解自己关注的问题
9	再次确定投资目标范围	客户在充分调查评估的基础上，修正原有的投资目标和条件，进一步缩小投资的范围，表现为客户选择的产品目标已经缩小在价格相近、配置相差不大的3～5个品牌的车型上
10	再次求证	客户希望找出他们比较关注的品牌、车型、销售商与将被排除的品牌、车型、销售商之间的差异。其表现为，客户所提出的问题已经具有品牌针对性，会较多地把推销人员介绍的品牌与其他品牌进行比较
11	确定选择标准	客户从最大限度降低投资风险的角度出发，最终会确定一个选择品牌、车型、经销商的标准。其表现为，此时关注的焦点已经从产品转移到服务上，特别留意销售商的综合能力
12	讨价还价	客户根据调查分析的结果，最终选定目标产品，设定最终的投资金额和可让步的底线。其表现为，客户对价格的要求变得具体，但比较客观，且会根据产品的供需状况适时做出调整
13	做出决策	客户根据推销人员的条件和自己的选择标准最终做出取舍。其表现为，客户与推销人员签订购车合同，交付定金
14	满足	这是客户最幸福的时刻，占有欲得到了充分满足，满足感增强了。其表现为，喜欢开着车在熟人面前展示，希望得到别人的好评
15	恢复平和心境	经过一段时间的喜悦后，占有欲望得到了完全满足，新鲜感已经退去，心态已经平和，对汽车产品的认识也逐渐开始变得客观。其表现为，开始对使用中出现的问题表示不满，甚至愤慨，但短时间内不会在其他人面前说这款车性能不好、有质量问题

可见，要赢得一个客户是很不容易的，培养一个忠诚的客户就更难了，但是毁掉一个客户却是非常容易的事。所以，推销人员在销售的每一阶段都不可掉以轻心。

2．推销人员针对不同性格的客户所应采取的对策

在接待客户中，推销人员发现客户的性格不同，所应采取的对策也不同。一般

来讲，客户的性格分为 9 种，推销人员可采取不同的应对措施。

（1）针对内向型客户的销售对策

内向型的客户生活比较封闭，对外界事物表现冷淡，但对周围事物的变化异常敏感。与陌生人接触，他们一般会保持相当的距离。在与推销人员的沟通过程中，他们的反应比较迟钝。

这类客户对车辆比较挑剔，比较在意推销人员的态度、言行和举止，一般不喜欢推销人员过分热情，因为这与他们的性格格格不入。个别人在购车时常表现出一种孤僻的购买心态。例如，有的人在观看车辆时，喜欢一个人看，不愿意别人在旁边插话或干扰；在挑选车辆时，也不愿意别人过多地发表意见。

对于内向型客户的销售对策是，给予他们良好的第一印象。对于这一类客户，推销人员给予他们的第一印象将直接影响着他们的购买决策。如果注意投其所好，则容易谈得投机，否则会难以接近。对于内向型客户，还应做好必要的辅助工作，给其更多的“自由”，不要给予太多的语言解释，通过周到细心的服务打动他的心。

（2）针对随和型客户的销售对策

这一类客户性格开朗，容易相处，内心防线较弱，对陌生人的戒备心理不如内向型客户强。他们容易被推销人员说服，通常不会产生令推销人员难堪的行为或言语。

这一类客户不喜欢当面拒绝别人，推销人员要耐心地和他们周旋。对于性格随和的客户，可以找一些轻松的话题，如幽默、风趣有时会收到意想不到的效果。如果他们赏识你，甚至会反过来主动帮助你去劝说其他客户，帮你销售。应该注意的是，这类人容易受人影响，容易忘记自己的承诺，因此需要及时跟进。

（3）针对刚强型客户的销售对策

这种类型的客户性格坚毅，正直严肃，对待工作认真，决策谨慎，思维缜密。这类客户不容易对付，也最考验推销人员的实力。

刚强型客户不喜欢推销人员随意走动，因此推销人员在礼仪、礼节和言语方面不要太过随意，要表现出专业的素质，时间观念要强；在没有充分沟通之前，不要轻易做出推断或下结论，不要给客户产生“销售”的感觉。

（4）针对敏感型客户的销售对策

敏感型性格的客户，他们对周边发生的事情及推销人员的言语和行为反应敏感。这类客户容易激动，情绪不稳定，而且容易反悔。

耐心是对待这类客户最有效的方法，切忌急躁和激动，避免言语方面对客户的刺激，顺其自然；把握好客户的情绪变动，在恰当的时机提出自己的观点和建议；注意不要在与其商谈的过程中，再与其他人员或客户进行谈话，避免客户产生反感。

（5）针对虚荣型客户的销售对策

爱表现、喜欢突出自己是这类客户的特征。他们一般不喜欢听别人的建议，总是要表述自己的观点，自我表现的欲望很强，妒忌心较重。

对于虚荣型客户的销售对策是，尝试寻找一个对方感兴趣或对方熟悉的话题，注意倾听对方的建议，并在适当的时候表示赞同或对其进行赞扬，满足其虚荣心；不要随便反驳或者打断他的话语；在与他进行沟通的时候不要炫耀自己，宜用随和的方式来表述自己的观点，避免刺激对方，防止其产生心理负担和压力。

（6）针对顽固型客户的销售对策

顽固型客户以老年人居多，由于生活的阅历和时间的沉淀，他们在消费上有特别的偏好，容易怀念过时的东西，不容易接受新的品牌、新的车型。他们通常具有很丰富的经验，这种经验有时候会使他们过于自信，不轻易相信推销人员的介绍。

对于顽固型客户的销售对策是，销售的过程相对于人生的历程是非常短暂的，不要试图去改变他们的消费理念或生活观念，要用资料和数据来说明问题；避免任何的欺骗行为，哪怕是很轻微的；尽量从正面进行诱导和展示，可以使用先发制人的方式，不要给他表示拒绝的机会，因为他一旦明确表态就不容易改变了。

（7）针对怀疑型客户的销售对策

这类客户容易受生活或工作中遭受的欺骗经历的影响，对推销人员的言语，甚至对产品的相关资料总是持一种怀疑的态度。

面对怀疑型的客户，推销人员不要受其影响，要有自信的心态，相信我们所经销的产品、企业实力和服务水平，适当地借助专家或权威媒体的观点来说服客户，如展示专业资料数据、专家的评论等。在客户持怀疑态度的时候，滔滔不绝的表述有时候反而会带来负面的影响，端庄严肃的外表与谨慎的态度有助于建立客户对推销人员的信任，从而顺利达成交易。

（8）针对好斗型客户的销售对策

这类客户好胜、顽固，对事物的评判比较主观和专横，喜欢把自己的意见强加于人，具有很强的征服欲望，尤其是容易在细节上与他人争论不休，有点不达目的誓不罢休的味道。

对于好斗型的客户，推销人员首先要把握好自己的心态，千万不要意气用事，被对方搞乱了阵脚，因为争论常常是无益的，必要的时候在言语上多做些让步，也可能令事情朝好的方向发展。

（9）针对沉默型客户的销售对策

这类客户在整个销售沟通过程中表现得极其消极，甚至一言不发，显得非常冷淡。

对于沉默型的客户，打破沉默的僵局是首要的。这要求推销人员采取主动的策略，尝试一些简单轻松的话题，刺激客户的谈话欲望。如果客户携带小孩，小孩的学习、教育和成长等就是很好的话题；如果是时尚的客户，聊聊时装、美容，或许可以缓解沉闷的局面。如果客户对产品的专业知识非常缺乏，一定要注意避免纯技术方面的讨论，应从功能应用的角度进行解说，同时穿插一些案例或者小故事可以活跃气氛、带动客户。

二、运用需求分析的方法与技巧

在需求分析阶段，观察客户的行为是了解需求的第一步，而要想确定客户的真正需求，还需要和客户进行深入的交谈和沟通。可是，要让客户开口说话并不容易，要想打破沉默的僵局，需要采用一定的方法，让客户说出他们心中的所需。为此，推销人员需要掌握一些基本的技巧。

（一）仔细观察客户，有的放矢地采取销售行动

通过对不同人群的购买风格的了解，就能大致地把握客户的购买心理。但是，这只是共性，推销人员还需要进一步观察客户的言行，并根据观察结果，决定销售行动。

1. 观察谁是决策者

真正的决策者并不一定是看车最仔细或需要买车的人。当客户走近展厅时，推销人员要及时判断谁是真正决定购买的人。只有让购买者和决策者双方满意，才能达成交易。如果推销人员能在几个客户刚进入展厅时，观察并判断出谁是决策者，在推荐车辆之前先赞美决策者的衣着品位很不错或说其他赞美之词，并让决策者帮购买者推荐车辆，可能后面销售环节的进行就会顺利得多。人都是喜欢听好话的，即便决策者对车辆确实很不满意，也不好意思进行很尖刻的评论。因此，当客户走近展厅，推销人员首先需要做的就是判断谁是决策者。

最容易判断谁是决策者的情况是客户独自前来。可是，当客户结伴前来时，要弄清谁是决策者就需要一定的技巧了。在结伴前来的情况下，判断谁是决策者有如下技巧。

（1）判断朋友或同事中的决策者技巧

如果通过观察，推销人员发现结伴同来的若干客户的关系是朋友或是同事的话，推销人员可以通过“二看”来判断谁是决策者。

一看亲密程度。亲密的好友拥有决策权。如果不是亲密的朋友，陪伴而来的人可能只是一个意见参考者，那么直接购买者会拥有更多的决策权。但如果是亲密的朋友，很多时候就不会避讳什么，他会直接给购买者出意见，影响其购买决策甚至直接决定是否购买。因此，判断亲密程度很重要。这可以根据两人的距离、说话的亲密程度及肢体语言进行判断。

二看中心位置。两人行，左边为尊；三人或三人以上平行，注意中间。如果一时很难判定亲密程度的话，那么可以使用另一种方法，就是观察中心位置。

根据心理学家的分析，在群体同行时，人们往往会无意识地把圈内有影响力的人放在固定的位置。两个人行走时，有 90%以上的是具有影响力的人走在左边；而三人平行走时，中间则是较为重要的人物；如果三人不平行走，那么走在后面的，一般是中心人物。只要注意了这些细节，就可以很快找到真正的决策者。

（2）判断情侣中的决策者技巧

作为汽车这种大件耐用消费品，其购买意见常常以男性为主导，但女性在销售的过程中依然发挥着重要的作用。由于男性的社会地位和所扮演的角色，很多人都会以为男性在购物时拥有决策权，事实上并非如此。在购车的过程中，如果是情侣关系，男性往往会在意女性的感受和意见，如果女性一方对产品某个方面不满意，即使男性一方非常满意，往往也会迁就女性而放弃。因此，在销售的过程当中，如果面对的是情侣，推销人员一方面要说服男性客户，但同时要注意观察女性一方的感受，避免出现顾此失彼的情况。

（3）判断家庭中的决策者技巧

对于一家人来购物的情况，如果当中有年长者，那么这位年长者会有一定的决策权；如果是一家人带着一个小孩来购物，那么我们首先要注意观察和判断小孩的年龄。为什么呢？很多家庭在购车时往往会受到孩子的影响，特别是孩子在 15~20 岁时会根据自自己的喜好来决定购买。孩子的影响力有时是很大的，而且孩子的思维有时与成熟客户的思维会有很大的差异，因此推销人员在销售的过程中要很好地了解青少年的喜好，多注意观察，尽量以产品本身的新奇特性来吸引他，充分满足青少年的好奇心。虽然买车的是父母，但推销人员不能忽视孩子的影响力。

2．观察客户的年龄

年龄是影响汽车消费的一个重要因素，它在一定程度上反映了客户的工作成就、社会经验、经济实力、购买倾向、决策能力等重要问题。例如，排除某地区对某一品牌汽车产品的偏好，如果客户年龄在 35 岁左右，事业小有成就，同时对汽车的品质、驾驶的乐趣和所代表的身份特征有高度的要求，一般来说会对个性极强的宝马品牌汽车很感兴趣。

年龄的因素在家庭用车的选择中表现得尤为明显。这是因为年龄与收入、与客户的个人事业和经历有着密不可分的关系。我们会看到，刚工作不久、尚未成家的年轻人，此时他们最缺的是资金，但对车的占有欲望相当强烈，只是受经济条件所限，没有办法在汽车的品牌及品质上做更高的要求，因而会比较关注新潮时尚和感官享受。如果遇到这类客户，有目的地针对他们追新的要求进行引导，会在产品的推介中给他们留下深刻的印象。对于已经成家的年轻人士，由于他们对自己未来的经济必须有一个规划，此时在选车时会比较务实，实用成为他们选车的一个重要因素，这也正是四座车会受到他们排斥的原因，对于他们而言，长辈未来的乘用是他们必须考虑的因素。对于已有稳定的职业和收入的成年人，他们对汽车的要求除了实用外，重要的是结合自己比较充裕的经济实力来规划购车的目标，此时他们会较多地关注中级车，因为品质、品牌及享受已经成为他们考虑的重点。也就是说，随着年龄的不同，客户在选车时会有不同的考虑和选择。一般而言，年轻人求“异”、年长人求“同”是一个普遍的趋势。当然，对于客户年龄与未来购车投资的倾向这里只是做一个简要的说明，更细致的工作要靠汽车推销人员在销售实践中去总结，积累出符合自己所在地区的客户消费特性，更好地把握客户真实的购买目标。这里要提醒的是，对于经验不足或经验丰富但不想做出错误判断的汽车推销人员，当遇到不同年龄的客户来买车时，最佳的办法是通过提问的方法对他们未来的购买行为进行有效的判断。

（二）诱导客户，促成购买

在汽车销售中，诱导策略就是对于不同心理模式的客户，有针对性地采取不同的方式进行诱导，让客户开口说话，确定或引导客户的真正需求进而促成购买。这里介绍3种简单有效的方法。

1. 赞美诱导法

在任何行业的销售技巧中，赞美是一个非常重要的技巧。心理学家威廉姆·杰尔士指出："人性最深切的需求就是渴望别人的欣赏。"每个人都有渴求别人赞美的心理期望。人一旦被认定其价值时，总是喜不胜收，只是大多数人把这种需要隐藏在内心深处罢了。没有人会拒绝你对他说"您真漂亮""您很会打扮"之类的赞美话。在西方国家，赞美常常会用来作为交谈的引子。

实际生活中，赞美的内容主要有个人的能力、外貌等。那么，赞美与销售汽车有什么关系呢？表面上看确实没什么关系，但是一个人一旦得到别人赞美，他的戒心就会降低，就会愿意接纳你。赞美就像一把钥匙，打开了客户的心，你就可以清楚地看到他内心的真正需求是什么了。

赞美的方式有很多。比如，当一位女士站在某一款车型前看时，你可以说"小姐，您真有眼光，这是我们公司最新推出的优惠车型"；当一位女士带着小孩进来的时候，你可以先赞美他的孩子"真可爱，又白又胖"，或者称赞客户"这件衣服真好看，在哪儿买的"，客户会很兴奋地告诉你他购买的地点，然后会很乐意与你继续交谈下去。

在赞美客户的时候，要恰当地选择赞美的内容。不同的客户喜欢被赞美的内容是不一样的，即客户的得意之处并不一样。比如，爱炫耀的客户喜欢被人夸事业有成；爱美的女士喜欢别人说她的衣服好看；老年人喜欢人家赞美他的身体健康；如果客户带着小孩来购车，一般可以选择赞美客户的小孩长得漂亮、可爱等。也就是说，赞美要看对象的喜好而行之。

另外，赞美过程中要注意具体明确地赞美客户。所谓具体明确地赞美，就是在赞美客户时，有意识地说出一些具体而明确的事情，而不是空泛、含混地赞美。比如，与其说"小姐，您长得好漂亮喔"，不如说"小姐，您长得好漂亮，尤其这对眼睛乌黑明亮、大而有神，真令人羡慕"。前者因没有明确而具体的评价缘由，令人觉得不可接受，而后者让人感到真诚，有可信度。

日常生活中，人们有非常显著成绩的时候并不多见。因此，交往中应从具体的事件入手，善于发现别人的长处（哪怕是最微小的），不失时机地予以赞美。赞美用语愈翔实具体，说明你对对方愈了解，对他的长处和成绩愈看重。让对方感到你的真挚、亲切和可信，你们之间的人际距离就会越来越近。如果你只是含糊其辞地赞美对方，说一些“您工作得非常出色”或者“您是一位卓越的领导”等空泛飘浮的话语，不但会引起对方的猜疑，甚至会产生不必要的误解和信任危机。

因此，有经验的汽车推销人员在赞美客户时，总是十分注意细节的描述，并且能够具体地说出“何处，如何，何种程度，为什么”等内容，而不是空发议论。

在赞美过程中，还要运用观察异点赞美的方法。爱因斯坦曾说过，赞美他的思维能力强、有创新精神，他一点都不激动，因为作为科学家，这类话他听腻了。但如果谁赞美他小提琴拉得棒，他一定会兴高采烈。因为人都有一种希望别人注意他不同凡响之处的心理。

赞美客户时，如果能适应这种心理，去观察发现对方异于别人的不同之点来进行赞美，一定会取得出乎意料的效果。这种赞美方法称为“观察异点赞美”。

人的素质有高低之分，年龄有长幼之别，因人而异，突出个性，有特点的赞美比一般化的赞美更能收到好的效果。老年人总希望别人不忘记他“想当年”的业绩与雄风，同其交谈时可多称赞他引以为豪的过去；对年轻人不妨语气稍为夸张地赞美他的创造才能和开拓精神，并举出几点实例证明他的确前程似锦；对于经商的人，可称赞他头脑灵活，生财有道；对于有地位的干部，可称赞他为国为民，廉洁清正；对于知识分子，可称赞他知识渊博、宁静淡泊……当然这一切要依据事实，切不可虚夸。

总之，恰当的赞美会让人心情愉快，而不恰当的赞美会让人反感。在运用赞美方法时，要注意适度，说赞美话时内心和表情都应该是真诚的，切忌肉麻、做作，虚假的赞美只会赶走客户。

2．优惠诱导法

当人发现自己的某项行为将会给自己带来好处时，那么这种好处将会成为其行为的推动力，客户在购买商品时同样抱着这样的心理。如果购买某件商品会获得某项利益，那么他的购买欲望将会大大提高。这种优惠包括赠品、折扣等。其中尤以价格优惠对客户的吸引力最大，因为在通常情况下，客户在购买商品时首先会考虑商品的价格。例如，客户会翻看价格牌，这个时候，如果他所关注的商品打了折，那么这件商品对他的诱惑力就会相应地增加。所以，如果要打开客户的话匣子，可以使用优惠或利益诱导法，如告诉他他所浏览的车型现今是特价；如果他正在看的汽车没有打折，那么可以提醒他，让他知道有什么品牌在做特价酬宾，并强调特价带来的好处。

3．发问诱导法

推销人员认真观察客户的行为时，会对客户的需求有一个初步的判断，但这时的判断未必是准确的，因此要把这种初步判断向客户提出，以取得其确认。这种方法的好处是直截了当，推销人员可以因此探寻到客户的意图。比如，一个着装高雅的中年男性在样式前卫、外形时尚的QQ车前仔细地看，就可以判断他很有可能不是给他自己买车，而是要为别人购买，这时推销人员就可以以“先生，请问您是帮朋友买车吗”这样的话来问对方。

提问可以围绕着客户自身的需求来进行（如“您喜欢哪种车型”），从而得知客户感兴趣的品种；当问及“您是自己买还是送人”时，如果客户表示是送人的，推销人员就可以进一步去询问受礼者的喜好；当问及“您的朋友会喜欢哪款车型、您以前是否用过我们的产品”时，如果他表示用过，那么推销人员就不必再详细向其介绍其他产品，可以直接向其推荐他用过的相关的一些新产品。询问客户的需求，目的就是希望得到他的喜好、购买的用意，从而为后面介绍产品打下基础。

案例阅读 3-1

成功的发问诱导

推销人员：李先生，您想看哪种款式的汽车？

顾客：我还不确定，但是我买车主要是为了家用，一家三口时不时可以自己出去旅游放松一下。

推销人员：请问李先生有没有一个具体的购车预算？

顾客：我只能负担总价在10万～15万元的汽车，只要车子能给人舒适的感觉就好了。我自己有10年的驾车经验了。

推销人员：您的驾驶经验很丰富啊，可以算得上是一个专业司机了。

顾客：哪里哪里。

推销人员：要买10万～15万元的车，能满足要求的车型就很多了。考虑到您的自身情况，您看10万元左右、相对大一点的车型怎么样？您的驾龄那么长，买个手动挡的就好了，还省油。推荐您选择手动舒适中级车。

顾客：你帮我推荐几款车型吧。

推销人员：如伊兰特1.6标准型的，它对路面震动的隔离效果相当好，即使您周末开车带家人去旅游，跑一些比较难走的地方也不会感到路面颠簸而难以操控。

推销人员：或者说是福美来1.6新悦级，它启动引擎，怠速很平稳，挂挡前行，在加速全程中进油顺畅，就连急踩油门的瞬间，也不会有一顿一蹿的感觉，平顺性非常好。

顾客：但是这里并没有卖福美来吧？

推销人员：我是从您的角度出发来考虑的。

顾客：你能够这么为我着想，说明你的服务是可以让人信赖的，不用担心什么售后服务等问题。其实，我并没有什么品牌偏好，在你这里买车也是一样的。

案例中，推销人员利用发问诱导法，围绕着客户自身的需求来提问，如10万～15万元的汽车、汽车能给人以舒适的感觉、有10年的驾车经验等。推销人员通过询问客户的需求，目的就是得到他的喜好、购买的用意，可以直接向其推介几款符合他需求的车，让客户感觉推销人员是为他着想，这样客户对推销人员的服务就会产生信赖，也就不会担心售后服务等问题，成交也就是自然的事了。

推销人员在接近客户时，还可以从产品入手诱导客户说话。比如，可以对客户说“这是我们最新推出的产品”“这款型号是我们最受欢迎的产品”，以最新、最受欢迎这些包含产品特色的字眼去引起客户更多的兴趣和关注。

俗话说：“见什么人说什么话。”在销售中，这也是一种常用的方式。推销人员在诱导客户说话时，要注意因人而异，不同的人要用不同的方式去诱导。

小贴士

针对不同的客户采用不同的诱导方式

对于有购买需求或是有购买目的的客户，推销人员可以采用直接询问的方法。因为这类客户可能一进门就会盯着某款车型看，所以就可以直截了当地问他是不是对某种车型感兴趣，并提议为其做详细介绍。例如，推销人员可以说：“您是想买这种车型吗？我给您介绍一下。”“您真有眼光，这是我们最畅销的车型。”

对于没有购买目的的客户，这类客户可能本身对你的产品不太了解，所以推销人员可以给客户一些选择、参考，让其从中挑选，这样就能容易找到他的喜好。例如，推销人员可以说：“您喜欢哪种车型呢？”“我们的紧凑型的车型很受欢迎，您有兴趣看看吗？”

对于回头客和熟客，推销人员的态度可以稍为亲昵一点，但要注意分寸，不要问及客户个人的隐私。例如，推销人员可以说：“上次您买给朋友的车型，他喜欢吗？”“今天来想看哪款车型？”“今天天气挺热……”

（三）探询客户的需求，锁定销售的焦点问题

倘若问一个销售新手，销售技巧的关键是什么，他会说销售技巧的关键是成交技巧；而如果问一位销售老手，他会说销售技巧的关键是探询技巧。那么探询在销售中究竟有何作用呢？

探询是商谈过程中的方向灯，指引销售大步向前；探询可以使推销人员达到理想的商谈局面；探询可以确认需求，帮推销人员锁定焦点。一个关键性的探询可以让销售工作水到渠成。许多汽车推销人员抱怨自己的探询非常困难：“客户老是答非所问、客户任我怎么说就是不理我。”出现这种情况，其主要症结就是推销人员探询的技巧不够。

1. 探询的 3 个阶段

汽车销售探询有它的阶段性，可分为第一阶段探询、第二阶段探询和第三阶段探询。

第一阶段探询是开始商谈阶段。这个阶段主要是了解客户购买的动机与需求，即了解需求车型、购买用途、价格期望等。

第二阶段探询是商品介绍阶段。即为什么这款车更适合客户，其性能和特征有哪些与众不同之处。这里需要注意，切莫主观行事，要根据第一轮探询的结果有的放矢地介绍。

第三阶段探询是处理异议和成交阶段。这个阶段处理客户最在意什么、为什么拒绝签约、还有什么异议等问题。在成交的过程中，注意处理有关车身颜色、交车时间、付款方式、是否签约等问题。

2. 9 类探询客户的方式

（1）吸引客户的注意力

汽车推销人员在探询之初，必须将客户的吸引力牢牢地控制在自己身上，使他聚精会神地倾听。只有这样，推销人员的说服才有可能打动客户的心。推销人员针对客户的需要、欲望或客户关心的事提出询问，就可以引起客户的反应；同时，推销人员如果能站在客户的立场上来询问，便更能引起对方的共鸣。以下是一个很好的例子。推销人员说："与其他车辆相比，这种车能节省 15%的汽油，而且可以节省许多养护费，您觉得合适吗？"这可以唤起客户的注意力。推销人员再接着说："我们来看看有关油耗的比较数字好吗？"这么一问，大部分客户都会认可。

显而易见，这位推销人员把一些单调的话，变成柔和的询问语后，效果获得了显著的改善。推销人员要做好这种询问，并不能仅凭接待时的灵感，而应当事先多准备几个询问问题。

最有效的询问，就是针对某个特定的客户做适当的询问。任何一位推销人员，只要认真思考，都能准备一些适合各种环境的询问问题。事先做好准备的询问，并在询问中配合客户的关心点，就一定能打动客户。

（2）引起客户的购买欲望

推销人员采用以上探询方式以后，就应利用销售技巧来打动客户的心，从而让客户产生"购买的欲望"。询问技巧能够帮助达到刺激客户购买欲望的目的。下面的技巧就很有效。

推销人员："您好，先生，您真有眼力，这款车的买主多数是成功人士，您肯定也是成功人士。"

这是一个表面看来极普通的询问，但其中却巧妙地暗示着产品适合对方身份——成功人士这层意思。而这种暗示正好可以点燃客户的"购车欲望"。

如果一位客户从另一个车行出来，他因为不满意那个车行推销人员的态度而向推销人员倾诉时，推销人员千万不要攻击对手，这会影响自己的声誉，而且客户也不会对这个推销人员产生好感。如果是把露骨的攻击加以隐藏，借着询问客户问题的方式，帮助他下结论，就会收到良好的效果。

推销人员可以这样发问："先生，您讲得很对，这对我们提高服务质量很有帮助，我们如果在服务方面有让你不满意的地方，请您提出来，以便我们加以改进。"

在此，推销人员并没有直接攻击竞争对手的服务质量，而仅凭借询问技巧来开拓自己的市场。这种询问技巧，能使推销人员得到更多的订单。

（3）诱导客户反询问

客户不会听凭你的摆布，更不会做你的听众，如果汽车推销人员总是把客户当作小学生，客户很可能对你产生抵触情绪。因此，最好的方式是让客户也当一回"老师"，给他增加一点自豪感。推销人员可以运用反询问这一柔性销售技巧让客户感到自豪，如可以说"我是一个新手，很想请教您，您认为什么品牌的汽车更适合您"。大部分人都喜欢听到自己的声音，只要你肯去请教对方，就可以消除很多障碍。

小贴士

运用诱导客户反询问法应注意的问题

推销人员是否准备了能引起对方注意的反询问话题？如果没有，就应当立即去准备，准备好了再用这一技巧。

推销人员是否知道哪一个销售要点最能打动客户的心？如果不知道，应该立即准备能够寻找相关信息的一连串反询问话题。

推销人员能不能利用柔性销售的反探询，以期在激烈的竞争中使自己站到有利的位置上？如果不能，就要多学多练。

得体的探询由开放式开始，推销人员了解需求方向后，再缩小范围，也就是先从大方面入手，然后再将目标缩小。所谓大方面，就是先从日常生活的一些话题开始，直到把客户引向产品本身，然后再开始聚焦话题。

（4）承诺式探询

这是成交前对客户的一种承诺。例如，推销人员可以说："我们还给您准备了一些额外的小礼品，不知道您是否喜欢，希望您能给我们提一些建议。"

（5）恭维式探询

这是兼顾营造气氛的探询。例如，推销人员可以说："听说您的高尔夫球打得不错？"

（6）反问式探询

这是利用向客户澄清问题的机会发问。例如，推销人员可以说："您说便宜一万，是不是指一万元的礼品啊？"

（7）推测式探询

进一步缩小需求目标的探询。例如，推销人员可以说："您如此重视家人安全，可以看出来您是一位非常有责任心的人，这款车配备了双安全气囊，您觉得怎么样？"

（8）选择式探询

这是迫近成交时的决定性探询。例如，推销人员可以说："先生，您要的是黑色还是灰色？您是付全款还是分期付款？"

（9）摸底式探询

这种询问的目的是了解客户的某些事实状况。推销人员提出事实状况询问的主题当然要和销售的商品有关，如"您开了多少年车、上班的路程远吗"等。

职业知识检测

一、复习思考题

1. 客户需求分析的技巧和策略有哪些？
2. 汽车产品消费心理发展过程分为哪几个阶段？针对不同的阶段应该如何应对？
3. 针对不同性格的客户，推销人员应该如何应对？
4. 如何进行需求分析？

二、案例分析

案例 1：个人爱好与实际需求

一天，一位客户到某汽车销售店来买车，他在展厅里仔细地看了一款多功能的 SUV 车，这个公司的推销人员热情地接待了他，并且对这个客户所感兴趣的问题做了详细的介绍。之后，这位客户很爽快地说马上就买。他还接着说，之所以看中这台 SUV 车，是因为他特别喜欢郊游，喜欢出去钓鱼。这是他的一个爱好，很早以前就一直想这么做，但是工作忙，没时间，现在自己开了一家公司，有了一点积累，也有了一些时间，所以就想买一辆车经常出去玩玩。

当时客户和推销人员谈话气氛比较融洽，要是按照以前的做法，这位推销人员不用多说，与客户直接签合同，并让客户交定金，这个销售活动就结束了。但是这位推销人员没这么做，他继续跟客户聊，通过了解客户的行业，他发现了一个问题：这位客户是做工程的，其业务的主要来源是他的一位朋友 A，只要这位朋友 A 一到他公司所在的这个城市来，他都要去接他，但是跟他一块去接这位朋友 A 的还有其他竞争对手，也就是说朋友 A 来了以后，可能会把活给这位客户分一点，给客户的竞争对手分一点，大家来共同分享一个工程。由于这位客户过去没车，而他的一个竞争对手有一辆北京切诺基，人家开着车去接，他只能找个干净一点的出租车去接，他的想法是不管接到还是没接到，反正自己的诚意已经表达了。但结果每次去接的时候，这位朋友都上了他的出租车，而没去坐那辆切诺基。这位购车客户并不知道其中的原因。但推销人员感觉到这里面肯定有问题，并帮助客户分析他的这位朋友为什么总是上他的出租汽车，而不上竞争对手的切诺基。

推销人员问："是因为你们的朋友对你们两个人厚此薄彼吗？"

客户："不是的，有的时候他给我的竞争对手的工程比我的多，很多时候他给竞争对手的是肉，给我的是骨头。"

推销人员分析道："你那个朋友尽管对你们俩一视同仁，但实际上他有一种虚荣心，不喜欢坐吉普车而喜欢坐轿车。出租车毕竟也是轿车嘛。"

推销人员说："我认为，您现在买这个 SUV 车不合适，朋友来了，去接的车，一个是切诺基，一个是 SUV，两个车基本一样，上哪个车，哪个人脸上都挂不住。以前一个是吉普车，一个是出租车，总还有所区别，出租车好歹是个轿车。到那个时候万一朋友自己坐出租车走了，怎么办？"

这个客户想了想，认为有道理。推销人员又分析说："我的想法是根据您的这种情况，您现在不要买这台 SUV。您买 SUV，我认为您纯粹只是用于个人消费，满足了您的个人爱好，但对您工作却没有什么帮助。我建议您现在还是'投资'比较好，这个 SUV 的价格为 18 万～20 万元，这种情况下我建议您还是花这么多钱去买一辆轿车，您用这个新买的轿车去接您的朋友，接您的客户，那不是更好吗？"

这位客户越听越有道理，最后他下了决心："好吧，我听你的。"他之所以听推销人员的话，是因为推销人员站在客户的角度看问题。从客户的角度讲，他认为推销人员的眼睛不是光盯着他口袋里的钱，而是在为他着想。他说："我做了这么多年的生意，都是人家骗我的钱，我还没碰到过像这次一样，我想买车而卖车的还不愿卖给我，却给我分析利弊，跟我说买这款车是投资，买那款车是消费，把利害关系分析得这么清楚。虽然这个买卖的决定权在我，但我觉得你分析得有道理。确实是这个情况，按照现在公司的水平，我还没达到个人潇洒的那种水平。"于是，他接受了这位推销人员的建议，买了一款与 SUV 同等价位的轿车，很开心地把这辆车开走了。

把车开走之前，那位客户对推销人员说："非常感谢你，我差点就买了一辆对我工作没有帮助的车，差一点没有把钱用在刀刃上。"

这位推销人员很会说话："先生，您不用对我客气，您要是谢我的话，就多介绍几个朋友来我这儿买车，这就是对我最大的感谢。"

这位客户说："你放心，我一定会帮你介绍的。"果然，没过多长时间，他亲自开车带了一个朋友来找这位推销人员。一介绍，大家一聊，谈得很好，这位客户又在这儿买了一辆车。

这位推销人员还是用同样的方法跟他说："您买了这台车以后，您觉得好就给我在外边多宣传，多美言两句。"那位客户说："没问题，我们这个王兄，他在你这儿买的车，我就是他介绍来的，现在我也很满意，我也会给你介绍的。”下面肯定会有上述的事情继续发生，因为那位客户同样有他的社交朋友圈。

半年以后，最先买轿车的客户又来找这位推销人员。他说：“我找你是来圆我的那个‘梦’的。”这位推销人员一听就乐了，他赚到钱了，来买那台 SUV 了。

分析讨论：

（1）推销人员是如何进行需求分析的？

（2）推销人员获得了客户的哪些信息？这些信息对他进行客户需求分析有哪些帮助？

（3）推销人员是如何让客户满意度的？

（4）推销人员是通过什么方式使他半年之内至少多卖了 3 辆车？

案例 2：探询客户需求，实现成功销售

一天，一位客户到展厅说要买福特车。当时澳洲销售的福特车全都是自动挡的，这位客户来买车时却点名要手动挡的。我当时询问手动挡的车是不是因为价格比自动挡的车便宜，他却说钱不是问题，只要把手动挡的车找来，他按自动挡价格付款。我当时很奇怪，这是为什么呀？是不是喜欢加速性能呢？如果不能搞明白他为什么必须要手动挡的车，我注定会丢掉这个客户的。是什么原因促使他一定要追求手动挡的车呢？真实需求目的是靠探询得知的，客户有的时候是不会主动说的。我说“您是专业司机？所以你要手动挡？要加速感觉？要动力性？”他开始回答我的问题时就把真正的目的说出来了。（注意，为什么他会说出真正的目的。）我提到“您是专业司机”这一句话很重要，这一句话是给别人向你敞开胸怀的一句很关键的话。光说注重动力性，不足以让他打开自己的内心跟你说，你只有说他很专业，是一个专业司机时，他会感到很受用。这是在给他什么呢？是尊重，而且表明一个态度：我想向你学东西，你是专业司机，你是不是觉得加速性特别好？他对我说：“我不要这个加速性，那都是年轻小伙子追求的，最近一段时间我工作变了，要用车跑很多路，而且都是盘山公路。”我问这个盘山公路用手动车怎么会帮你，是不是上坡有用呀？他说：“上坡是一个方面，但是我更看中的是下坡的时候，万一这个刹车系统失灵了，我可以用手动挡把速度降下来。”他强调说。我当时不知道，一般人也不会想到，一个人要买手动挡的车就冲这个，而他确实就冲这个原因。我当时有两个解决方案，一个方案是给他找一个手动挡的，另一个方案是说服他买自动挡的车。我当时就卖福特飞鹰 4.0、4.1L 自动挡的轿车，要是给他调手动挡的车，不知什么时候才能从美国运到澳洲，只有想办法把现有的车卖给他。客户对所购车的性能、需求的重点已经提出来了，那就是他注重的安全性，即刹车系统失灵以后的安全性。而福特车的刹车自检功能在我一开始的介绍中恰恰被忽略了。福特车的自检功能不仅检查气囊，检查 ABS，还检查一般刹车油的渗漏情况，当时我不知道要介绍这一点。一般人在前期都不会介绍这么细。但一旦发现客户有这种需要的时候，我们就要详细介绍这

款车刹车的自检系统是多么完善，完善到什么程度，完善到只要刹车油在较短时间内下降 1 毫米，系统就会发出警告，就会告诉你刹车油的油压变化。我立刻给他讲了这项功能的目的，当然是希望他会买我的车，所以我的方针和策略是告诉他，这款车的现有安全性能已经足够好了。大多数人在讲完这点后就完了，这实际上还不足以满足客户的需求。大家不要忘了，虽然目前的方法足够好，但只是从正面这一个方向进行表述的，还不能引起客户的重视。举个例子来说，医生给你看病，给你开了药说药到病除，但老道医生还会加上一句话，如果不用我的药你会……一个正说，一个反说，都在说一件事，但产生的效果是不同的。后来，我说："你用手动挡降速是非常危险的，用手动挡把速度降下来，有可能在强行降挡的时候，齿轮使凸轮迸裂，直接将发动机打裂，这样就有了爆炸的可能。实际上反而更加不安全。"所以，抓住客户需求重点以后，用两个方面来向客户解释，一个方面是正向的，解释现有的新的科技的方法好，另一个方面就是详细叙述过去的方法存在更大的安全隐患。

之后，在维修工程师的协助下，客户亲自体验了汽车启动时自检的功能所包括的所有项目，而且实际试验了刹车系统漏油时的警告。最后，这位客户在我这里买了车。以后的 3 年里，他分别介绍了 5 位客户来我这里买车，他介绍来的客户告诉我说，他们的朋友说我专业。其实，对于专业汽车技术来说，我还差得远，不过就是紧紧抓住客户的购买重点，然后从他可以体会到的利益出发来详细地解释，并实际试验，从而打消了他所有的关于自动挡车的疑虑，当然他会感到满意了。

分析讨论：

（1）推销人员是如何探寻客户的真正需求的？

（2）推销人员是如何将客户的需求重点与所售车的功能结合起来的？

（3）推销人员是如何打消客户对自动挡车的疑虑的？客户是否满意了？

职业技能训练

一、单一技能训练

训练：挖掘客户的真正需求

一位客户来到某汽车 4S 店，他想给主管销售的副总配一辆车。他看了一款车后觉得很不错，价格方面也没问题。

汽车销售顾问：既然您都满意了，那我们就可以办手续了。

客户：等一下，我还得回去，我再征求一下别人的意见。

汽车销售顾问：是不是我哪个地方没有说好，或者我哪个地方介绍得不够，还是我的服务不好？

客户：跟你没关系，你介绍得很好，主要是因为这个车不是我开，是给我的一个销售副总配的，我也不知道他喜欢不喜欢这辆车。

汽车销售顾问深入了解了情况，发现那位销售副总是新拿的驾照，驾车技术也不是太好，但是从事销售工作业务很多，电话也很多。

汽车销售顾问：我觉得给您推荐这款车很合适，这款车是自动挡的，而且还带有蓝牙耳机功能，也不影响接听电话，在遇红灯时，踩刹车就可以了，车也不会熄火。

客户：真的吗?

汽车销售顾问：当然是真的。

其实，客户也不会开车，销售顾问到后面开出一辆自动挡车，让他坐上去亲身体验一下。

汽车销售顾问：你看，前面有红灯了，你又在接电话，你踩刹车，看这辆车会不会熄火?

客户：这辆车不错，我要的就是这款车。

二、综合技能训练

每 3～4 人一组进行模拟演练——分析客户需求。一人作为销售顾问，其余扮演客户；然后互换角色训练。

演练目的	演练内容与步骤	训练要求
帮助学生在推销过程中迅速理解客户的真正需求	① 将学生分成小组，每小组成员自己选出一名同学当小组长，负责本小组的活动。 ② 布置任务。每个小组购买汽车内饰的小饰品。利用周六和周日时间要求学生到公共场所，向汽车司机推销这些小饰品。 ③ 要求学生先把饰品推销出去，向客户说明本次推销真正目的，然后了解客户购买饰品的原因，即是什么原因导致客户最终购买了汽车内饰品，要求学生记录下来。 ④ 将所有拒绝买本产品的拒绝者的拒绝理由写下来，并分析拒绝者的拒绝心理，最后完成客户心理分析报告	掌握客户需求分析流程 掌握需求分析的方法 掌握需求分析的技巧

三、技能迁移训练

（一）技能训练

以小组为单位进行练习，选择手机产品，分析一位老年人与一位年轻人购买手机时的需求，掌握客户的需求信息，并针对客户的类型运用客户需求分析的方法和技巧提出推销建议；然后在班里交流，同学们互相点评，最后由教师点评。

（二）案例分析

成功的需求分析

推销人员小胡供职的湖南怀化一家综合性服务企业策划了一个“十佳礼仪小姐大奖赛”的广告演出活动。他受命推销公司活动计划，以赢得广告客户的支持，获得营业收入。

当地的工商企业不少，从哪家企业开始呢？小胡想，参与这个活动的企业必须具备两个条件：一是效益好，能有广告资金投入；二是重视广告宣传，乐于投入资金。一家制药企业——广州白云山制药总厂怀化分厂进入了小胡的视野。这是一家沿海地区先进企业与内陆合办的工厂，联营后，通过加大科技投入、不断开发新产品、努力提高产品质量、强化销售等一系列措施，使工厂发生了很大的变化。特别是企业带来的广东人注重广告宣传、注重销售等新的营销观念深深地吸引了小胡，他决定上门推销。

厂长年龄和小胡差不多，30 岁出头，是一位精明的医学硕士。因为年龄相仿，经历相似，可以交谈的话题很多，容易相处，一见面小胡决定先不谈正事，融洽感情再说。自我介绍后，小胡即代表公司惠谢白云山制药总厂对湖南特别是湘西人民的支持，对他们远离家乡、远离亲人在外艰苦创业的精神表示钦佩，并和他谈起了工作、生活和工厂生产情况。待气氛缓和之后，小胡将一本《公共关系》杂志递给了厂长，并翻出事先折好页的文章，请厂长指教。

推销为什么要带上一本杂志呢？原来，小胡事前做了充分准备。临去之前，小胡请一位与厂长很熟的朋友为他预先约见，动身时又带了一本《公共关系》杂志，里面刊登着小胡的一篇文章《公关广告的基本类型》，文章中引用了广州白云山制药总厂开展赞助型公关广告的实例。这也算是小胡和白云山制药总厂的联系，他想拿着到时肯定会有用的。果然不出所料，杂志起到了作用，厂长看到已用红线画出的白云山制药总厂的实例后，马上来了兴趣，不仅把实例看完，还把文章从公关广告与商品广告的不同，直到公关广告有赞助型、服务型等 7 种基本类型的全文都认认真真地看了一遍。待厂长看完抬起头来，小胡乘机把计划和盘托出。或许是文章的宣传效应，没等小胡怎么解释公关广告宣传如何重要，厂长便对这次活动表现出了浓厚的兴趣，并就其中一些技术性问题进行了询问。听完小胡的回答，了解到活动安排十分周密后，厂长便欣然应允，答应投入广告费 1 万元，买下本次大奖赛活动的冠名权。很快，一份关于举办“正清杯十佳礼仪小姐大奖赛”的广告宣传协议书正式签署，1 万元广告费如期汇到了小胡公司的账户上。

问题：

1. 这家企业是否有公关广告宣传的需求？
2. 小胡拜访前做了哪些准备工作？
3. 小胡成功的原因是什么？

情境四

车辆展示

案例引入

一天，一对夫妇走进某品牌的汽车 4S 店，他们经过其他几款车后径直奔向一辆黑色轿车，接待他们的推销人员热情地、滔滔不绝地用比较专业的术语向他们介绍了本款车的结构和性能。销售人员介绍车时想到哪里就介绍到哪里，也没有指出本车给客户带来什么好处，而此时的客户只是点头，不时地说“是吗？谢谢”。推销人员介绍车身时，客户突然提出“这款车是全铝车身吗？全铝车身有什么好处”的问题。客户提出的这个问题有点突然，而且推销人员是第一次听到全铝车身的概念，于是乱了阵脚，支支吾吾地说“我为您查一查”。见此情形，这对夫妇对这位推销人员说：“谢谢你，改天我们再来。”二位客户边走边谈论着。女客户说：“刚才的推销人员说了些什么呀，怎么不如刚才的 4S 店的推销人员说得明白呢？感觉这家销售店不如刚才的 4S 店正规，以后维修保养也是问题。”男客户说：“我也听得不是特别懂，并且特别想验证一下刚才那家店的推销人员说得是否对，没想到他根本就不知道，算了。虽然这家店便宜一点，像汽车这样价格高的产品，不能单纯看价格便宜这几百元钱，还是去刚才那家店去买吧。”于是，二位夫妇兴冲冲地回到原来的那家 4S 店买车去了。

问题：

1. 推销人员进行车辆展示时的标准流程是什么？
2. 推销人员进行车辆展示时应注意哪些技巧？
3. 推销人员进行车辆展示时常用的方法有哪些？
4. 推销人员进行车辆展示时应该如何把握客户的关注点？
5. 推销人员进行车辆展示时应注意哪些问题？

任务背景

销售行业里有句老话，“没有卖不出去的产品，只有卖不出产品的人”。汽车销售，属于高档耐用消费品的销售。作为一名汽车推销人员，如何将摆放在宽敞展厅里的汽车转移到消费者的手中，是一个非常有难度的过程。新车的展示总是“真实的时刻”。在短短的几分钟内，推销人员要抓住机会，唤起客户对本品牌的热诚，对产品质量的信任，对颇具竞争力的特征和一流的装备的兴趣，对新车的期待和对推销人员及专卖店的好感。因此，在这个阶段中，最重要的是严格按照销售过程中的流程标准去做，把握客户的关注点，在车辆展示时恰当运用一些技巧和方法，让客户认同推销人员提供的车辆或服务能满足他的需求。

任务目标

做好车辆介绍的目的是使客户比较全面地了解车辆，唤醒客户对现实问题的重视，让客户了解能获得哪些利益，让客户产生需求欲望，让客户认同推销人员所提供的产品或服务能解决他的现实问题及满足他的需求。成功的产品展示的特征是，推销人员能毫无遗漏地说出对客户解决问题及现状改善的效果，让客户相信该车辆销售商能做到其所说的，能让客户感受到推销人员的热诚和愿意站在客户的立场帮助客户解决问题的态度。

具体来讲，任务目标包括：明确车辆展示的准备；熟练掌握车辆展示流程；准确判断客户的关注点；会运用车辆展示的方法和技巧。

任务实施

一、做好车辆展示的准备

车辆展示的目的是使客户对车辆性能有更直接的感性认识，进一步增强客户的购买欲望，并体现车辆安全、高质量的品牌内涵。在展示的过程中，需要做好下列3项准备工作。

（一）车辆摆放的准备

车辆摆放要为客户的参观与操作提供方便，一般要注意以下几点。

1）重点车型摆在醒目的位置。属于旗舰的车型，一定要突出它的位置。可以把一些特别需要展示的车辆停在一个展台上，其他的车都围着它，犹如众星捧月，甚至可以打出一些聚焦的灯光。

2）注意车辆的颜色搭配。展示区域的车辆不能只有一种颜色，几种颜色搭配的效果会更好一些。

3）注意车辆的型号搭配。同一个品牌的车，可能有不同的系列，车型有小有大，有带天窗的，有不带天窗的，有的是电动门窗，有的不是电动门窗等，不同型号的车都应搭配展示。

4）注意车辆的摆放角度。摆放车辆要让客户感觉错落有致，而不是凌乱无序。

（二）对参展车辆的准备

1）展车表面要无手纹，无水痕（包括发动机室、排气管、车身、车门、门缝玻璃、门拉手、前脸等部位）。由于车辆油漆的光洁度非常高，车门把手都是镀铬的，表面很亮，手一触摸便会留下指纹。所以，推销人员在展厅里面要随时随地按照规范保持车辆的清洁度，不允许带有水迹，特别是车辆夹缝里的水迹要擦干净，不能留有死角。

2）车辆要保持一尘不染，引擎盖打开以后，凡是视线可及的范围都不允许有灰尘。轮毂中间的 Logo（车标牌）应与地面成垂直或水平状态；轮胎导水槽内要保持清洁、无异物。因为车是从外面开进展厅的，难免会在导水槽里面卡住一些石子等东西，这些东西都要清洗干净；轮胎仅洗干净还是不够的，还要美容一下，用亮光剂把它喷得乌亮；轮胎的下面应使用垫板。很多专业的汽车公司都把自己专营汽车的标志印在垫板上，这样会给客户留下一个良好的整体感觉。

3）新车在出厂的时候，方向盘上都会有一个塑料套，有的倒车镜、遮阳板也是用塑料套给套起来的，这些都应拿掉。调整好倒车镜、后视镜，使其处于一个合适的位置；方向盘摆正并调到最高位置，如果太低，客户坐进去以后会感觉别扭；将仪表盘上的时钟调校出标准的北京时间；确认各功能开关所处的位置并试用；确认空调出风口在空调打开后有风；确认收音机功能范围内的频道，左右喇叭声道、音量要调好。

4）将前排座椅调整到适当的距离，而且前排两个座位从侧面看必须是一致的，不能够一个前，一个后；不能够一个靠背倾斜的角度大一点，一个靠背倾斜的角度小一些。座位与方向盘也要有一个适当的距离，以方便客户的进出；两者距离太近了，客户坐进去不方便，还以为是驾驶空间小了，其实是那个座位太靠前的缘故。

5）将后座椅安全带折好并用橡皮筋扎起来，塞到后座座位中间的缝里面，留一半在外面。

6）一般展车里面都会放一些脚垫，是怕客户脚上有灰弄脏了车子。每个 4S 店都会事先制作好脚垫，脚垫摆放的时候应注意标志的方向，同时要注意把脚垫放正，脏了要及时更换。

7）后备箱要整洁有序、无杂物，安全警示牌应放在后备箱的正中间。

8）展车放置时间长了，电瓶可能会亏电，所以要保证电瓶有充足的电。

（三）对推销人员的基本要求

1. 全面了解所销售车辆

一次成功的销售与推销人员对所经营车辆及本行业专业知识掌握的程度有直接联系。只有对所经营的车辆的知识熟练掌握，同时知道所经营的车辆与行业内竞争对手的车辆相比有哪些有利条件和不利条件，这样才能在车辆展示与推介过程中扬长避短、发挥优势。推销人员需要了解的车辆的内容包括以下 3 个方面。

（1）车辆的基本知识

1）车辆的硬件特性。即车辆的性能、品质、材料、制造工艺、配置、零件、规格、参数、技术等。

2）车辆的软件特性。即车辆的设计风格、色彩、理念、品牌、时尚元素、流行性等。

3）车辆使用知识。即车辆的使用方法，如用途、操作方法、安全设计、注意事项、售后服务的体制等。

（2）车辆的交易条件

产品的交易条件包括付款方式、价格设定、优惠方式、保修条件、保养规定、保险条款、上牌手续等。

（3）竞争车型的知识

1）与竞争车型进行技术性能的对比。

2）与竞争车型进行性价比的对比。

2．掌握客户的关注点

在新车展示过程中，推销人员按照车辆展示的步骤，随时掌握客户的关注点。车辆展示步骤如表4-1所示。

表4-1　车辆展示步骤

序号	步　骤	内　容
1	车辆的展示	展示活动在展厅里进行，车辆处于一个完好的状态
		讲解展示过程
		被展示的车辆要最大限度地满足客户的期望，偏差之处要做解释
		在展示中要突出客户的重要利益
2	积极地吸引客户	邀请客户坐入车中
		详细地讲解操作元件并请客户提问
		必要时讲解各种车型、变型的区别
		可以突出客户的独特利益要求
3	确认客户需求	销售顾问询问客户的看法，并再一次确认客户的需求，从而据此来确认所展示的新车是否与客户的需求一致
4	建议下一个步骤	根据当时的情况提出符合客户愿望的下一步销售过程

3．懂得扬长避短

汽车工业发展到今天，各个品牌生产的汽车都有其独特的技术和特点，都有优点也有不足，十全十美的车是不存在的。大家都说劳斯莱斯是最高级的汽车，但它也有一个最大的缺点，就是太贵了，买不起。因此，在销售过程中，客户指出我们产品中存在的问题和不足是很正常的事情，当遇到客户对我们的产品不满意时，我们应该注意，不要对产品的缺点做过多的解释，否则会让人感觉越描越黑。对于这种情况，最好的办法就是以我们的优点来应对客户的指责，采取摆事实、讲道理的方法，突出产品的优势，回避产品的不足，以优点弥补缺点，这样才能收到令人满意的效果。

二、选择车辆展示的方法

推销人员在进行车辆展示时，需要掌握的技能很多如营造良好的展厅氛围、选择恰当的时机进行产品介绍、熟悉产品的介绍技法和熟练掌握语言艺术等。下面介绍车辆展示的几种常用技法。

（一）FABE 产品介绍法

FABE 产品介绍法是进行产品展示与说明的最有效的方法之一。FABE，也称四段论介绍法，就是将产品的特征和配置（Feature）表述清楚，并加以解释、说明，从而引出它的优势和好处（Advantage）及可以带给客户的利益（Benefit），并适时地展示足以让客户致信的证据（Evidence），进而使客户产生购买动机。

FABE 产品介绍法如图 4-1 所示。FABE 产品介绍法的步骤及内容如表 4-2 所示。

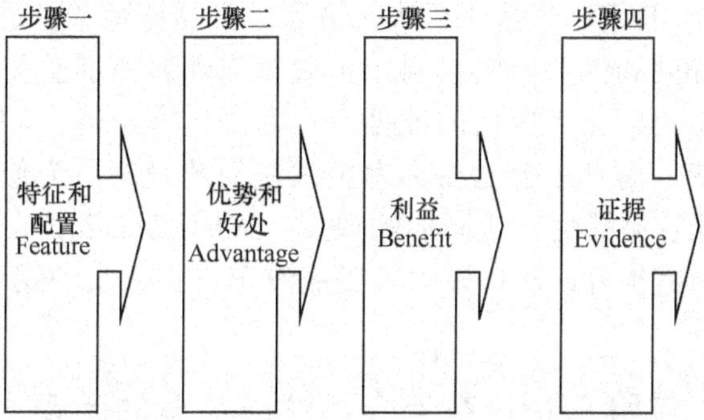

图 4-1　FABE 产品介绍法

表 4-2　FABE 产品介绍法的步骤及内容

序号	步　骤	内　容
1	特征和配置（Feature）	Feature 是指所销售车辆的独特设计、配置、性能特征；也可以是材料、颜色、规格等用眼睛可以观察到的事实状况。将特征详细地列出来，尤其要针对其属性，按性能、构造、易操作性、机能、耐用性、经济性、设计、价格等写出其具有的优势和特点，将这些特点列表比较
2	优势和好处（Advantage）	Advantage 是将商品的特征与因为这些特征带来的好处进行详细的说明，必须考虑商品的优势、好处是否能真正带给客户利益。例如，推销人员可以这样进行介绍："ABS 系统是利用装在车轮上的轮速感应装置在制动时对车轮进行点刹，防止车轮抱死的一套制动系统，它能够大大缩短车辆在湿滑路面上的制动距离，并能够在制动的同时打动方向盘，实现对车辆的正常操控，绕开障碍物。"这样就能使客户对 ABS 的优点有更深入的了解，更易于接受，但是优点必须转化为客户愿意接受的利益，客户才会愿意接受推销人员的推荐，实现购买

续表

序号	步　骤	内　容
3	利益 （Benefit）	Benefit 就是指产品的特性和好处能带给客户哪些方面的利益。通过推销人员的介绍，将客户所关心的利益表达出来，从而引起客户的共鸣。例如，推销人员可以这样进行介绍：这辆轿车配置了 ABS 防抱死刹车系统，能够利用装在车轮上的轮速感应装置在制动时对车轮进行点刹，防止车轮抱死。它能够大大缩短车辆在湿滑路面上的制动距离，并能够在制动的同时打动方向盘，实现对车辆的正常操控，绕开障碍物。对您而言，能够大大提高您操控这辆车的信心，降低因为刹车而带来的乘坐不适，还能够减少轮胎的磨损，延长轮胎的使用寿命，降低使用成本
4	证据 （Evidence）	Evidence 也就是要找到能让客户相信的证据。证据可以是证明书、照片，也可以是报纸、杂志的报道，或者是其他客户的证明、录音、录像等。通过这些方式，使客户更加坚信推销人员的介绍，从而促成销售

从表 4-2 中可知，FABE 产品介绍法就是通过产品特征和性能的介绍，让客户了解这些特征带来的好处和优势，同时引申出对客户而言所能获得的利益，以引起客户的共鸣，接着展示足以让人置信的证据，从而坚定客户购买的决心。这样客户不仅不会产生抵触情绪，而且还会觉得你完全站在他的角度，为他着想，帮助他解决问题，从而让客户很容易接受、认同你的观点。应用 FABE 产品介绍法，帮助汽车推销人员设计有力的销售台词，可以大大提高汽车推销人员的销售效率及销售额。

小贴士

应用 FABE 产品介绍法应注意的问题

应用 FABE 产品介绍法时，不要将所有的特征通通说明，而要根据客户所关心的利益重点部分的有关特征加以强调；说明商品特征带来的好处时，应多用增加、提高、减少、降低等话语，有效地表明商品特征带来的好处；在描述客户利益时，一定要具体、生动、准确，用词要有丰富的感情色彩，以客户的感觉为中心，充分调动客户的情感；提出的证据一定要可靠、准确，多用数字化词语，实事求是，切勿夸大其词。

运用 FABE 产品介绍法有两个重点：

1）正确运用四段论介绍方法。

2）要求推销人员对汽车的相关知识有充分的了解。

FABE 产品介绍法也可以称为“寓教于售”的销售原则。客户需要在由潜在客户转变为真实车主的过程中不断学习，达到与所选择车辆的生产者、销售者对车辆认识的统一，而推销人员在整个介绍过程中应让客户感到其销售的不仅仅是一辆车，而且还为客户提供了一种崭新的观念、一个成熟的想法、一套合理的方案。

FABE 产品介绍法还有一种更为巨大的潜能，那就是它可以引导客户的消费方向，故也可称为“使用价值导向”。运用产品介绍法法则，可以使客户更加了解车辆给他们带来的好处，从而激发客户的购买欲望。

（二）构图讲解法

人们听到或看到某件事情的时候，往往会在潜意识里为这件事构造出一幅图画，然后根据这副图画做出判断。

日本人曾做过一个实验：他们把一个死囚绑在病床上，蒙上眼睛，用刀背在死囚的手腕上象征性地划一刀，然后在他的耳朵边滴水，死囚的手腕其实并没有被划破，但是最后死囚居然死了。

这个实验证明了心理作用对一个人有巨大的影响力。死囚以为自己的手腕被划破了，听到旁边的滴水声，于是给自己勾画了一幅手腕在流血的图画，然后越听越害怕，越想越觉得虚弱，最后竟然死了。可以说，死囚是死在自己所勾勒的可怕的图画里的。

在产品销售过程中，推销人员也可以利用这种构图的效果，达到有效刺激客户购买欲望的目的。

客户在决定购车的时候，他会在潜意识里勾画出他拥有汽车之后会是一种什么样的场景，然后根据这一场景和图画来做判断。客户会在他的潜意识中，描绘他理想中车辆的颜色、外形、内部装饰、空间等内容。因此，推销人员要想将车辆销售出去，就必须了解客户心中的这幅图画，并且通过自己的介绍，描绘一幅更美丽的图画，以此来达到有效刺激客户购买欲望的目的。

1．采用构图讲解法的好处

1）能给客户留下深刻的印象。

2）能增加客户的参与感，引起客户的共鸣。

3）能让客户容易明白。

4）能吸引客户的注意力，激发客户的购买欲望。

2．构图讲解法应用的 3 个时机

应用构图讲解法时，需选择好时机。具体来讲，构图讲解法的应用有 3 个时机，如表 4-3 所示。

表 4-3　构图讲解法应用的时机选择

序号	时　　机	构图讲解的内容
1	叙述功能的时候	推销人员在介绍 SSC 车载发烧音响系统时说：“花冠车配备的这款发烧音响，不论高音还是低音都能完美呈献，让您有一种亲临音乐会现场的感觉，您在驾车途中遇到堵车心烦的时候，打开音响，让轻柔的乐曲在心间流淌，让您的身心沐浴在动人的旋律之中，心中的烦恼自然会烟消云散……”

续表

序号	时　　机	构图讲解的内容
2	叙述车辆操作与使用的时候	推销人员在介绍车载导航系统时，可以这样说："皇冠车配备了GPS 导航系统，您只需设定目的地，导航系统就能通过语音进行引导。有了它，您再也不用在行车的过程中左顾右盼地寻找目的地，再也不用为去陌生的地方而翻看地图了。导航系统就像一个无所不知的贴身助理，您只需轻点屏幕，设定好目的地，导航系统就能带您到任何您想去的地方……"
3	突出车辆特性的时候	在突出车辆安全特性时，推销人员可以说："人的生命只有一次，汽车固然只是一个交通工具，但对于您的家人来说，你开车在外，最重要的就是安全。如果一辆车安全性差，会给您的家人带来多么大的担心啊！皇冠车的安全性达到了世界顶级水准，光气囊就有 8 个，所以买皇冠车不但能给您最安全的保障，同时也能给您的家人带来安心，即使你出差在外，家人也不会担心……"

3．构图讲解法应用的重点

推销人员在进行构图讲解法的过程中，首先要把握客户的心理，了解客户心中的那幅图画都有些什么内容，有多美，然后才能根据自己所销售的产品，提炼出有针对性的销售主题，构造一个应用的情景，最后将这个主题与情景搭配起来，连缀成一个故事或生活场景。这种方法可为客户营造出一幅幸福、美满的图画，让客户觉得这个生活场景比他心中的那幅图画更美更动人，从而激起客户对这幅美丽图画的向往，使客户自愿接受你的产品介绍，并最终购买你的产品。构图讲解法如图 4-2 所示。

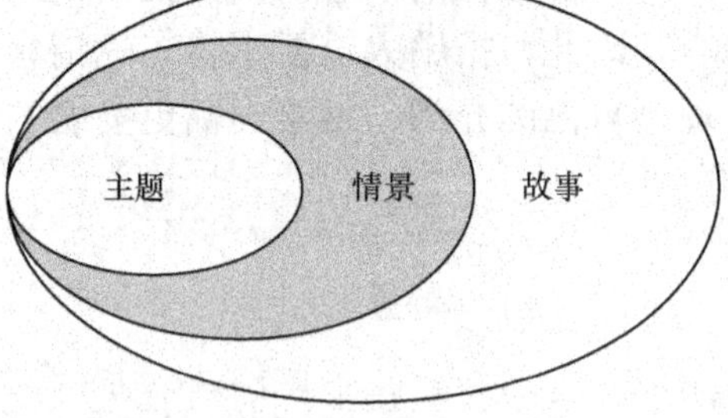

图 4-2　构图讲解法

（三）道具演示法

道具演示法就是为了让车辆介绍更加逼真、生动，利用一些相关道具边演示边介绍的方法。

案例阅读 4-1

成功应用道具演示法

推销人员："花冠车的发动机，采用了丰田公司最先进的 VVT-i 技术，不仅功率大，油耗低，而且非常安静。您看，用眼睛根本看不出它有振动。"说着，推销人员拿出一支香烟，立在桌子上。

推销人员："我们启动发动机，将这支烟立在发动机上，绝对不会倒下，您相信吗？"

客户："不能吧！这样能行吗？"

推销人员启动发动机，然后将香烟立在发动机上。

客户惊呆了："真的可以啊！真了不起，从来没见过这么安静的发动机啊！"

案例中，推销人员利用一支烟就能让客户对花冠车发动机的性能产生深刻的印象——这就是道具演示法的独特性。

小贴士

应用道具演示法应注意的问题

道具的选择要巧妙，让客户意想不到，最主要的是要通过道具吸引客户的注意力，唤起客户的想象力，激发客户的好奇心，给客户留下深刻的印象。

具体实施的过程中，注意语言、手势动作与道具的应用要协调，表情要自然、逼真，让客户觉得真实可信。

道具演示法一般是在客户无法理解产品特性的情况下采用的方法，因此要根据产品的特性，决定是否采用道具演示法和采用什么道具来进行演示。道具演示法不可滥用。

三、进行车辆的展示

作为推销人员，在向客户介绍汽车产品的过程中，要熟悉在各个不同位置应该阐述的对应的汽车特征带给客户的利益，即展示出汽车独到的设计和领先的技术，并通过展示来印证这些特性满足客户利益的方法和途径。六方位绕车介绍法就是一种汽车展示的方法。

六方位绕车介绍法是我国绝大多数汽车销售展厅采用的汽车销售流程。奔驰汽车公司是最先运用六方位绕车介绍法向客户销售汽车的。后来，日本丰田汽车公司的凌志汽车也采用了这种销售方法，并将之发扬光大。

六方位绕车介绍法就是环绕汽车产品的 6 个部位进行介绍的方法。这一方法有助于推销人员更容易有条理地记住汽车介绍的具体内容，并且更容易向潜在客户介绍最主要的汽车特征和好处。在进行环绕介绍时，推销人员应确定客户的主要需求，并针对这些需要做讲解。推销人员必须通过传达直接针对客户需求和购买动机的相关产品特性，帮助客户了解一辆车是如何符合其需求的，只有这时客户才会认识其价值。直至推销人员获得客户认可，所选择的车符合客户心意，这一流程才算完成。六方位绕车介绍可以让客户更加全面地了解汽车产品。

车行展厅中，展示汽车的标准流程如图 4-3 所示。

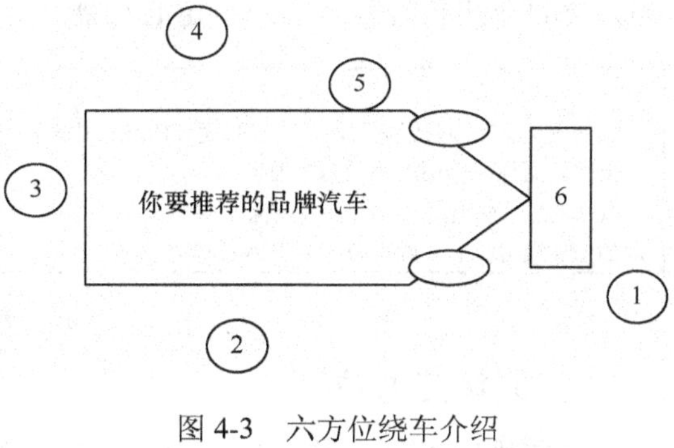

图 4-3　六方位绕车介绍

（一）第一方位

汽车的正前方是客户最感兴趣的地方。当汽车推销人员和客户并排站在汽车的正前方时，客户会注意到汽车的标志、保险杠、前车灯、前挡风玻璃、大型蝴蝶雨刷设备，还有汽车的高度、越野车的接近角等。汽车推销人员在这个时候要做的就是让客户喜欢上这辆车。例如，推销人员向客户介绍捷豹XI车系，那么就可以邀请车主和自己并排站在捷豹轿车的正前方，然后说："捷豹轿车一贯表现优雅而经典，周身流淌着高尚的贵族血统，耐人寻味。看，由车头灯引出的 4 条拱起的发动机盖线条、大型的镀铬进气格栅、4 个圆形头灯都延续了捷豹 XJ 车系的传统，品质自然出众。车头看起来很精致、很漂亮，是吧？"趁着这个大好时机，推销人员可以给客户讲讲关于捷豹轿车车标的故事，强调所销售的汽车与众不同的地方，以便吸引客户，让其产生购买的兴趣。第一方位示意图如图 4-4 所示。

①

当客户接受你的建议，愿意观看你推荐的车款的时候，到底应该从哪里开始？图 4-3 中①的位置应该是你开始的位置。按照图 4-3 中号码的流程，你要记住每步骤需要向客户陈述的内容，每个位置的介绍要突出汽车的几个要点：

• 前车灯特性	• 车身高度	• 前挡风玻璃	• 通风散热装置
• 越野车的接近角	• 大型蝴蝶雨刷设备	• 品牌特征	• 保险杠设计

图 4-4　第一方位展示要点

（二）第二方位

汽车推销人员要引领客户站在汽车的左侧，从而发掘客户的深层次需求。无论哪一类客户，看到汽车的第一眼就怦然心动的都不多见。哪怕客户看起来与汽车很投缘，客户还是要进一步考察他们心仪已久的"梦中情人"是否像传说中那么出色、那么优秀，更何况是他们初次接触的、心动神摇的"漂亮女孩"或"潇洒男生"！因此，最重要的还在于气质的匹配程度。汽车的气质个性是否与购车者匹配呢？走到一辆轿车的侧面，让客户听听钢板的厚实或轻薄的声音，看一看豪华舒适的汽车内饰，摸一摸做工精致的仪表盘，感受良好的出入特性及侧面玻璃提供的开阔视野，体验一下宽敞明亮的内乘空间，客户就能将自身的需求与汽车的外在特性对接起来，再加上汽车推销人员的介绍和赞美，客户一定心神摇曳。第二方位示意图如图 4-5 所示。

②

到达图 4-3 中②的位置时，客户的兴趣开始进入状态，根据你发掘的客户的深层次需求，有针对性地介绍车的这个侧面。同样要介绍汽车的几个要点：

• 汽车的进入特性	• 轮胎、轮毂	• 侧面的安全性	• 车的长度
• 侧面玻璃提供的开阔视野	• 防水槽或者支架	• 越野车的通过性	• 车体、防刮条

图 4-5　第二方位展示要点

（三）第三方位

汽车推销人员陪着客户一起站在汽车的正后方，全面介绍，仔细回答。站在轿车的背后，距离约 60cm，从行李箱开始，依次介绍高位制动灯、后风窗加热装置、后组合尾灯、尾气排放、燃油系统。这一步，要开启行李箱介绍、掀开备胎和工具箱外盖进行介绍。千万不要以为这一步骤多余，很多挑剔的客户不是抱怨车尾太短，就是抱怨车子不够大气，或者抱怨车子没有行李箱。由于客户刚刚走过汽车左方的时候过于关注体验，或许忽略了一些问题，这时汽车推销人员要征求客户的意见，在给他们全面地介绍后仔细地答复。第三方位示意图如图 4-6 所示。

③

祝贺你，带领客户到达了图 4-3 中③的位置。切记，这个时候要征求客户的意见，如果客户有额外的问题，请他们听完你的全面介绍后给予仔细回答。图 4-3 中③的位置是一个过渡位置，但是车的许多附加功能可以在这里介绍：

- 后门开启的方便性
- 后排座椅的易拆性
- 存放物体的容积大小
- 后视窗的雨刷器
- 汽车的扰流板（尾翼）
- 备胎的位置设计
- 越野车的离去角
- 尾灯的设计

图 4-6　第三方位展示要点

（四）第四方位

在这一方位，正是推销人员争取客户参与谈话的时刻，推销人员应该邀请客户打开车门、触摸车窗、观察轮胎，观察客户的反应并邀请客户坐到乘客的位置。这时，注意观察客户喜欢触摸的东西，告诉客户车子的装备及其优点，客户会做一番审慎的衡量；认真回答客户的问题，不要让客户觉得被冷落，但是要恰到好处地保持沉默，不要给客户一种强加推销的感觉。汽车推销人员在汽车右侧向客户介绍车辆时，可以告诉客户一些非正式的信息，但是要牢记不要误导客户或混淆视听。在欧美国家，汽车推销人员用于非正式沟通的时间不到介绍产品时间的 10%。奥迪 A4 上市之初，许多奥迪轿车的推销人员都有过这样的经历，那就是只要一说“第一批奥迪轿车是德国原装的”，客户就会很快做出购买决定。如果你喜欢一些汽车的奇闻逸事，如某国家元首或体育明星喜欢乘坐哪个品牌的汽车，那么尽可以告诉你的客户。在客户还缺乏相应的品牌忠诚度的时候，告诉客户一些非正式信息也是促成交易的好办法。客户查看了汽车的外形，检查了汽车的内饰，对汽车的性能有了大致的了解，那么接下来就要告诉客户驾驶的乐趣及操作方法了，这时就可以带领客户坐进车里，对汽车的驾驶操作做详细介绍。第四方位示意图如图 4-7 所示。

④

到达图 4-3 中④的位置时，争取客户参与你的介绍过程，邀请他们开门，触摸车窗、轮胎等。因为这个位置是一个过渡，要引导客户要求到车里体验一下感觉。如果客户本人就是未来这个车的驾驶员，那么就邀请他到驾驶座位上；如果他不是驾驶员，也许你应该邀请他到其他的座位上体验车辆的豪华、设计的造诣等。此时，客户会提出一些问题，如果是关于发动机的性能方面的，你可以告知他会到 6 号位置时介绍，其他关于车辆的外形、安全、功能及超值性等都可以回答，并且根据需要引导客户到车内亲自体验。

图 4-7　第四方位展示要点

（五）第五方位

这一阶段，汽车推销人员可以鼓励客户进入车内。销售人员可以先行开车门引导其入座。如果客户进入了车内乘客的位置，那么应该告诉客户的是汽车的操控性能如何优异、乘坐多么舒适等；如果客户坐到了驾驶员的位置，那么应该向客户详细解释操作方法，如雨刷器的使用、如何挂挡等。最好让客户进行实际操作，同时进行讲解和指导，介绍内容应包括座椅的多方位调控、方向盘的调控、开车时的视野、腿部空间的感觉、安全气囊、制动系统的表现、音响和空调、车门发动机盖等。最后，引导客户到发动机盖前，根据实际情况向客户介绍发动机及油耗情况。第五方位示意图如图 4-8 所示。

⑤

图 4-3 中⑤的位置是变化的，如果客户进入车内的乘客位置，你应该给予细致的解释，注意观察客户感兴趣的方面。如果客户要求到驾驶位置上，你应该采用蹲跪的姿势向客户解释各种操作方法，包括雨刷器的操作、挂挡、仪表盘的介绍。

- 座椅多方向调控介绍
- 气囊及安全带
- 方向盘的调控
- 制动系统的介绍
- 视野
- 操作方便性、音响
- 腿部空间的感觉
- 车门的控制

图 4-8　第五方位展示要点

（六）第六方位

这一阶段，汽车推销人员站在车头前缘偏右侧，打开发动机盖，固定机盖支撑，依次向客户介绍发动机舱盖的吸能性、降噪性、发动机布置形式、防护底板、发动机技术特点、发动机信号控制系统。合上发动机舱盖，引导客户端详前脸的端庄造型，把客户的目光吸引到品牌的标识上。

所有的客户都会关注发动机。因此，汽车推销人员应把发动机的基本参数包括发动机缸数、汽缸的排列形式、气门、排量、最高输出功率、最大扭矩等给客户做详细的介绍。

由于介绍发动机的技术参数时需要比较强的技术性，因此在打开发动机舱盖的时候，最好征求一下客户的意见，询问是否要介绍发动机。第六方位示意图如图 4-9 所示。

⑥

图 4-3 中⑥的位置是开始介绍车的发动机动力的时候。介绍一辆汽车的时候，发动机的动力表现是非常重要的一个方面。在⑥的位置，将前盖示范地打开，根据客户的情况把握介绍的内容，而且一定要征求客户的意见，看其是否需要介绍发动机。

- 发动机的布局
- 环保设计、排气的环节
- 添加机油等液体的容器
- 散热设备的设计与摆放
- 发动机悬挂避震设计
- 节油的方式

图 4-9　第六方位展示要点

如果客户是对汽车在行的朋友，他会认为自己懂得比你多，因此不要说得过多。对于不懂的客户，太多的技术问题会让客户害怕，言多无益。作为汽车推销人员，要能说出发动机是由哪家汽车生产厂家生产的。

在运用六方位绕车介绍法向客户介绍汽车时，要熟悉在各个不同的位置应该阐述的、对应的汽车特征带给客户的利益，灵活利用一些非正式的沟通信息，展示出汽车独到的设计和领先的技术，从而将汽车的特点与客户的需求结合起来。

总之，六方位绕车介绍法从车前方到发动机，刚好沿着整辆车绕了一圈，并且可以让汽车推销人员把车的配置状况做一个详细的说明和解释。这样的介绍方法很容易让客户对车型产生深刻的印象。

经过调研，一个汽车消费者了解一款车大约要花费 90 分钟，其中有 40 分钟被用来做汽车展示，所以这样的一个六个标准步骤的展示应该使用 40 分钟，每一个位置大约花费 7 分钟，有的位置时间短一些，有的位置时间要长一些，如在位置④或者位置⑤就比较耗费时间。

上面六方位绕车介绍法的具体介绍可以概括为汽车产品的五大特征，这样既讲个性，也讲共识。五大特征包括：外形与美观、动力与操控、舒适实用性、安全性能、超值性表现。

上述介绍的方法并不是死记硬背的教条，实际工作中要灵活地掌握和使用听学到的知识，应该根据客户的实际情况（如客户在靠近车辆的什么位置，客户最关心什么配置，客户凝神在观察什么地方等表现），有针对性地向客户做介绍。

四、运用车辆展示的技巧

作为推销人员，在向客户介绍汽车产品的过程中，还要讲究一些方法和技巧。

1. 巧妙赞美客户

在展示产品的过程中，巧妙地介绍自己的产品，有效地赞美客户，将产品的优点与客户的利益点有效地结合起来，赢得客户的好感与信任，这就是聪明的推销人员必须学习的成功秘诀。

2. 打个恰当比喻

有时候，又臭又长的产品说明，不但不能起到劝购的作用，反而会引起客户的反感。现在是个讲究效率的社会，几乎没有人愿意花费太多的时间来听推销人员长篇大论的产品介绍。因此，给你的方案打个恰当的比喻，用最简短、最精练的语言，用最恰当、最形象的比喻，将它们表达清楚，这是推销人员在产品劝购中应该掌握的一项重要技能。

3. 将缺点“全盘托出”

任何产品都会存在一些缺陷，这些缺陷对你的销售存在着诸多不利的因素，很多时候它是你推销失败的罪魁祸首。然而，永远不要把产品的缺陷当作一项秘密，因为一旦客户发现你有意隐瞒，势必会导致你的信誉丧失。

因此，当产品的某一项性能不符合客户的要求时，应当将这个缺点当着客户的面“全盘托出”；然后，再想办法把客户的眼光引向产品的优势，着重表现出产品高于同类产品的地方。只有如此，才能化缺点为优点，化“腐朽”为“神奇”。

4. 让客户参与其中

销售中，最巧妙的做法是提供一个不完整的方案，给客户留下调整的余地；或者提供一个不完美的商品，赋予对方修改的权利。“人之患在好为人师”，当客户参与了“使方案或商品更完美”之后，客户会更乐于接受你的建议。

五、车辆介绍中应注意的问题

（一）对自己所介绍的内容要有信心

客户在向推销人员了解情况时，非常注意推销人员非语言部分的信息表达。客户除了要对推销人员所讲的内容进行分析外，还会根据推销人员讲话时的表情、语气、声调和态度来做出判断。如果推销人员对自己讲的内容有所怀疑、缺乏信心，自信心将会受到影响，随之面部表情也会发生微妙的变化。尽管推销人员可能会竭力掩饰，但这种微妙的变化会马上让客户察觉到。对于客户而言，连推销人员自己都不认可的产品，我们凭什么还要去买。这就是为什么要求推销人员在进行产品展示与说明时应充满自信、充满激情、面带微笑。

（二）介绍中不能涉及太多的知识与概念

从心理学角度讲，客户在接收任何信息时，一次只能接收 6 个以内的概念。但较多的销售人员不理解这个道理，在与客户洽谈的过程中，就怕讲得不多、客户不接受，拼命将自己知道的向客户倾诉。结果，客户离开时只知道几个不重要的概念，而真正影响客户决策的要点都抛在了脑后。因此，找出客户购车时最关注的方面，只需用 6 个关键的概念建立客户的选择标注就可以了。例如，介绍发动机时，最关键的概念包括输出功率、输出扭矩、油耗、汽缸数量、涡流增压、噪声、汽缸排布方式、压缩比、单顶置凸轮轴或双顶置凸轮等，但是这么多的概念一下子介绍给对汽车并不专业的客户，客户就会如坠云雾之中，根本不知道什么最重要。此时，推销人员只要告诉客户一般 1.3L 排量的发动机，如输出功率能够达到 6kW・h、输出扭矩能够达到 100N・m 以上，而且气门数量在 16 个以上，就是一款好的发动机。这里只用了 3 个概念，就让客户有了一个自己的选择标准。这时，如果客户对发动机兴趣浓厚，希望多了解一些情况的话，可以再把汽缸数、压缩比、凸轮轴等概念介绍给他。这样的介绍不能单纯只是一个概念，而应该把该概念的含义及对客户的利益清楚地表达出来。例如，谈单凸轮轴和双凸轮轴时，要让客户知道它不仅仅是用一根轴还是两根轴来控制进气和排气的问题，还要让客户知道双凸轮轴的结构对发动机的性能有提升，但会增加投资成本。如果客户关注发动机的性能而对投资不做计较的话，选择双凸轮轴的发动机会更好。

这里归纳一点，在向客户介绍和展示汽车产品时，必须针对客户关注的那一点说清楚，同时最多只能给出 6 个概念，除非客户在这方面很专业或客户对推销人员的介绍非常感兴趣并愿意接纳。

（三）介绍产品时不要太积极

这里所指的“不要太积极”不是说可以用消极的态度对待客户，而是指在产品介绍中当客户没有提出要求时，不要卖弄自己知识的渊博。如果不相信，最终吃苦的还是自己。

案例阅读 4-2

过于积极导致的失败

客户：除了刚才介绍的情况外，我想问一下这款车的行李箱有多大？

推销人员：您真是慧眼，这款车最值得炫耀的就是500L的行李箱，除了菲亚特的西耶那轿车以外，家用车系列中没有一款超过这款车，包括广州本田的三厢飞度轿车号称空间设计最合理，也才500L。

客户：西耶那轿车的行李箱有多大？

推销人员：525L。

客户：这不错，还有飞度轿车也达到了500L。

推销人员：您是否现在确定买这款车呢？

客户：既然西耶那轿车有525L，飞度轿车也有500L，那我还是再考虑一下这三款轿车中哪一款更适合我。

案例中，推销人员由于过于积极，在客户没有提出要求的情况下，就告诉了客户三款大行李箱的轿车，使客户在三款轿车之间犹豫，最终没有成交。

（四）要学会处理意外情况

产品展示与说明中经常会有意外的情况发生，可能是推销人员介绍错误造成的，更可能是客户的看法错误造成的。此时，销售人员要注意做到以下几点。

1．马上修正自己的错误并向客户表示歉意

任何人都不可能不出错，关键是看出错后如何表现。一次，一位推销人员在向客户介绍千里马轿车的发动机时，讲到一个错误观念，告诉一位客户说千里马轿车的发动机是起亚公司原装发动机，共有16个气门，所以动力性能相当不错，输出功率和扭矩大。同时，销售人员特别指出，在10万元以内的家庭轿车中只有千里马轿车的发动机是16气门，像羚羊轿车的发动机只有12个气门。当时，客户对推销人员的说法表示出了异样表情，但该推销人员并未发觉，也没有做出修正。当然，该客户最终没有与该推销人员成交。

2．如果是客户的错误，应表示出“不要紧”的微笑

销售过程中经常会遇到一些对汽车有一定了解但并不那么专业的客户，他们为了在洽谈中左右谈判的局面，往往会表现出自己很专业的样子，但他们对某些问题提出的看法又往往不正确。此时，推销人员最容易冲动，试图去纠正客户的说法。如果推销人员这样做了，就会发现让客户很难堪，下不了台，甚至感觉非常没有面子，结果就是该客户再也不会找这位推销人员买车了。遇到这种情况，最佳的处理方式是，如果客户没有意识到这样的问题，销售人员千万不要自作聪明地去纠正；如果客户已经认识到自己出错了，销售人员要面带微笑地说：“不要紧，谁都会发生

这样的错误，刚开始时我也出了错。”如果此时推销人员给足了客户面子，客户反过来也会回报推销人员并埋单。

3．别在客户面前说第三者的坏话

这里的“第三者”主要指竞争对手。一般而言，客户为了降低自己购车的风险，往往会花费大量的时间进行广泛的调查，因此有可能对调查过的销售商和推销人员建立认识和好感。有些汽车推销人员由于经验不足，当客户提及竞争对手时会紧张，生怕这些对手会抢走自己的生意，所以会针对这些“第三者”提出贬低的评价。这些评价就有相当一部分与客户已经建立起来的认识发生冲突，结果不但没有降低客户对第三者的认同，反而再一次增加了客户对竞争对手的关注和认同。此时，如何巧妙地处理这样的情况就成为一个推销人员是否专业的一个标志。最佳的做法是轻描淡写或以忽略的方式，或先认同客户的看法，再以“只是”、“不过”、“如果”等转折词进行变换，千万不能用“是的……但是”这样非常强硬的语气来表示。如果推销人员对客户提出的竞争对手的优势表示不以为然的表情，则客户就会觉得自己提出的问题不应该是汽车选购中最应关注的问题，反而有利于提高客户对推销人员所涉及内容的关注度。

第三者还包括推销人员自己的同事。为了自己的业绩，有时某些推销人员会在销售中对客户提及到的前面与客户打交道的同事进行贬低，殊不知越贬越让客户觉得这家公司不可信，这位推销人员不值得合作。如果能够在客户面前对自己的同事大加赞美，不仅不会失去客户，反而会让客户对推销人员产生敬佩，更有利于达成交易。

4．保全客户的面子

一个成功的销售是让客户高兴而来、满意而归。谁也不希望在与推销人员的接触过程中发生不愉快的行为，但有时推销人员无意识的行为会让客户动怒，从而不利于销售的顺利进行。有这样一个案例，即客户的小孩用玩具敲打宝马轿车车盖，当时那位推销人员告诉小孩如果敲坏的话要父亲赔，父亲听到这句话后说了一句：“不就一百多万元么，有什么了不起！”如果此时推销人员换一种说法，就可以让客户挽回面子，如“实在对不起，我说的不是这个意思，我只是不希望您买回去的是一部不完美的宝马轿车”。

职业知识检测

一、复习思考题

1．对展示车辆有哪些具体的要求？
2．对推销人员有哪些具体的要求？
3．什么是FABE产品介绍法？

4．什么是构图讲解法？
5．什么是道具演示法？

二、案例分析

成功地说服客户

一天，一对夫妇来到丰田展厅。推销人员热情地迎了上去，说："欢迎光临，我是推销人员小张，很高兴为你们服务。你们想了解一下什么车型呢？"这对夫妇回答道："我们先自己看看。"不一会儿，夫妇俩看了锐志、威驰两款车，这时推销人员走上前问道："两位看过车后，感觉怎么样？"丈夫说："锐志这车不错，又大气，操控性又好，很适合我这种喜欢开快车的人。"妻子却说："这两年虽然生意不错，但还是不够稳定，我们还是需要节省一点，锐志要20多万元，而且2.5L排量的油耗会比较高，维修保养的费用也会贵很多。"丈夫说："是啊，你说得也有道理，但是威驰感觉还是太小了，有时候接送生意上的客人还是觉得有点小气。"说到这里，夫妇两人都陷入了沉默。

推销人员心里明白了，原来两人都难以说服对方，而又不愿接受对方的意见，这时推销人员对他们说："威驰虽然价格比较便宜，使用成本也很低，但是纯粹是家庭用车，如果有生意上的使用，的确是有点小气。锐志车虽然够气派，够高档，但价格也比较高，使用费用也会贵很多，因此养车的压力会比较大。两位不如选择花冠，花冠这款车正好介于威驰和锐志之间，车辆外形比威驰漂亮，既可适宜家用又适合商务用，动力性和操控性都非常出色，而且使用成本也比较低，我看挺适合你们的。"夫妇两人听完推销人员的一席话，都不约而同地说："能不能带我们看看车啊？"推销人员带两人看完车，又带他们试乘试驾，结果夫妇两人都非常满意，高高兴兴地付了款，订购了一辆花冠车。

分析讨论：

（1）试分析案例中推销人员是如何将汽车成功销售出去的？

（2）看了这个案例，你有什么体会？

职业技能训练

一、单一技能训练

训练1：展示方向盘

汽车销售顾问：您好！欢迎光临××4S店！需要我帮忙吗？

客户：不用，我先看看。

汽车销售顾问：怎么样，方向盘的设计有高档车的那种手感吧！内饰色彩符合您的要求吗？座椅的包裹性如何？

客户：不错！颜色也很协调，座椅也很柔软，方向盘的设计也很独特。

汽车销售顾问：您真有眼光！您想知道为什么方向盘会成为该车的一大卖点吗？

客户：不知道，为什么？

汽车销售顾问：……（全方位展示方向盘）

训练 2：展示发动机

汽车销售顾问：您好，我是这里的销售顾问小李，欢迎您的到来。准备要看什么样的车？

客户：随便看看。

汽车销售顾问：先生，看来您对这款车非常有兴趣。

客户：发动机是在哪里生产的？

汽车销售顾问：看来您很专业！一般首先问到发动机的朋友都是汽车方面的专家。

客户：哪里啦，只是知道一点。

汽车销售顾问：我们这款车的发动机是德国原装发动机，动力性非常的卓越。不过，我想请教一下，您之前接触过这款车吗？

客户：在网上看过，还没有见过实车。

汽车销售顾问：那您有没有接触过其他同级的车呢？

客户：我刚从隔壁的展厅过来，听他们介绍过××款车，相当不错，特别是发动机。

汽车销售顾问：这么说，如果今后您要买车的话，发动机是您首先考虑的问题啦？

客户：以前开过××牌的车，对该车的发动机印象比较深。

汽车销售顾问：这样看来，您更是一个汽车方面的专家，××牌的车不错，如果您准备自己投资买车的话，会考虑那款车吗？

客户：当然，如果有发动机比那款车更好的，我当然会考虑。

汽车销售顾问：那咱们一起看看这款车的发动机吧。

客户：好吧。

二、综合技能训练

每 3～4 人一组进行车辆展示训练。一人作为销售顾问，其余扮演客户；然后互换角色训练。

人　员	车辆展示训练内容	训 练 要 求
销售顾问 1 名；若干名客户	车辆展示流程 车辆展示方法 车辆展示技巧	掌握车辆展示的标准流程 掌握车辆展示的不同方法 掌握车辆展示的技巧

三、技能迁移训练

（一）技能训练

以小组为单位，选择某产品，分别用 FABE 法、构图讲解法、道具演示法进行产品展示；然后在班里交流，同学们互相点评，最后由教师点评。

（二）案例分析

一次成功的销售

印刷用品公司的推销人员弗兰克已约好去见某印刷公司的生产部经理波恩。

弗兰克：早安！波恩先生，今天早上承蒙接见，甚感荣幸。我知道您的工作很忙，时间安排得很紧凑。对了！我在报纸上看到有关贵公司的报道，业绩超越最近五年，这一定归功于您的经营方向正确、领导有方，相信一定有很多人都在谈论贵公司的管理。

波恩：是的，我们对公司的业绩感到很欣慰，那不是轻易得来的。本公司和其他公司一样，也有我们的问题。

弗兰克：贵公司有哪些问题呢？

波恩：最主要的问题是印刷时机器停顿的时间太长。

弗兰克：造成机器停顿的原因是什么呢？

波恩：原因之一是本公司购买的湿滚筒质量太差，不只是向您的竞争厂商 Ajax 购买，同时也向贵公司购买。这些滚筒都不耐用，接缝处有撕裂的痕迹，绒布上沾有油墨，有谁知道还有其他原因没有？

弗兰克：我了解您的感受，很高兴您把这些问题告诉我。直到最近为止，这一直是业界相当普遍的问题。这也是我今天来拜访您的原因之一。本公司最近开发了一种崭新且现代化的 3-Plate 湿滚筒，如果使用它，您刚才所提的这些问题就不会再发生了。您听说过这种新产品吗？

波恩：尚未听说过。

弗兰克：我想您应该认识第三街 Paragon 印刷公司的 Fred Filbert 吧，您认为他的作业方式和贵公司的作业方式相同吗？

波恩：是的，大部分都相同。

弗兰克：上个月我和 Fred 讨论时，他告诉我，他的湿滚筒表面的平均寿命才 16 小时，因为强烈的碰撞、起泡、解开等动作，平均每次换班时都得更换表面，此时机器就要被迫停顿了。这就是您所遭遇到的问题吗？

波恩：是的，正是如此。

弗兰克：大约在 4 个星期前，经过我的建议之后，Fred 决定试用 3-Plate 湿滚筒。后来，他发现减少了强烈碰撞、起泡、解开等动作。1 个月以后，他的第一个湿滚筒仍然在使用。因为无须更换表面，所以减少机器停顿的时间，节省的时间足够支付

3-Plate 湿滚筒的费用了。

波恩：不错，这是我常听推销人员说的老一套。这种新产品的价格一定很贵吧。

弗兰克：让我把这个问题说清楚之后，再来讨论价格吧！坦白说，3-Plate 湿滚筒是一种革命性的新产品，潮湿的表面是一个崭新的观念，它是一个完整的圆柱形，尤其是含有坚固的纤维管，完全没有接缝，可消除您所遭遇到的问题。其实，3-Plate 湿滚筒确实要比干滚筒更坚固，您曾经使用过纸套筒吗？

波恩：当然用过，纸质比布质便宜多了。

弗兰克：纸质的单价可能比较便宜，但就长期而言，比布质更昂贵。例如，3-Plate 套筒不会像您所使用的纸质套筒那样有裂缝、会伸张、会收缩。

波恩：安装又如何呢？

弗兰克：我为您准备了一份，让我们到您的机器上去试试。

他们朝着机器的方向走去，并叫来一名机器操作员。

波恩：您看，装套筒就是这么容易，只要把它置于滚筒上就可以了。您为何要使用构造复杂或有许多控制装置的套筒呢？像这种套筒，它丝毫没有改变湿印刷机的基本设计。这种套筒的单价虽然贵一点，但是当您要改变印刷颜色时，无须清洗，实际上是节省了不少费用；印刷中遇有短暂的停顿时，也不会像纸张一样变得干燥。为何不把我们公司所赠送的套筒装到您的印刷机上呢？让我们再回到办公室去吧，那里要安静得多。

他们一起回到波恩先生的办公室。

弗兰克：现在让我把 3-Plate 湿滚筒的优点做一个总结。首先，它可使印刷清晰，而且绝对不会留有絮状的纤维；其次，改装印刷颜色时，无须清洗或更换套筒；再次，工作进行中，不会产生任何形式的痕迹；最后，无须重新准备或调整。您可能会担心成本问题，但使用 3-Plate 套筒之后，无须使用酒精或其他特别溶液，也无须花费清洗费用，曾经使用过这种套筒的人都发现 3-Plate 套筒比他们以前所使用的任何套筒都经济。

当然，最后的结果是波恩买了这种 3-Plate 湿滚筒机器。

问题：

1. 运用 FABE 法，分析弗兰克成功的原因。
2. 如果你是弗兰克，你会怎样做？
3. 尝试一下，能否还可以用其他方法推销成功？

情境五

试 乘 试 驾

案例引入

场景：三菱汽车的展厅内，一名推销人员在用六方位介绍法向客户展示三菱帕杰罗的时候，他打开发动机盖后，开始向客户介绍发动机的形式，同时有意识地引导客户主动提出试乘试驾的要求。

推销人员：王先生，您请看，这款车采用的是六缸直列的形式，同时用到了三菱公司最先进的缸内直喷技术，这种技术在国际汽车业都是处于领先地位的，节气门用的是电子控制，较一般汽车上用的电子控制燃油喷射要有很大的优势。

王先生：技术方面我就不太懂了，你就帮我说说实际开起来后有什么好处吧。

推销人员：那我先用语言为您陈述一下，但我想大多数的车主都是要通过亲身体验，也就是试乘试驾后，才能感受到它的好处。这种形式的发动机动力性极强，适应不同路面状况，在市区内驾驶就更加游刃有余了，坐在里面会感受到它无论从起步时的加速性还是长时间行驶，都会很轻松，一脚油门下去，不会有太多阻力。

王先生：那您就尽快帮我安排试乘试驾吧，让我亲身感受比较一下。

任务背景

试乘试驾是在汽车销售中，让客户在汽车经销企业控制的场内或场外的公路上亲自乘车驾车的体验。通过试乘试驾，往往能挖掘潜在客户的购买需求，帮助犹豫不决的客户下定决心购买。一般能来试乘试驾的客户都是有购车意向的人。通过试乘试驾活动，能把有购车意向的人直接邀请过来亲身体验车辆的性能，效果远远大于守株待兔。对于那些犹豫不决的客户，推销人员在做好前面车辆介绍的基础上，通过客户身临其境的试乘试驾再一次向客户介绍车辆的各方面的性能，能起到事半功倍的效果。为使客户真正意识到拥有该车将带给他的利益，最有效的方法之一就是给客户提供试乘试驾的机会，这是许多客户最终被征服的关键阶段。

任务目标

通过试乘试驾使客户对汽车有真实直观的接触和了解，客户也只有在试乘试驾的过程中才能决定这款车到底适不适合自己。做好试乘试驾的目的是激发消费者的购买欲望，是在满足客户需求的同时使推销人员保持稳定的销量。具体来说，任务目标包括：做好试乘试驾的准备工作；掌握试乘试驾的流程；掌握试乘试驾后所要完成的工作；掌握试乘试驾过程中各阶段的技巧。

任务实施

一、明确试乘试驾的目的

相对于车辆展示与介绍，试乘试驾则是客户对汽车真实直观的接触和了解，客户也只有在试乘试驾的过程中才能决定这款车到底适不适合自己。尤其是车辆的动力性、提速能力，以及倒车雷达、隔音及音响效果等，单凭口头介绍是苍白无力的。让客户在试乘试驾的过程中亲自体验，是最终促使客户下决定购买的最有效手段。

仅仅凭借推销人员的口头介绍，往往很难让客户有切身的体会，只有通过试乘试驾才能让客户真正感受车辆的驾驶乐趣，才能真正建立起客户对商品的信心。试乘试驾能够充分调动客户的触觉、听觉、感觉等机能，从而全面体验驾驶的感受，更加感性地认识车辆，并最终激发起购买的欲望。

总的来讲，试乘试驾的目的是最终激发消费者的购买欲望，具体讲有以下几点。

1. 消除客户的顾虑

试乘试驾能够针对客户的关心点，演示汽车配备的动态特性，如客户关注发动机的动力性能，在试乘试驾时，可以让客户体验虽然该车只是2.0的排量，但其输出功率达到了108kW·h，输出扭矩达到了200N·m等，由此进一步强化客户的购买信心，进一步增强客户对产品的信心和购买欲望，让客户体会“拥有”的感觉，让客户在试驾结束时迫不及待地要拥有这把钥匙，顺利导入报价成交阶段。

2. 帮助客户获得产品体验

通过详细与深度的产品介绍→静态感观→亲自操控或乘坐感受，能够带给客户关于车辆最直接、全面的感观冲击和真实的细节体验。

3. 带来品牌宣传效应

无论是目标客户，还是舆论领袖或传媒工作者，一次有效的试乘试驾将带来正确的认识+产品的好感+正面的舆论扩散。

4．影响购买意愿

通过试乘试驾过程的巧妙设计和引导，体验者大多会对所试乘试驾的车辆留下良好的印象和感受，这是影响购买决定的重要因素之一。一次有效的试乘试驾将带来真实的印象+实际的体验+购买的冲动。

5．促进销售提升

试乘试驾，是有效的媒体推广和销售促进手段，同时能借此机会获取目标客户线索和其对车辆的关注重点，并在试乘试驾活动中稍加引导或跟踪，便能有效促进销售的达成。

试乘试驾的过程也是一个商品介绍的过程，推销人员可以通过对客户试乘试驾的感受和评价，了解客户对车辆的认知度和对车辆最感兴趣的地方、不满意的地方及总体的评价等，从而在接下来的销售过程中有针对性地进行商品说明。另外，推销人员也可以结合试乘试驾前客户对车辆的了解，以及客户关心的问题，有针对性地在试乘试驾过程中进行讲解，让客户亲身体验，消除客户的顾虑，增强购车信心。

二、做好试乘试驾前的准备

推销人员应在展厅或停车场显眼的位置上，设置“欢迎试乘试驾”的指示牌，以此吸引客户试乘试驾；推销人员也可以在商品说明之后，主动邀请客户试乘试驾；如果经销店没有条件，也可以利用周六、周日的时间组织试乘试驾会，集中组织试乘试驾车辆，邀请客户集中试乘试驾，并举办一些活动进行配合。不管在哪一种情况下，汽车销售顾问都要做好试乘试驾前的准备工作。汽车销售顾问在陪伴客户试驾前，需要准备好文件、车辆，安排好路线。

（一）文件准备

试驾前需要准备的文件有试驾预约记录表、试驾登记表、试乘试驾协议书等。试驾预约记录表如表 5-1 所示；试驾登记表如表 5-2 所示；试乘试驾协议书如表 5-3 所示。

表 5-1　试驾预约记录表

序号	客户姓名	性别	电话	工作单位	试驾车型	试驾时间	试驾协议书同意与否	里程/km	流程状态

表 5-2 试驾登记表

试驾车辆型号			车辆底盘号			投入使用日期	
颜色		变速箱类型	发动机号			计划更新日期	
序号	试车日期	试车目的	千米数起止		客户姓名	销售顾问	备注（购买意向等）
			起	止			

表 5-3 试乘试驾协议书

试乘试驾协议书

尊敬的客户：

您好！为了让客户能亲身体验该品牌车型的舒适、安全及整车的操控性能和优异配置，特将乘试驾有关事宜向您告知，请您仔细阅读。

一、试乘试驾前，驾驶人员请检查车辆内外的清洁、卫生，并检查车辆是否处于良好状态。

二、驾驶人员在车辆中禁止吸烟及吃零食。

三、您需向我公司保证您本人具有两年以上的驾龄，并持有正式的驾驶证件，且身体健康无重大疾病，适合进行试乘试驾，并能够安全行驶，文明试车。

四、您在试乘试驾期间应当遵守《道路交通安全法》、有关道路规章制度和我公司规定的试乘路线，不得违章行驶，否则我公司销售顾问有权视情况终止此次试乘试驾。

五、试乘试驾完毕后，您所交回的车辆应当完好无损，没有发生任何碰撞、刮擦等事故，否则承担修复所需一切费用。

试乘试驾车型登记表：

试驾车型		试驾地点	
试驾车号		试驾时间	
驾驶证号		电话/手机	

以上内容我已仔细阅读过，并无异议，且能保证我提供的一切资料真实合法。

车辆提供单位：（盖章）　　试乘试驾人：（签字）　　试乘试驾日期：

（二）车辆准备

试驾前，汽车销售顾问要选择客户喜欢的车型，如果无法完全符合，需尽量挑选接近客户确认的要求与愿望的车，并填写试驾车辆检核表。试驾车辆检核表如表 5-4 所示。

表 5-4　试驾车辆检核表

核查日期		千米数		核查人		
车型		牌照号码				
项目	内　　容			合格	不合格	备注
车辆外表	外表漆面是否损伤					
	外表是否清洁、光亮					
	车辆进气格栅缝隙是否清洁					
	雨刷栅板是否清洁					
车辆内装	方向盘、仪表板是否擦拭清洁					
	车内门把手、置物箱、杯架是否擦拭干净					
	脚踏板、车内地毯、后备箱是否擦拭干净					
	内置配备是否松动、异常（如仪表配件、门扣、座椅等）					
配备操作	空调系统是否运作正常					
	音响功能是否正常、收音机是否设定频道、时间					
	仪表显示是否正确					
	燃油存量是否在 20L 以上					
发动机性能	发动机盖是否擦拭干净					
	发动机发动声音是否正常					
	水箱、副水箱、水位是否正常					
	雨水刷是否正常					
	机油量是否正常					
	变速箱油量是否正常					
	动力方向盘油量是否正常					
	路试地盘机能是否正常					
	每周是否进厂调整、维修					
管理	试乘、预约、记录表是否按规定填写					
	试乘车是否放置于户外的特定展示区					

小贴士

推销人员进行车辆准备应注意的问题

对于试驾车辆，汽车销售顾问必须做好检查工作，保证各项功能处于最佳状态。

汽车销售顾问必须使用专门的试乘试驾车辆，检查车辆包括检查发动机、油箱、刹车系统、音响、空调、座椅调节、雨刮器、轮胎等系统是否正常。如发现问题要及时进行调整和维修，确保车辆的各项功能处于最佳状态。每天检查油量，确保油箱内至少有 1/2 箱燃油。

清洁车辆，让客户心情愉悦。清洁试乘试驾车辆，要像清洁展厅展示的新车一样来清洁。整洁的车辆，能让客户心情愉快，使他产生对未来的美妙遐想。

试乘试驾车必须经过装饰。在车身贴上试乘试驾字样，并停放在特定的试乘试驾区，让客户一进公司就能看到，能够引发客户试乘试驾的兴趣，甚至主动提出要求试乘试驾。

试乘试驾车要配备CD、DVD，以便让客户在驾车途中能享受到优美的音乐。

试乘试驾车的证照要齐全，必须是上好车牌的车辆，行驶证、保险卡、养路费、车船税等一应俱全；试驾的车应当保全险。严禁用商品车进行试乘试驾。

对试乘试驾车内进行生活化的布置，让客户感觉更加温馨。比如，放置漂亮的香水座，既美观又能改善车内的空气；加装生活化的座椅套、抱枕、头枕等。对于以女性客户为主的车辆，可以摆放一些公仔和玩具；对于越野车，可以放指南针、坡度仪、导航仪。这样，一方面能够让客户将车辆与生活联系在一起，使他产生更多的联想，产生购买欲望；另一方面也为车辆成交后的精品销售打下基础。

（三）路线准备

汽车销售顾问要规划好试车路线，确保行车安全，注意确保客户有足够时间体验车的性能。

1．试车路段选择的基本要求

试车路段选择的基本要求如表5-5所示。

表5-5 试车路段选择的基本要求

序号	基 本 要 求
1	应选择路长超过1 000米、宽超过4米、车流量较少、平直的路面
2	半径超过20米的场地
3	车流量较少，平直弯道公路
4	越野车路线应选择路况稍复杂的，以便让客户体验到越野车独特的性能和魅力

2．选择有变化的试车路线

销售顾问要选择有变化的试车路线以展示车辆的相关性能（见表5-6），并向客户说明试车路线。

表5-6 展示车辆的相关性能

序号	性 能	内 容
1	加速性能	欲体现车辆更好的加速性能，所选择的路段应该尽量平直，干扰车辆少，交叉路口少，红绿灯少。在平稳加速或急加速前，要有意识地提醒客户注意加速时间、加速距离、最高时速和车辆的推背感等
2	刹车性能	刹车前要确保前后300米左右内没有车辆，道路平直，不要刚刚加速后就立即刹车。刹车前提醒客户注意刹车距离，体会刹车时方向盘的稳定性，关注车辆有无跑偏或甩尾

续表

序号	性　　能	内　　容
3	灵活性和转向性	体验方向盘在打角度时候的轻便性、助力转向的柔韧性及不同速度下转向时的侧倾程度
4	悬挂系统性能	体验过坑凹洼地时的减震效果，乘坐的舒适性
5	操纵性	主要体会换挡的平顺性、转弯时车身的稳定性等(转向系统的性能，方向盘既不要过重也不要过轻)
6	内部的安静程度	驾驶时产生的噪声主要来自发动机及相关部件工作时的噪声、轮胎与路面摩擦时产生的噪声、迎面来风与车体摩擦产生的噪声和车体钢板震动所产生的噪声之和。这些噪声是不可避免的，生产商在车辆出厂前就会考虑到以上因素，从发动机工作规律到车体结构上做改进，以尽量减少驾驶时的噪声

三、试乘试驾中

一切准备工作就绪，把试乘试驾的相关事项向客户说明以后，就可以按照事先设计好的试驾路线出发了。对客户而言，这将是一个紧张而激动的时刻。在这个过程中，推销人员应让客户集中精神对车辆进行体验，避免多说话，让客户通过试乘试驾感觉到满足其需求的商品特性。

（一）客户试乘试驾的心理分析

汽车销售顾问要熟悉客户试驾的心理，以便对症下药。客户试驾的心理状态主要有 3 种，具体如表 5-7 所示。

表 5-7　客户试驾的心理状态

序号	状　　态	内　　容
1	客户希望汽车销售顾问给出参考意见	试驾过程中，客户希望有汽车销售顾问的陪同，这样可以随时获得信息，以便正确操作
2	客户希望乘坐多辆车	为了扩大挑选的范围，客户希望乘坐多辆车，以便发现最适合自己驾驶的车辆
3	客户喜欢独自欣赏	客户希望随同的汽车销售顾问保持安静，以便独自体会驾车的乐趣

（二）向客户说明试乘试驾的相关事项

在试乘试驾时，推销人员要向客户说明试乘试驾的相关事项。试乘试驾的相关事项如表 5-8 所示。

（三）客户试乘

1. 客户试乘体验的目的

客户试乘体验的目的主要有 4 个，如表 5-9 所示。

表 5-8　试乘试驾的相关事项

序号	相关事项
1	向客户说明试乘试驾的流程，告知客户先试乘再试驾，并配合推销人员进行调查
2	向客户说明试乘试驾的路线，告知沿途的道路状况和交通管制情况，请客户严格遵守
3	检验客户的驾驶证并复印存档，每台试乘试驾车上应有“欢迎参加试乘试驾”文件（含路线图、注意事项、登记表、同意书），便于客户确认
4	向客户简要说明车辆的主要配置和操作方法，如说明自动变速箱、排挡锁的使用方法，说明灯光和仪表灯的使用方法，说明座椅、方向盘的调整等，以便保证工作的安全性
5	了解并确认客户驾驶经验。如果客户没有驾照或缺乏驾驶经验，要请他们提前申明可以由推销人员来完成本次驾驶，客户坐在车内感受（试乘）。推销人员要用婉转的话语请客户谅解

表 5-9　客户试乘体验的目的

序号	主要目的
1	展示车辆出色的动态性能，激发客户的购买欲望
2	使客户熟悉车辆的配置和操作，为试驾做准备
3	更加充分顺畅地与客户沟通，了解更多的客户信息
4	树立专业销售顾问的形象，赢得客户信赖

2. 对推销人员的要求

1）尊重客户感受，以舒适示范为主。

2）透过客户试乘完整介绍产品的所有特点。

3）演示产品重点，引起客户兴趣。

3. 客户试乘的主要任务

推销人员首先请客户先试乘，由推销人员驾驶。这一阶段的主要任务如表 5-10 所示。

表 5-10　客户试乘的主要任务

序号	主要任务
1	让客户熟悉路况，为接下来的顺利试驾做好准备
2	推销人员在驾驶的过程中要向客户讲解此次试驾的主要内容，让客户了解在什么地方试加速性能、什么地方试刹车性能、什么地方试转向、什么地方体验悬架系统、什么地方感受静谧性等。这样在接下来的客户自己试驾的过程中，客户就知道应该试什么内容，在什么时候试，一方面提高了试驾的效果，另一方面也提高了试驾的安全性
3	推销人员在驾驶的过程中要注意提醒客户体验乘坐的舒适性，并通过自己边驾驶边介绍，让客户对车辆有进一步的了解
4	推销人员驾驶车辆时，要依据车辆行驶的状态进行车辆说明，全面展示车辆的动态特性，让客户有更加切身的感受

4．介绍产品的要点

客户试乘中，推销人员要向客户介绍汽车产品的要点，如表 5-11 所示。

表 5-11　介绍汽车产品的要点

序号	状　态	内　容
1	外观欣赏	外观设计风格、车身的造型与颜色、车体钢板厚实、漆面光滑亮丽、五门掀背功能
2	开启车门欣赏	前后车门开启角度大（尤其是后门）、车门厚重安全、车窗宽阔视野好（尤其是后门三角窗向后延伸）、后门窗能全部降下来、车门槛宽大刚性好、关门声音厚重饱满
3	车内空间和布局	座椅调整便捷，安全带、后视镜、方向盘调整便捷，头部腿部空间宽敞，仪表台布局典雅，仪表板显示鲜明
4	启动后	点火启动发动机声音沉稳，怠速情况下发动机安静无抖动

5．推销人员与客户交流的要点

1）不断询问客户的感受，了解客户的真实想法。

2）鼓励客户提问，明确客户的关注点。

这样做，一方面可以为试驾时的介绍制订方案，另一方面便于寻求客户的认同。

小贴士

客户试乘中应注意的问题

在试乘的过程中，推销人员要尽量将驾驶过程中能涉及的部件功能及怎样使用讲解清楚，不要以为自己懂了，每位客户就都懂。宁可先详细地讲，也不要草草只说几句。如果遇到小孩子好动，应该用委婉的话语让小孩子不动手操作。

在试乘试驾的过程中，为了营造良好的气氛，可以在车内的音响系统里准备不同类型的 CD。而且，在出发前就将悠扬的音乐播放出来，作为试驾的背景音乐，这样效果会更好。

（四）客户试驾

1．换手

推销人员结束试乘线路示范，让客户亲自试驾。试驾前的准备工作如表 5-12 所示。

表 5-12　试驾前的准备工作

序号	状　态	内　容
1	要求	按试乘试驾线路于中途适当地点换手（或回展厅院内） 注意上下车安全问题 提示客户做好试驾前准备

续表

序号	状　态	内　容
2	操作指导	行驶一段距离，到达预定换乘处，选择安全的地方停车，并将发动机熄火，取下钥匙，由推销人员自己保管；引导客户坐到驾驶座上，帮助客户就座，并请客户将座椅调整至最佳位置，帮助客户调节座椅的高矮，注意不要碰到车顶，避免客户对“头部空间小”发生抗拒；确保客户乘坐舒适 推销人员上车后再将车钥匙交予客户 提醒客户调整后视镜、系好安全带 请客户亲自熟悉车辆操作装备 推销人员请客户再次熟悉试车路线 再次提醒安全驾驶事项

2．介绍要点

1）在做产品介绍时就应强调车身设计的特点及其可能给客户带来的感受。要点介绍见“案例阅读 5-1”。

2）变速箱的好坏不在于挡位的多少，而是要看换挡时是否平顺（没有换挡冲击）和与引擎的匹配程度，是否能将引擎的动力完全发挥出来。

案例阅读 5-1

成功地介绍汽车要点

汽车推销人员：来，您自己亲自试一下，您更会感觉这是一款非常优秀的车，同时正是您想要买的那款车。这是带防盗功能的钥匙，只要轻轻一按这个键，车门就会解锁。

客户：是很方便。

汽车推销人员：您试着开关一个车门，听一下声音是不是很厚重？

客户：确实是。

汽车推销人员：只有车的档次够，才会有这样的声音，听起来是不是很动心？您再试一下车门开启后的自动关闭功能，您会发现只要轻轻一推车门边缘，无须用力就会自动关好，这可是同级车中唯一的。

客户：的确不错。

汽车推销人员：来，您坐到驾驶座上，自己调节一下这款电动座椅。对，就这样！很正确！共有 10 个方向可以调节。这应该就是您要买的那款车应该配备的座椅吧！

客户：是。

汽车推销人员：再感觉一下这款座椅的包裹性，是否感觉到整个身体都被座椅牢牢地包裹起来。您也知道，只有高档车才会有这种感觉！

客户：不错。

汽车推销人员：现在，您可以把钥匙插进锁孔，右脚踏紧刹车踏板，开始启动电门。请注意再听一下发动机的声音，再次感受一下这款性能优异的发动机给您带来的快感。

客户：油门反应时很灵敏。

汽车推销人员：您试着加大油门，体验一下提速的感觉。看一下推背感觉如何？

客户：提速还真快，推背很强。

汽车推销人员：这正是您要找的那种感觉吧？

客户：没错。

案例中，汽车推销人员充分调动了客户的"听觉"、"触觉"、"感觉"、"味觉"、"视觉"，帮助客户发现汽车产品的卖点与客户未来投资利益之间的关系，强化了客户的占有欲望。

3．试驾测试项目

销售人员要在不同的路段有针对性地提示客户感受其关注的配置状态特征和优点，如 U 形路段过弯、紧急制动（ABS+EBD）、连续弯路过弯（ESP+视野开阔）、直线加速、车内的舒适装置等。同时，要讲该车的设计和性能给客户带来的好处。试驾的过程对于客户来说是一个比较兴奋的阶段。这个阶段，如果准备得充分，可能很快就可以帮助客户下定购买的决心。让客户通过试驾获得亲身的体验和感受，加上推销人员全面的讲解与热情诚恳的服务，必将起到意想不到的积极作用。

小贴士

客户试驾时推销人员应注意的问题

推销人员要帮助客户观察路况并给予必要的提醒。

推销人员一定要在客户的视线范围内换到副驾驶座，避免出现危险。换位后，不要让客户急于启动，要协助客户调整座椅、内外视镜、方向盘、空调的温度，以及音响的选曲和音量等。推销人员还要确认客户乘坐的舒适性并协助其系好安全带、关闭手机等。

推销人员要仔细倾听客户的谈话，观察客户的驾驶方式，发现更多的客户需求。

在客户驾驶的过程中，推销人员的话要少一些，让客户自己去体验，但推销人员不是什么都不用做，而应该提醒客户体验的重点。总体来说，在客户驾驶汽车的时候，推销人员应尽量保持安静。

让客户实验不同的操纵方式，最好地展示车辆的质量。

不要出现不信任客户的动作。

当客户在驾驶过程中有危险动作时，推销人员要及时、果断地请客户在安全地点停车，向客户解释安全的重要性，获得客户的谅解，并要求客户由试驾改为试乘，由推销人员驾车返回经销店。

推销人员要耐心向客户解答问题，允许客户熟悉车辆，缓解驾驶的恐惧心理。尽管在试乘试驾之前，推销人员在车辆介绍和试驾前准备工作里都已经为客户做了详尽的解释，但只要一上路，由于客户驾驶的恐惧心理，客户就会提出很多问题。这是个好现象，因为推销人员希望的是互动式的交流，这样可以进一步了解客户的需求点。

在解答客户的问题时，要保持驾驶的稳定，回答问题的时候不要敷衍了事，不要因为刚才自己已经说过了、客户又问而感到厌倦。如果客户的问题是因为刚才自己忘记提及，可以先夸客户有见解，对车辆熟悉，是个专家级的客户，然后再给予解答。如果恰巧碰到了自己也不能马上回答的问题，尽量不要回答“这个我也不太清楚、不知道”之类的话，而应该说“这个问题太专业了，稍后回公司我马上去问问技术人员”。

试驾结束前，问客户一些能获得积极答案的问题，如您感觉驾驶如何、您感觉驾驶位置设置得如何、您对车辆行驶性能的第一印象如何、车辆操纵性与您预期的一样吗等。

最后，询问客户是否喜欢这次试驾，是否对车辆所有特征感到满意。

4．试驾过程感受要点

客户试驾过程中的配置与性能的感受要点如表 5-13 所示。

表 5-13 试驾过程感受要点

序号	要 点	内 容
1	配置与性能	① 座椅的舒适和安全
		② 安全带
		③ 方向助力（转向灵活性）
		④ 转弯半径
		⑤ 试换挡力的大小及操控的灵活性
		⑥ 离合器是否带助力
		⑦ 刹车性能是否好
		⑧ 看提速性能
		⑨ 试乘后座
		⑩ 听各种状况下车内的静音情况
2	感受	① 清晰的入挡手感（手动、三锥面同步器），液压离合器轻便省力
		② 智能换挡无顿挫感（自排、六挡位）
		③ 起步平顺方向轻，起步防滑效果好
		④ 电子油门反应灵敏
		⑤ 加速性能好
		⑥ 高速行驶方向盘手感重，车无发飘现象，驾驶有信心

续表

序号	要 点	内 容
2	感受	⑦ 蛇形行驶，转向反应精确，悬挂响应性能好
		⑧ 中速大半径转弯抗侧倾能力强（底盘和悬挂）
		⑨ 紧急刹车制动稳定、距离短（四轮碟刹+多重主动安全系统）
		⑩ 舒适（座椅、空调、音响、视野、静音）

四、试乘试驾后

（一）填写试乘试驾评估表

一般情况下，刚刚试驾后的客户的心情都比较激动。这时，推销人员要注意“乘胜追击”，提醒客户进行后续的洽谈工作。

客户试车完毕后，必须将试驾车停放在展厅门口 ，并迅速邀请客户回到展厅，让其坐下来好好休息一下，可为客户倒上一杯茶水，舒缓一下客户刚才驾车时的紧张情绪，并适当地称赞客户的驾驶技术。然后，请客户填写“试乘试驾评估表”（见表 5-14）。客户填写完评估表后，可以适时赠送一些纪念品，这在给客户一个意外惊喜的同时，也给客户留下一个深刻的印象，让客户认同所提供的服务，成交的概率也在无形中增加了。

表 5-14 试乘试驾评估表

评估者姓名			联系电话		
职 业			驾 龄		
业务代表			评估日起		
评估车型			里 程		
类 别	评 价 项 目	评 估 结 果			备 注
		非常好	好	一般	
车辆外观	外形尺寸				
	造型美感				
舒适性	乘坐舒适性				
	驾驶座椅舒适性				
	音响效果				
	空调效果				
	轮胎及胎噪				
操纵性	仪表配色及辨色性				
	驾驶方便性				
	转向灵活性				
	视野				
安全性	驾驶安全感				
	ABS 效果				

续表

类　别	评 价 项 目	评 估 结 果			备　注
		非常好	好	一般	
安全性	倒车雷达				
	安全气囊				
动力性	起步加速				
	中途加速				
汽车内部感受	汽车内饰				
	工艺水平				
	内饰配色				
	内部空间				
	操纵键可控性				
其他	车门进出方便性				
	玻璃升降方便性				
	天窗				
	E 配备				

推销人员也可以建议客户口述评价车的情况，由推销人员执笔填写，然后由客户签字确认。填写的目的在于，趁客户刚试驾完车辆还处于兴奋状态时，取得客户对车辆的认同。推销人员用此表诱导客户给予车辆较高的评价，从而建立信任感，促成交易。

在试驾完毕的所有接触过程中，推销人员应主动询问客户对车辆的感受，并对客户关心或顾虑的问题给予重点说明。推销人员做法示例如表 5-15 所示。

表 5-15　推销人员做法示例

序号	示　例
1	客户在试乘试驾结束后，如果情绪不错，销售顾问判断有签约的可能，就一定要将客户带入展厅，不要让客户找到离开的借口
2	利用客户在这一时间的热情和冲动尝试签约，在展厅内要表现出关怀和热情，要尽量拖延客户在展厅里的时间
3	引导客户回展厅（洽谈区），总结试乘试驾体验，填写《试乘试驾意见表》，适时询问客户的订约意向
4	请客户填写《意见调查表》并询问客户订约意向，利用《意见调查表》让客户不断回忆试乘试驾中的满意点，激发客户的购买欲望
5	在交谈中注意观察和留意客户表现出来的购买信息，就客户的抗拒点适时利用展车再次讲解，促成订约

（二）试乘试驾后 3 种情况的处理

客户试乘试驾结束后，一般存在 3 种情况：一是客户已相信所试驾的车辆符合其要求，对汽车的各项性能感到满意，进而转向协商；二是如果客户提出另外有关产品的问题，这时客户进一步转向产品介绍；三是如果客户有新的要求和想法，还不适应车子给客户带来的感受，这时客户转向咨询。试驾后 3 种情况的处理如表 5-16 所示。这 3 种情况要注意区别对待，汽车销售顾问要采取不同的措施来应对，但是切记不要主动谈论价格。

表 5-16　试驾后 3 种情况的处理

序号	3 种情况	处理的内容
1	客户感觉良好，可以转向协商	这时客户对自己看中的汽车一般没有其他的意见，推销人员可以根据客户所表现出来的成交意愿，趁热打铁，着重强调客户比较在意的特性和优点，以打动客户，促成交易
2	客户还有一些有关产品的问题没有得到解决	这种情况下，推销人员应主动询问客户在驾车的过程中产品还有哪些问题，进一步进行产品的介绍
3	客户有新的要求和想法并转向咨询	这时，客户会找出一些理由拒绝签约。推销人员根据客户所提出的要求和想法帮助解决问题或进行详细的解答，解答之后不妨问一句："那现在您的感觉如何呢？"如果客户对汽车的性能不甚满意，这时解决之道并不在于汽车本身，故无须做无用功，可以转向介绍其他的车型来弥补客户的遗憾

五、试乘试驾中各阶段技巧的运用

对于汽车经销商来说，试乘、试驾既有人力成本，也有车辆磨损、油耗、保养的成本，还有车辆试用过程中潜在的风险成本。既然有这么大的成本，汽车推销人员就更要争取让每次试乘试驾都可以达到尽可能完美的效果，尽可能地促进销售达成。要实现这一点，就要注重试乘试驾各阶段的技巧，这样可以收到事半功倍的效果。

1．试乘试驾前的技巧

汽车推销人员的准备工作直接影响客户试乘试驾的效果。试车之前，推销人员要做好 4 项工作，如表 5-17 所示。

表 5-17　试车前推销人员要做好的工作

序号	应做的工作
1	检查试乘试驾车辆，确保水、油、电正常，确保安全
2	核验客户的身份证件与驾驶执照，复印证件并签订试乘试驾承诺书
3	与客户商量试乘试驾的路线、路况及时间
4	询问客户最想了解汽车的哪些性能及试驾期望

2．选择试乘试驾线路的技巧

有驾驶经验的人大都有这样的感受：在宽敞、顺畅的道路上行驶心情会很愉悦，而在拥堵、嘈杂的主干道上一步一步挪动很容易令人焦躁。因此，一条合适的试乘试驾线路可以让客户心情保持舒畅，进而提升体验的满意度和愉悦感。推销人员选择线路时应注意4点，如表5-18所示。

表5-18 推销人员选择线路时应注意的问题

序号	应注意的问题
1	在安排试乘试驾线路之前，应了解客户平时较为熟悉的路段和路况，作为参考依据
2	试乘试驾线路应尽量避开交通拥堵、人群集中的路段和时段，并实地查看、熟悉路况
3	客户对拟定的试乘试驾线路存在异议时，推销人员应该耐心说服、不能轻易放弃自己熟悉且有把握的路线方案
4	试乘试驾时应先由陪驾人员或推销人员驾车带客户熟悉路况，再由客户亲自试驾

3. 试乘试驾中的技巧

（1）做好试乘试驾前的热身

试乘试驾前，汽车推销人员应先让客户熟悉和了解汽车，这就像体育活动中的热身一样，这能够充分地调动客户的试驾积极性。推销人员可以从3个方面来引导客户“热身”。①品外观。汽车推销人员重点介绍汽车的外观风格、特色、可选颜色，以及车门窗的做工、接缝、厚度、密封性与是否有划痕，不需要向客户报出具体的数据，主要是引导客户去观看、去触摸，形成良好的感官体验。②品内饰。让客户坐到汽车的驾驶位、副驾驶位以及后排座椅上，感受座椅的做工、空间、舒适度、可调节性；让客户亲自试操作仪表盘、中控台、变速器、手刹、储物格、空调等，感受操作的方便性及人性化设计；让客户打开音响，体验音效等。③听发动机。让客户感受发动机在怠速状态时是否平稳、有无不规则的颤动；加大油门，让客户听发动机的声音有无变化、有无金属摩擦声或者沉闷的碰撞声。

（2）针对不同类型客户突出不同的卖点

由于客户的性别不同、购买目的不同、对汽车的熟悉程度不同，在考察一款车时，他们的侧重点也会有所差别。汽车推销人员要根据客户的实际情况和喜好来突出不同的卖点，如表5-19所示。

表5-19 根据客户的实际情况和喜好来突出不同的卖点

客户类型	侧　重　点	卖点介绍示例
女性	外形、安全、便利、储物、空间、内饰、优惠	这款车天生就是为漂亮的女士打造的。您看遮阳板上的化妆镜，您能看出它的两个独特的地方吗？化妆镜上方有一个照明灯光，正好可以打在您的身上，这样您可以更清楚地看到镜子中的自己。这化妆镜有里外两块，上面的这一块是普通的平面镜，用于常规化妆，而推开这一面，下面还有一块凹镜，可以将脸上的局部放大，这样您就不用为了看清脸上的东西而使劲向化妆镜前凑了，您说这样的设计是不是很贴心呢

续表

客户类型	侧　重　点	卖点介绍示例
男性	品牌、驾驶乐趣、汽车动力和驾控性能、新技术	座椅电加热的功能您肯定常见，但我们这款车不但具有加热功能，还有制冷功能，您想想咱们这个城市夏天多热啊，在炎热的天气坐在制冷座椅上是多么舒服啊
初次购车	价格、油耗、维修费用、性价比	这款车的外型很大气，设计很潮流，够气派，可以说是A级车的价格、B级车的价值，而且省油，百公里才8个油，售后服务也非常规范，费用也比同类车要低得多
再次购车	豪华、品位、品牌、他人刺激	这款车的车身长达5米，轴距达3米，绝对称得上是超豪华车，它外形圆润，从内到外都透着完美气质。更值得一提的是，它的内饰近乎是纯手工打造的，目前在国内不超过×辆
熟悉汽车	发动机功率、扭矩、气门、发动机新技术	这款车的发动机连续14年获得“全球十佳发动机”称号，其最大输出功率为185kW/6000rpm，最大输出扭矩为326N • m/4400rpm，它采用的是NICS可变气门控制技术和C—VTC连续气门可变正时智能控制系统
不熟悉汽车	外观、内饰、仪表盘、灯具	您看，这款车的内饰采用的是最温馨大方的米色，这种色调能营造出家居的感觉，阳光自信、典雅大气

（3）把握时机强调汽车的特色

为了安全起见，汽车推销人员在客户的试驾过程中，尤其是在不稳定的路况条件下，不宜长篇大论地向客户介绍汽车的卖点。因此，在试乘试驾过程中遇到红灯、中间休息或者处于平稳路况时，推销人员可以根据实际情况，抓住这些时机来与对方交流试车的体验。客户在试车时，对汽车性能有亲身操作和体验，再加以推销人员的辅助介绍，这会给客户留下更加深刻的印象。客户接触或者使用到某项功能时，也是比较好的交流时机。例如，客户觉得热，则可以打开空调并介绍其性能；客户想喝凉的饮料，可以介绍车载冰箱；客户打开车窗，可以介绍防夹电动窗及天窗等。另外，汽车推销人员把握好时机，赞美客户的车技。只有客户高兴的时候，他才会主动地与推销人员分享试驾的感受。

（4）行驶途中细心提示及提醒

作为陪同试驾人员，汽车推销人员对客户的安全负有重大的责任，因此及时提醒和警示客户的驾驶方式是推销人员的职责。有的客户可能平时就不习惯系安全带，或者喜欢超速行驶，对推销人员的提示也不加重视，这种情况下推销人员也要勇于坚持自己的原则和立场，及时地制止客户过于偏激的驾驶方式，提醒客户以正确的方式驾车，并引导客户去体验每种路况下车辆的性能与特点。

4．试乘试驾后的技巧

试车之后正是客户对汽车印象最深的时候，汽车推销人员应该抓住机会询问客户对试驾车的评价和看法，以判断对方的意向与喜好。客户对车型有问题或异议，推销人员应该及时给予解答说明；客户对车型赞不绝口、喜爱之情溢于言表时，推销人员则可以趁热打铁，试探着向客户发出成交信号，即使客户拒绝了，推销人员也可以用张贴试驾评价的方式来吸引客户驻留，让客户了解一下张贴在墙上的其他客户的试车意见，这样无疑再次加深了客户对该款车型的印象和好感。这个阶段的技巧有：

1）加深客户对试乘试驾体验的印象。客户在购买一款车之前很可能会去多个店进行试乘试驾体验，而客户体验最深刻、最独特的那一家店无疑最有可能赢得订单。因此，要想达成销售，汽车推销人员就应该想方设法地加深客户对试乘试驾体验的印象。比如，鼓励客户在试乘试驾前后进行拍照，让客户把照片带回家；常带笔记本，随时记录客户在试乘试驾途中的评价；条件允许时可以让客户开着试驾车去找家人、朋友、邻居等，他人的赞美和羡慕会大大增加客户的满意度与购买欲望，客户购车的可能性将大大提升。

2）让客户填写试乘试驾意见表。客户对试乘试驾的评价和意见是非常重要的信息：第一，它可以体现客户对试驾车型的满意程度；第二，它可以透露客户在选车时主要的诉求点；第三，它对于以后来选车、购车的客户来说是非常具有说服力的销售工具。

职业知识检测

一、复习思考题

1. 试乘试驾的目的是什么？
2. 试乘试驾前的准备工作有哪些具体内容？
3. 邀请客户试乘试驾，推销人员应做哪些事项的说明？
4. 试乘试驾过程中，推销人员应注意哪些问题？
5. 试乘试驾后，推销人员应完成哪些工作？

二、案例分析

试乘试驾体验后积极征询客户评价

汽车推销人员：张先生，刚刚试驾了一圈，您最大的感受是什么呢？

客户：在高速上那一段感觉特别不错，加速的时候，推背感强烈，能听到发动机的轻微低鸣，再配上音响带来的摇滚乐，那种驾驶快感真是难以形容。

汽车推销人员：是呀，高速上行驶是挺有感觉的，这款车的前麦弗逊后多连杆独立悬挂系统很有欧系运动型轿车的风格，而且多了稳固性和坚实感。我们刚行驶在坑洼路面时，方向盘还会有轻微的跳动，路感很清晰；而在普通路面行驶，跳动感又不会很明显，可以说是收放自如，舒适感和动力性共存，您说是吧？

客户：我在网上查资料的时候，就看到有网友说，这款车最适合我这样的三十而立的人开，该放松的时候这车可以让人放松，该狂奔的时候这车可以跑得比其他车都要野。它还真是这样的一款车。

汽车推销人员：张先生，看来您对车真的挺有研究的。我很想知道，这款车有没有什么地方不太让您满意呢？

客户：油耗太厉害啦，百公里15个油呢，这样的一款车，养起来还真挺费力的。还有就是这款车虽然从外形上看挺大气的，但是车内的空间其实并不大，前排空间还可以，后排空间就有点挤了。

汽车推销人员：您说的是有道理的。这款车的标准油耗在11个左右。今天我们是冒着晌午太阳出去的，一直开着空调，所以油耗高了些。这款车其实空间不能说小，这后排座椅是可以调节的，您看，这样调节一下，是不是显得空间要大多了呢？

客户：唔，这样看起来还不错。

汽车推销人员：您要是喜欢这款车，我们库房还有黑色和红色两种颜色呢。

客户：哦，我不急着买，再看看。

汽车推销人员：张先生，不买没关系，您能试驾我们这款车，并且给出这么多专业的评价，我们已经很高兴了。我们店喜欢将客户们试驾的评价和反映记下来，贴在我们展厅的这面墙上，您介不介意我把您刚才的评价也贴上去呢？

客户：哦，是吗？当然可以了，我也很想看看其他人试车后的感受呢……

分析讨论：

（1）推销人员是如何积极征询客户评价的？

（2）客户是如何评价的？推销人员是如何对待客户的评价的？

职业技能训练

一、单一技能训练

训练1：试乘

汽车销售顾问：买汽车不仅要我们自己开得舒服，其他座位乘坐的感觉也很重要。

客户：那是，肯定不能只考虑自己的感受。

汽车销售顾问：你也不想买辆车回去家人都坐得不舒服吧，正好你自己先试乘一下，那样才是最实际的，对不对？

客户：就是。

汽车销售顾问：最关键的也是为了保证您的安全，让您能更放心地试车，我会先开一遍，让您也熟悉一下整个路线。

客户：好的。

汽车销售顾问：我们领导说过，试乘试驾最重要的是确保客户的安全！这里是一份安全驾驶保证书，您看这里面的条款说的是只要咱们遵守交通规则，所有的责任都由我们公司来承担。您可以在这里签字。

训练2：试顿挫感

汽车销售顾问：对了，张先生，您刚才试乘有没有感到明显的顿挫感呢？

客户：没有。

汽车销售顾问：您知道为什么自动挡的通病这款车却没有吗？

客户：为什么？

汽车销售顾问：其实有两个主要的原因：一是因为我们采用了一个很先进的六挡手自一体变速箱，这个变速箱的重量甚至比普通四挡的还要轻；二是发动机和波箱调校得非常匹配。等一下您亲自试开时，也一定要留意一下哦。

客户：好的，我会的。

二、综合技能训练

每3～4人一组，将试乘试驾的各阶段的要点填到表中，一人作为销售顾问，其余的扮演客户进行试乘试驾的训练；然后互换角色训练。

试乘试驾的各阶段	各阶段的要点
试乘试驾前	
客户到达时	
客户试乘试驾时	
客户试乘试驾后	

三、技能迁移训练

（一）技能训练

用证据来说服你的客户

王亮是某大型百货商场小家电组的吸尘器推销人员。一天上午，一位女士来到他的柜台。王亮心想，今天运气不错，因为根据他的经验，向这样的女士推销成功率较高。

王亮：“早安，女士，我叫王亮，您是打算购买吸尘器吗？我们塞斯公司生产的吸尘器，质量优良，任您挑选。”

女士：“王先生，我忙得很，而且我也不想更换新的吸尘器。”说着，就要离开柜台。

如果你是王亮，你认为下一步该怎么做才能留住这位客户？“事实胜于雄辩”，你如何能让你的准客户相信你说的都是事实？如何使产品展示更具说服力？

请根据表中技能训练的要求，进行训练。

序号	技能训练的具体要求
1	每6名同学为一个团队，团队中每两名同学一组，一名同学扮演王亮，另一名同学扮演女士。然后，再由其他小组轮换习练；
2	扮演王亮的同学尽其所能，力求使产品展示更具说服力，进行各种演示以突出产品的性能，并让客户试着做一下。各小组扮演者可以提出不同的推销方案，扮演女士的同学对王亮的推销方式做出回应
3	其他小组的成员可作为观察者，现场观察双方的推销与回应，并对各由小组的表现进行评价与打分
4	各团队在班里进行交流，同学们互相点评，最后由教师点评。

（二）案例分析

服装产品的体验

比尔来到麦克所在的西装专卖店。

麦克：“先生您好，请问您怎么称呼？”

比尔：“比尔。”

麦克：“您好，比尔，我是麦克，有什么能为你服务的？”

比尔：“我想看看西装。”

麦克：“你穿多大码的西装？”麦克打量着比尔的身材。……请问你所穿的西装通常都是在哪儿买的？”

麦克想借此了解他的竞争对手是谁。

比尔：“近几年来，我所穿西服都是在梅尔兄弟公司买的。”

麦克：“梅尔兄弟公司的信誉不错。”

（麦克从不在客户面前批评竞争对手，他总是说竞争对手的好话或是保持沉默。）

比尔：“我很喜欢这家公司。但是，麦克，正像你说的，我实在很难抽出时间挑选适合我穿的衣服。”

麦克：“其实，许多人都有这种烦恼。要挑选一个自己喜欢、适合自己身材的衣服比较难。再说，到处逛商店去挑选衣服也是件累人的事。本公司有4 000多种布料和式样供你选择。”

麦克强调，买成衣不如定做的好。

麦克：“你穿的衣服都是以什么价钱买的？”

（麦克觉得现在该是提价钱的时候了。）

比尔：“一般都是400美元左右。你卖的西服多少钱？”

麦克："375~800 美元的都有。其中有你所希望的价位，而我们也是具有良好服务的厂商。"

比尔："当然，我最喜欢具有良好服务的厂商，但现在这种有良好服务的厂商越来越少了。我有一件海蓝色西装，是几年前买的，我很喜欢，但现在搁在家里一直没有穿。因为近几年我的体重逐年减轻，这套西装穿起来就有点肥。我想把这套西装修改得小一点。"

（麦克觉得比尔的想法逐渐和自己的想法一致。麦克记住了比尔的话，比尔有一套海蓝色的西装需要修改。）

麦克："比尔，我希望你给我业务上的支持。我将提供你需要的一切服务。我希望在生意上跟你保持长久的往来，永远替你服务。"

（麦克不再犹豫，直截了当地向比尔表示，希望比尔"买他的东西"，并强调能提供良好的服务。）

比尔："麦克，什么时候让我看看样品？"（比尔看了看手腕上的表，向麦克暗示他的时间有限。）

（比尔想看麦克的样品，麦克虽然准备了很多样品放在包里，但他还不打算拿出来，他想做进一步的询问，希望了解比尔的真正需要。因为他知道在了解比尔的真正需求以后，才是拿出样品的最佳时机。）

麦克："你对衣服是否还有其他的偏爱？"

（麦克想知道比尔对衣服的质量和价格的看法。）

比尔："我的西装都是梅尔兄弟公司的，我也希望拥有其他品牌的西服。"

麦克："梅尔的衣服不错。比尔，以你目前的商业地位来说，海蓝色西装很适合你穿。你有几套海蓝色的西装？"

（由于比尔没有主动说出他所拥有的西装，麦克只好逐一询问比尔的每一套西装。麦克想了解比尔的真正需求。）

比尔："只有一套，就是先前向你提过的那一套。"

麦克："比尔，你还有其他西装吗?

比尔："我有一套灰色西装，很少穿。其他就没有了。"

麦克："我现在拿出一些样品给你看。如果你想到还有没提到的请立即告诉我"。麦克边说边打开公文包，拿出一些样品放在桌上。

（到目前为止，麦克一直以发问的方式寻求比尔真正的需要，同时也在发问中表现出了一切为客户着想的热忱，使比尔在不知不觉中做了很好的配合，创造了良好的谈话气氛。）

问题：

1. 麦克每问完一个问题，为何一定要等比尔的回答?

2. 试分析麦克的推销与我们常见的推销有何不同?

3. 请说明这个案例给你的启示是什么?

情境六

成交与签约

案例引入

某汽车销售店的推销人员小刘接待了一位购车意向很不错的客户，从接待、洽谈、产品介绍到替客户排忧解难，整个过程中客户都比较愉快，也比较满意，但就是到了关键时刻，他没有主动地抓住机会向客户提出购买的建议，而是由着客户把话题转到了与销售不相干的问题上，当客户一支烟即将吸完的时候，接到了朋友打来的电话，要他马上回去"救火"，就是俗话打麻将三缺一。这位客户对推销人员小刘说"明天再说吧"，就急匆匆地走了。结果是这位客户没有到小刘所在的销售店购车，而是在他那个打麻将的朋友的介绍下，去了另一家同品牌的销售店购买了相同的车辆。

问题：

1. 推销人员小刘是否识别到了客户的购买信号？成交信号有哪些？
2. 推销人员小刘应该如何向客户提出购买建议？
3. 促成交易的策略有哪些？本案例中可以用到哪些促成交易的策略？
4. 促进成交的方法有和技巧哪些？本案例中可以用到哪些方法和技巧？

任务背景

在汽车销售过程中，成交与签约是一个独特的阶段。它是整个销售工作的最终目标，其他的销售阶段只是达到销售目的的手段。换言之，其他销售阶段的活动都是在为最终成交准备条件。只有到了成交阶段，客户才决定是否购买所推荐的汽车。因此，成交与签约是销售过程中最重要、最关键的阶段。没有成交，推销人员所做的一切努力都是徒劳。一个优秀的推销人员应该具有明确的销售目的，并千方百计地促成交易。

在这个阶段中，处理客户的异议是最重要的，虽然异议贯穿于销售的整个过程。但是如果客户的异议在这个阶段还得不到解决，就很难促成交易，而只有客户的异议得到解决，才有利于成交与签约。这个阶段，推销人员还要善于识别购买信号，运用促成交易的方法和技巧，最终成交和签约。

任务目标

推销人员做好这项工作的目的就是签约。具体来讲，任务目标包括：熟练掌握成交签约的流程；熟练掌握处理客户异议的方法；会准确判断客户购买信号；会运用促成交易的方法和技巧；熟练掌握签约的注意事项。

任务实施

一、与无异议的客户达成交易

客户在试乘试驾之后，对汽车便会有进一步的认识。此时，汽车销售顾问可以寻找适当机会报价和达成协议。

1. 询问客户意向

汽车销售顾问要询问客户是否有购买意向。确认客户购买意向的几个方面如表 6-1 所示。

表 6-1　确认客户购买意向

序号	流　　程
1	确认客户所购车型，以及保险、装饰、按揭、上牌等代办意向
2	客户有时不能准确意识到自己的其他需要（如装潢），汽车销售顾问应该提醒客户并讲解其带来的好处
3	根据客户需求填写报价单（见表 6-2），并给予讲解
4	客户对报价有异议时，不要忙于首先提出任何折价，否则有损于产品及公司的形象，还会失去主动权，不利于下一步的价格谈判，同时会使客户寻求更多的折扣
5	询问对报价不满意的原因，并耐心解释，强调本 4S 店的产品优良、信誉良好、服务完善
6	进行适度压力推销，如车颜色短缺、懂车的人都喜欢这款车型、近来这款车型数量走得快、当天提车可以享受优惠等

2. 与客户达成交易

客户对价格无异议时，推销人员要及时提出成交要求。成交要求如表 6-3 所示。

3. 履约与余款处理

一旦成交，推销人员需要提出成交后的相关事宜。成交后的相关事宜如表 6-5 所示。

表 6-2　报价单

购买车型		颜色			台数		
应付款	车价		装饰件				
	购置附加费		序号	项目	数量	单价	总价
	上牌照费		1	真皮座椅			
	保险费		2	地板革			
	改装、装饰费		3	挡泥板			
			4				
	合计①		5				
应付预订金②			6				
余款	合计①+②		7				
	现付		8				
	按揭		9				
各种税费	购置附加税		10				
	车船使用税		合计				
	养路费		按揭				
	上牌相关手续费		车价				
			首付比例				
	购置税费合计		首付款				
保险明细	第三者责任险		货款金额				
	车辆损失险		按揭年限				
	全车盗抢险		利率				
	车上人员责任险		月均还款				
	车身划痕险		总利息				
	玻璃险		备注：				
	自燃险						
	不计免赔险						
	保险费合计						
谢谢！祝您购车愉快！							

表 6-3　提出成交要求

序号	流　　程
1	客户所购车型无现货时，填写“购车协议书”（见表 6-4），交预订金
2	有现货时，请客户验车、确认
3	准确填写“购车协议书”中的相关内容，并协助客户确认所有细节
4	将车送至车间，请机修工进行“交车检查”有关项目的检测
5	带客户办理付款手续（包括车款、装饰费等）
6	说明交车时间、所需手续和文件，以及可提供的特殊服务
7	代办上牌、保险等各种手续

表 6-4　购车协议书

购车协议书

售车方：　　　　　　　　　　签订日期：__________

客户：__________　电话：__________　手机：__________

车型：__________　颜色：__________　购车方式：□现款　　□按揭

售价：人民币____________________（￥__________元整）

备注：

销售顾问：__________　　　　销售经理：

预订金：____________________　收到余款：____________________

出厂编号：__________________　发票客户名：__________________

身份证/企业代码：__________　客户地址：

代办上牌（客户签署确认）：

说明：

1．交车时间：以购车全款到达售车方账上后交车。

2．交车地点：售车方展厅。

3．客户对所购汽车的数量、外观、品种、颜色、规格有异议的应在验车当场提出，经售车方确认后予以处理；未提出异议，视为符合约定。

4．经客户同意情况下，售车方无偿为客户提供代办上牌服务，客户承担办理费用。代办期间如发生外部原因造成的车辆交通事故或其他车辆损伤，售车方将予以协助进行保险理赔及修复。如属售车方原因造成上述问题，售车方须无偿给予修复，但客户不能因此向售车方要求退车、换车或索取其他额外补偿。

5．客户将享有“车辆保养手册”中所规定的保养、保修等售后服务的权利。上述售后服务售车方保证将按×××公司的要求和规定执行。

6．本协议一式两份，经客户、售车方代表签字后，开始具有法律效力。双方各执一份。

本人或本公司认同上述陈述签字确认

客户：　　　　　　　　　　　售车方代表：

年　　月　　日　　　　　　　　　年　　月　　日

表 6-5　提出履约与相关事宜的安排

序号	流　　程
1	销售顾问确定客户预订车辆已到，提前通知客户准备余款，并确定补交时间
2	销售顾问跟踪确认直至客户完成交纳款
3	若交车时间有延误，第一时间通知客户，说明原因并表示道歉，获得客户的谅解
4	重新协商交车时间，客户确认

二、与有异议的客户达成交易

（一）处理客户异议

我们把客户提出的不同购车意见或反对意见称为购车异议。客户有异议是汽车销售过程中的一种必然现象。汽车销售的成交往往是从被拒绝开始的。有购车异议说明客户有兴趣，汽车销售顾问应该欢迎和鼓励客户提出真实的异议，并认真分析客户异议的根源所在，从而采取适当的方法和策略来妥善处理客户异议，以提高客户的满意度和忠诚度，树立企业和个人的良好形象。

1. 异议的类型

客户异议既是汽车销售的障碍，也是卖车的契机，如果能够妥善处理、赢得客户信任，则可以转化和增强客户的购车动机。

汽车销售顾问应认真辨别客户提出的异议类型，并对这些类型采取有针对性的行动。一般将异议的类型分为 3 种，即真异议、假异议和隐藏的异议，如表 6-6 所示。

表 6-6　异议类型

序号	异议类型	采取的措施	内　容
1	真异议	立刻处理	当客户提出的异议是偏于他关心的重要事项时，汽车推销人员应立刻处理
			异议必须处理后才能继续进行销售说明时，汽车推销人员应立刻处理
			处理异议后，能立刻要求订单时，汽车推销人员应立刻处理
		延后处理	对权限外或确实不确定的事情，要承认无法立刻回答，但保证会迅速找到答案，汽车推销人员可以延后处理
			当客户在还没有完全了解产品的特性及利益前，提出价格问题时，汽车推销人员可以延后处理
			当客户提出的异议，后面能够更清楚地证明时，汽车推销人员可以延后处理
2	假异议	假异议通常可以分为两种：一种是指客户找借口，或用敷衍的方式应付汽车销售顾问，目的是不想将自己的需求告诉汽车销售顾问；另一种是客户提出许多异议，但这些异议并不是他们真正在意的问题	
3	隐藏的异议	隐藏的异议是指客户并不把其真实异议说出来，其目的是要借此达成隐藏异议解决的有利环境	

（1）真异议

真异议是指客户认为目前没有需要或对汽车销售顾问销售的产品不满意的异议。对于客户的真异议，可以采取立刻处理和延后处理的方式。

（2）假异议

假异议通常是指客户找借口，或用敷衍的方式应付汽车销售顾问，或提出许多异议，但这些异议并不是他们真正在意的问题。

（3）隐藏的异议

隐藏的异议是指客户并不把其真实异议说出来的异议。

2. 异议产生的原因

客户异议产生的原因很多，有客户、产品、汽车销售顾问方面的原因，也可能是推销环境方面的原因。汽车销售顾问在与客户进行沟通时，只有了解客户产生异议的主要原因是什么，才能针对问题找出解决异议的方法。

（1）客户方面的原因

客户的异议原因主要是客户在汽车的需求、支付能力、权力能力和消极心理等方面的异议，具体内容如表 6-7 所示。

表 6-7　客户方面的原因

序号	客户的原因
1	拒绝改变，客户有自己的购买习惯，难以用讲解、说服的办法来消除。比如，客户对某些产品或服务抱有成见，或者对某一产品"情有独钟"
2	没有购买需求，即客户没有需要或客户的购买意愿还没被激发出来，产品没有引起客户的注意及兴趣。客户经常对销售顾问说："不好意思，我们实在不喜欢你推荐的汽车。"其中有的是真不需要，有的没有意识到汽车的特点；有的则是由于某种成见，销售顾问应发现并解决
3	没有支付能力或预算不够。客户的支付能力是指在一定的时期内，客户具有支付商品的货币支付能力。它是客户满足需求、实现购买的物质基础。如果客户缺乏购买力，就会拒绝购买，或者希望得到一定的优惠。由于产品的价格与客户的心理期望不符，或者客户预算不足会产生价格上的异议。有无支付能力是衡量一个准客户的非常重要的标准，有的是真的资金困难，有的是假的，销售顾问应该仔细分析，加以区别对待
4	借口、推托，客户不想花时间洽谈。在实际的售车洽谈过程中，汽车销售顾问会遇到客户说"对不起，我的预算不够"，以此作为借口来拒绝销售顾问；或是说"对不起，这个我说了不算，等我家里人回来了再说"等托词，这可能说明客户确实决策权力不够，或客户有权但不想承担责任，或者是找借口。汽车销售顾问应了解客户的职权范围、决策程序、自主能力，做出正确判断
5	客户的心情不佳或怕麻烦，不放心。每个人都有情绪低落的时候，当客户遇到某些事情而情绪悲观、失望时，往往会对汽车销售顾问和推销的汽车产生抵触情绪
6	客户抱有隐藏式异议。客户抱有隐藏异议时，会提出各式各样的异议

（2）产品方面的原因

这是由于汽车的性能、质量、售后服务、价格等因素无法令客户满意而导致客户产生的购车异议。

1）汽车质量的异议。如果客户对汽车销售顾问所推荐的汽车的某个方面存在疑虑、不满，便会产生异议。当然，有些异议的产生确实是因为汽车本身有质量问题，有的却是客户对汽车的质量存在认识上的误区或成见，有的客户是想获得价格或其他方面的优惠。所以，汽车销售顾问要耐心听取客户的异议，去伪存真，发掘真实的原因，对症下药，设法消除异议。汽车质量异议的原因如表 6-8 所示。

表 6-8　汽车质量异议的原因

序号	汽车质量异议的原因
1	汽车质量的缺陷
2	缺乏汽车知识，拒绝购买
3	客户所了解的关于汽车质量的有关信息与标准已经陈旧过时

续表

序号	汽车质量异议的原因
4	担忧购买不当，以质量为借口
5	压价的借口
6	销售顾问工作不当引起的质量误会

2）汽车价格的异议。价格异议具体表现为认为价格过高或者过低，具体内容如表 6-9 所示。在解决价格异议时，汽车销售顾问必须加强业务学习，掌握丰富的汽车知识、市场知识和一定的推销技巧，提高自身的业务素质。洽谈时，销售顾问要以充分的理由改变顾客对价格的看法，从而使其接受你的建议。

表 6-9 汽车价格异议的原因

序号	汽车价格异议的原因
1	认为价格高的原因主要有经济状况不好、支付能力较低、比同类汽车的价格要高、对新款汽车的性能不了解等。当客户认为汽车价格过高时，汽车销售顾问可以强调汽车的相对价格，或者运用时间分解法等方法来说明汽车的价格其实是很实惠的
2	认为价格低的原因主要是有失身份、汽车质量不好等。当客户因为价格低而产生怀疑时，销售顾问应该强调并让客户相信汽车价值并不低，质量绝对没有问题，这样定价是因为企业追求长期发展并让利给广大客户

3）汽车售后服务的异议。在日益激烈的汽车市场竞争中，客户对汽车售后服务的要求越来越高。售后服务的好坏直接影响客户的购车行为。在实际卖车的过程中，客户对售后服务的异议主要有汽车销售顾问未能向客户提供足够的汽车维修服务信息和企业信息、未能提供让客户满意的服务、未能提供一个明确的售后服务信息或不能得到客户的认同等。

（3）汽车推销人员方面的原因

由于汽车推销人员的原因产生的异议如表 6-10 所示。

表 6-10 汽车推销人员的原因

序号	汽车推销人员的原因
1	不当的沟通，说得太多或听得太少，都无法确实把握客户的问题点，从而产生许多的异议
2	为了说服客户，做了夸大的陈述，或者以不实的说辞哄骗客户，结果带来更多的异议
3	不注意礼仪、服务不到位，致使客户心理不平衡，从而提出异议
4	说明产品时，使用过于高深的专业术语，让客户觉得自己无法胜任，从而提出异议
5	姿态过高，处处让客户词穷，处处说赢客户，不讲究销售艺术或方式不当，让客户感觉不愉快，从而提出许多主观的异议
6	展示失败，立刻遭到客户的质疑
7	汽车销售顾问信誉不佳，不负责任，不严格执行承诺，欺骗、坑害客户，损害了自己和公司的信誉，致使客户提出异议

（4）其他方面的原因

①汽车销售顾问与客户发送和接收信息的能力不同，所以客户获取的信息不足；②汽车销售环境不良，如汽车价格恶意竞争等。

总之，在汽车销售过程中，客户异议产生的原因很多，情况很复杂，汽车销售顾问面对客户异议时应该认真分析，找出真正有效的原因，做到有的放矢，这样才能提高汽车成交率。

3．处理客户异议的准备

汽车销售顾问在处理客户异议时，需要做好各种准备工作，以便在处理异议时，可以做到应对自如。

（1）认真学习业务知识

销售工作和其他工作一样，想要精通业务，就必须努力学习。对于汽车销售顾问来说，业务知识所涵盖的范围比较广泛。汽车销售顾问的知识面越广，在销售过程中也就越有主动权。

（2）做好心理准备

汽车销售顾问在心理上一定要正确对待客户异议。客户提出异议虽然是销售的障碍，但也是考察目标客户心理反应的指示器。汽车销售顾问应欢迎客户提出异议，以冷静豁达的态度去对待它。

事实上，客户毫无异议地接受产品的可能性微乎其微。优秀的汽车销售顾问大都欢迎客户提出异议，他们认为异议有助于销售，而最难成交的正是那些对产品毫无兴趣和异议的客户。

汽车销售顾问必须具备良好的心理素质，心理脆弱或精神颓废的人要想干好汽车销售工作就要付出比常人更多的努力，要坚定信念、不惧困难、勇往直前。

（3）掌握应对方法

优秀的汽车销售顾问除了要具备丰富的专业知识和良好的心理素质外，还需要掌握各种应对客户异议的方法，并把这些方法熟练地运用到销售过程中，才可能最终达成交易。

处理客户异议是一门艺术，汽车销售顾问必须掌握这门艺术，并且要根据不同客户的表现采取有针对性的方法解除客户的疑虑。客户性格各异，提出异议的表现形式也各不相同，具体如表 6-11 所示。

表 6-11　客户异议表现形式及应对方法

序号	表现形式	特点	应对方法
1	东拉西扯	漫无边际地与汽车销售顾问说一些与产品和销售无关的事情	直截了当，一针见血
2	虚伪掩饰	好像想购买产品，但又拒绝汽车销售顾问的推销活动，遮遮掩掩，似乎在和汽车销售顾问捉迷藏	打消顾虑，以心换心

续表

序号	表现形式	特　　点	应对方法
3	冷若冰霜	从与汽车销售顾问沟通开始就显得相当冷漠，对产品不闻不问	满脸委屈，以情动人
4	金口难开	任由汽车销售顾问怎么说，就是不肯吐出一言半句	穷追不舍，追问到底
5	谎话连篇	不说出真正拒绝的理由，而是以某种借口做掩饰	拿出调查表，让其填写

4．对待客户异议的态度

客户异议具有两重性，它既是推销的障碍，也是成交的信号。在销售活动中，客户异议的产生是必然的，汽车销售顾问应采取正确的态度对待异议。对待客户异议的态度包括 4 个方面，如表 6-12 所示。

表 6-12　对待客户异议的态度

序号	态　　度	内　　容
1	汽车销售顾问要鼓励客户提出异议	客户有异议表明对产品感兴趣，有异议意味着有一线成交的希望。汽车销售顾问通过对客户异议的分析，可以了解客户的心理，知道客户有何疑虑，从而按病施方，对症下药，对客户异议做出圆满答复。日本一位销售专家说得好："从事销售活动的人可以说是与拒绝打交道的人，战胜拒绝的人，才是销售成功的人"
2	汽车销售顾问对异议要持有正确的态度	客户对汽车销售顾问提出异议，对产品介绍和洽谈的效果会起到一定程度的负面作用，甚至直接阻碍销售洽谈的正常进行，干扰汽车销售顾问的思路、影响成交的结果。但从另一个角度理解，客户的异议使整个销售过程进入了一个双向沟通的环节，表明客户对产品产生了兴趣，只是存在疑虑。汽车销售顾问可以从中明确客户对销售建议能接受的程度。如果此时汽车销售顾问积极对待客户异议，迅速地修正销售技巧，并采用正确、恰当的方法因势利导，消除客户的忧虑，就能使沟通工作顺利进行下去
3	汽车销售顾问要认真倾听客户异议	倾听，不仅可以表明汽车销售顾问对客户的重视和尊重，而且可以促使客户发表意见。汽车销售顾问切忌在客户发表异议的过程中表现出三心二意或不耐烦的态度和行为，否则会使客户认为汽车销售顾问缺乏诚意。汽车销售顾问应对客户提出的异议表现出极大的兴趣和热情，并从客户的表情、肢体动作等方面分析异议产生的原因
4	汽车销售顾问要准确回答客户的疑问	客户在谈话中可能会提出一系列疑问，要求汽车销售顾问回答。对此，汽车销售顾问不应回避，应对疑问给出合理的答案

5．客户异议处理的原则

汽车销售顾问处理客户异议的原则有 7 个。

（1）要习惯听"不"

当客户对汽车销售顾问说出"不"时，许多汽车销售顾问都认为是对他个人及销售的否定，自然心中会产生不快。其实换个角度考虑，客户说“不”，并不是针对汽车销售顾问个人而言的，或许是由于客户自身遇到不顺心的事，而将此种情绪发泄到汽车销售顾问身上。这时，如果汽车销售顾问能引导客户把心中的不快说出来，或许能与之成为朋友，最终达成一笔交易。

（2）不打无准备之仗

“知己知彼，百战不殆。”要有效处理客户异议，就必须事先预测客户可能提出哪些异议，并做好回答的准备。同时，在回答客户异议前，要彻底分析客户提出异议的真实原因。事实上，绝大多数异议的背后都隐藏着一些其他实质性的问题，客户提出来的异议只是拒绝购买的借口。汽车销售顾问要善于观察，多提问题，以便了解客户异议背后隐藏的真实原因，然后对症下药，予以消除。

加拿大的一些企业专门组织专家收集客户异议并制定出标准应答语，要求汽车销售顾问记住并熟练运用。编制标准应答语是一种比较好的方法，编制的具体程序如表 6-13 所示。

表 6-13　编制客户异议标准应答语的程序

序号	程　序
1	把大家每天遇到的客户异议写下来
2	进行分类统计，依照每个异议出现的次数多少排列出顺序，出现频率最高的异议排在前面
3	以集体讨论方式编制适当的应答语，并编写整理成文章
4	大家都要记熟
5	由老汽车销售顾问扮演客户，大家轮流练习标准应答语
6	对练习过程中发现的不足，通过讨论进行修改和提高
7	对修改过的应答语进行再练习，并最后定稿备用。最好是印成小册子发给大家，以供随时翻阅，达到运用自如、脱口而出的程度

（3）选择适当时机处理异议

汽车销售顾问对客户异议处理时机的把握具体如表 6-14 所示。

表 6-14　处理客户异议时机的把握

序号	时　机	具体做法
1	异议尚未提出时	汽车销售顾问察觉到客户即将提出某种异议时，最好抢在客户之前主动提出并给予解决
		汽车销售顾问完全有可能预先揣摩到客户异议并抢先处理，因为客户异议的发生有一定的规律性
2	异议提出后，立即回答	大多数情况下，面对客户提出的异议，汽车销售顾问应立即给予回答，这样既可以增强客户购买的信心，又可以表现出对客户的尊重
3	异议提出后，搁置一段时间再回答	汽车销售顾问对权限外的或不能确定的事情无法立刻做出回答时
		在客户还没有完全了解产品的特性及其利益前提出价格问题时
		当客户提出的异议在产品说明中能够更清楚地解决时

续表

序号	时 机	具 体 做 法
3	异议提出后，搁置一段时间再回答	异议显得模棱两可、含糊其词、让人费解时
		异议显然站不住脚、不攻自破时
		异议不是用三言两语可以解决时
		异议超过了汽车销售顾问的能力水平时
		异议涉及较深的专业知识，即使做出解释也不易于被客户理解时

（4）永远不与客户争论

不管客户如何批评产品和公司，汽车销售顾问都不能与其争辩。因为争辩并不是说服客户的方法。用一句销售行话讲："占争论的便宜越多，吃销售的亏越大。"

（5）给客户留"面子"

客户的意见无论是对是错、是深刻还是幼稚，汽车销售顾问都要尊重客户的意见，都不能表现出轻视的态度。

（6）以诚相待

归根结底，处理客户异议的目的是获得客户的理解和再度信任，这就要求汽车销售顾问在处理客户异议时必须坚持以诚相待的原则。

（7）迅速处理

处理客户异议以迅速为本，因为时间拖得越久，越容易激发客户的愤怒情绪，同时也会使客户的错误想法随着时间的推移而变得顽固。

（二）有效地收集和识别客户的成交信号

成交信号是指客户在接受销售的过程中有意无意流露出来的各种成交意向。我们可以把它理解为一种成交暗示。在实际销售工作中，客户出于所处地位的特殊心态，往往不首先提出成交，更不愿主动地、明确地提示成交。其目的是保证自己所提出的交易条件，取得心理上的优势。但是，客户的成交意向总会通过各种方式表现出来，这就需要推销人员善于观察客户的言行，捕捉各种成交信号，及时促成交易。成交信号不仅取决于一定的销售环境和销售气氛，还取决于客户的购买动机和个人特性。成交信号的表现形式十分复杂，常见的有下列几类。

1. 语言信号

客户有了购买欲望后，往往会发出一些购买信号。有时候，这种信号是下意识地发出的，客户自己也许并没有强烈地感觉到或不愿意承认自己已经被你说服，但他的语言或行为会告诉你可以和他做买卖了。语言信号是在客户与推销人员的交谈过程中通过客户语言表现出来的成交信号。语言信号的常见表现如表 6-15 所示。在客户的这些言谈中，尽管没有明确提出成交，但已明确地流露出成交的意向了。

2. 行为信号

行为信号是指在销售过程中，从客户的某些行为中表现出来的成交信号。行为信号的常见表现如表 6-16 所示。

表 6-15　常见的语言信号

序号	语言信号
1	客户经过反复比较挑选后，话题集中于某款车型
2	客户对目前没车的生活表示不满
3	客户对汽车推销人员的介绍表示积极的肯定与赞扬
4	客户（专心聆听、寡言少语的客户）仔细询问付款及细节
5	客户将推销人员提出的交易条件与竞争对手的交易条件相比
6	反复提出已经答复过的或已弄清的问题
7	进一步压低价格，当出价合理时，仍然坚持压价
8	要求做出某些保证，如“买了你们的车，出了故障怎么办”
9	表达一个直接的异议，如“这里有一点小划痕，应该怎么处理”
10	使用与购买相关的假设句型，如“假如一次性付款，能优惠吗”
11	询问交货及付款方式等事项
12	提出附加条件，如“还有其他优惠吗、有没有赠品等”
13	开始询问同伴的意见，与同伴低语商量
14	询问售后服务、保修里程、维修地点等事项

表 6-16　常见的行为信号

序号	行为信号
1	十分关注推销人员的动作和谈话，不住地点头
2	反复、认真翻阅汽车彩页广告等资料
3	使用计算器或在纸上试算，翻阅日历或记事本思考
4	离开了又再次返回
5	认真地查看汽车有无瑕疵
6	姿态由前倾转为后仰，身体和语言都显得轻松
7	擦脸拢发，或者做其他放松舒展等动作
8	转身靠近推销人员，掏出香烟让对方抽表示友好
9	突然用手轻声敲桌子或身体某部分，以帮助自己集中思路，最后定夺
10	靠在椅子上，左右相顾后突然双眼直视推销人员

3. 表情信号

表情信号是指在销售过程中，从客户的面部表情和体态中所表现出来的一种成交信号。例如，微笑、下意识地点头表示赞成你的意见，对此次展示的商品表示关注等，都属于表情信号。表情信号的常见表现如表 6-17 所示。

表 6-17　常见的表情信号

序号	表情信号
1	面部表情从冷漠、怀疑、深沉变为自然大方、随和、亲切
2	眼睛转动由慢变快、眼神发亮而有神采，从若有所思转向明朗轻松
3	嘴唇开始抿紧，似乎在品味、权衡什么
4	当汽车推销人员说明有关细节和付款方法时，客户显出认真的神情
5	向与同来的伙伴使眼色，彼此相互对望，或者眼神里传递着“你的意见怎么样”这种神情

4．事态信号

事态信号是指在销售过程中，顾客就形势的发展和变化所表现出来的成交信号。例如，客户要求看销售合同、接受推销人员的重复约见、对推销人员态度逐渐转好、面谈中主动向推销人员介绍自己所在企业的有关负责人或高级决策人等，这些事态的发展都明显地表现出客户的成交意向。

（三）促成交易的策略

1．保持积极的成交态度，促成交易

成交的障碍主要来自两个方面：一是客户异议，这属于客户方面的成交障碍，也是比较明显的成交障碍，推销人员可以利用有关的技巧和方法加以适当处理，消除障碍；二是成交心理障碍，这属于推销人员方面的成交障碍，主要是指各种不利于成交的销售心理状态。推销人员的态度是与客户会谈成功的基础。推销人员只有树立正确的成交态度，加强成交心理训练，才能消除各种不利的成交心理障碍。以下是部分推销人员在建议购买和促成交易时容易产生的心理障碍。

（1）害怕拒绝

有的推销人员不能主动地向客户提出成交要求。因为这些推销人员害怕提出成交要求后，客户如果拒绝会破坏洽谈气氛，一些新推销人员甚至对提出成交要求感到不好意思。据调查，有 70%的推销人员未能适时地提出成交要求，许多推销人员失败的原因仅仅在于他们没有开口请求客户订货。美国施乐公司前董事长波德·麦克考芬说："推销人员失败的主要原因是不要订单，不提出成交要求，就像你瞄准了目标却没有扣动扳机一样。"这种情况是要避免的，因为没有要求就没有成交的可能。客户的拒绝也是正常的事。美国的研究表明，推销人员每达成一次交易，至少要遭到客户 6 次拒绝。推销人员只有学会接受拒绝，才能最终与客户达成交易。

（2）等待客户先开口

有的推销人员认为客户会主动提出成交要求，因此他们等待客户先开口。这是一种错觉。一位推销人员曾多次前往一家公司推销产品。一天，该公司采购部经理拿出一份已签好字的合同，推销人员愣住了，询问客户为何过了这么久才决定购买，客户的回答竟然是："今天是你第一次要求我们订货。"这个例子表明，绝大多数客户都在等待推销人员首先提出成交要求。即使客户主动购买，如果推销人员不主动提出成交要求，买卖也难以成交。

（3）放弃成交

还有一些推销人员把客户的一次拒绝视为整个销售过程的失败而不继续努力。研究表明，一次成交失败，并不代表着整个成交工作的失败，推销人员可以通过反复的成交努力来促成最后的交易。推销人员对成交成败的正确态度，主要包括 3 个方面，如表 6-18 所示。

表 6-18　推销人员对成交成败的正确态度

序号	态　度	内　容
1	应以积极、平静而坦然的态度对待成交的成败	有些推销人员缺少工作经验，对成交的成败缺少足够的心理准备，总是疑虑成交失败，因而在销售中出现急于求成的现象、表露急于求成的心情。这种表现必然引起客户的疑心。他们会认为你的产品没有人要，卖不出去，你急于脱手，其中必有缘故。这种疑虑会影响客户做出购买决策。而推销人员在经历了几次失败的销售之后，担心成交失败的心理障碍愈为严重，以至于产生成交恐惧症，导致心态上的恶性循环。实际上，即使最优秀的推销人员，也不可能使每一次销售洽谈都导致最后的成交。在销售活动中，真正达成交易的只是少数。推销人员应该充分地认识到这一事实，鼓起勇气，不怕失败，坦然接受销售活动可能产生的不同结果。坦然、平静的心态有利于推销人员取得心理上的优势，让客户感到销售这种产品对你来说是一件十分平常的事情；你的产品和服务很受欢迎，交易成功对双方都有利可图
2	要克服职业自卑感	由于社会的成见，以及推销人员本身的思想认识，导致了不同程度的职业自卑感。这种自卑感在推销人员与客户的交往中往往会产生消极的影响。一个人只有充分了解自己工作的社会意义和价值，才能为自己的工作感到自豪和骄傲，才会激发出巨大的勇气和力量。但人要战胜自己，克服自卑感不是一件容易的事情。推销人员应当认真学习现代营销学和销售学的基本理论和基本技术，提高职业思想认识，加强职业修养，培养职业自豪感和自信心
3	不要坐等客户提出成交要求	有些推销人员往往认为客户会自动提出成交要求，所以在销售洽谈中总是被动地等待，认为客户在面谈结束时会自动购买商品。实际上，这是一种严重的心理障碍。事实证明，绝大多数客户即使具有购买意向，也都采取被动态度，需要推销人员首先提出成交要求，否则就会错过成交时机。因此，推销人员应该纠正上述错觉，主动提出成交要求，并适当施加成交压力，积极促成交易

2. 保留一定的成交余地，促成交易

保留一定的成交余地，有两个方面的含义。一是在销售面谈中，推销人员应该及时提出销售重点，开展重点销售，说服和吸引客户，但不能和盘托出。因为客户从对你的销售产生兴趣到做出购买决定，总是需要一定的过程。到了成交阶段，推销人员如能再提示某个销售要点和优惠条件，就能促使客户下最后的购买决心。有些推销人员不了解客户心理，一开始就将优惠全盘托出，这样既不利于客户逐步地接受销售信息，又不利于最后成交，使自己在成交时处于被动地位。所以，为了最后促成交易，推销人员应该讲究策略，注意提出优惠的时机，留有一定的成交余地。二是即使成交不能实现，推销人员也要为客户留下一定的购买余地，希望日后还有成交的机会。因为客户的需求总是在不断地变化的，他今天不接受你的产品，并不意味着他永远不接受。一次不成功的销售之后，你如果留下一张名片和产品目录，并对客户说“如果有一天你需要什么的话，请随时与我联系，我很愿意为你服务。在价格和服务上，还可以考虑给你更优惠的条件”，那么就会有回心转意的客户回来找你。

3．把握成交时机，随时促成交易

一个完整的销售过程，要经历寻找客户、接近客户、销售洽谈、处理异议和成交等不同阶段，但并不是说每次成交都必须逐一地经过每个阶段。这些不同的阶段相互联系、相互影响、相互渗透，在任何一个阶段里随时都可能成交。推销人员必须机动灵活，随时发现成交信号，把握成交时机，随时促成交易。

把握成交时机，要求推销人员具备一定的直觉判断能力。一般来说，下列 3 种情况可视为促成交易的好时机。

（1）重大的销售异议被处理后

在解决了客户的重大异议后，推销人员可以立即提出交易。因为重大异议通常是客户决定是否购买的主要障碍，如果异议得到解决，就等于客户已经承认了商品的价值，也就是说他的购买障碍可能已经消除了。既然如此，推销人员就应该赶紧用恰当的语气提出成交要求，如“您看，现在基本上没有什么问题了，那我们就这么定下来吧”。

（2）重要的产品利益被客户接受时

这就是说，在推销人员说明完一个销售的重点后，就要适时提出成交的要求。这样，如果客户同意了推销人员的成交要求，那么推销人员就成功了；即使客户暂时还不同意成交，推销人员也可以借此确认自己所讲述的这个销售重点是否就是客户所关注的利益点，并进一步探寻客户不能成交的原因所在。否则，很可能是在辛苦忙碌了几个小时之后，推销人员才发现客户对自己所讲述的重点并不感兴趣，不但浪费了推销人员的时间，也浪费了客户的时间。而且，推销人员讲得越多、越深入，客户就可能提出越多的异议，从而对推销人员的销售造成更大更多的障碍。

（3）客户发出各种购买信号时

客户发出的各种购买信号，在“有效地收集和识别客户的成交信号”中已有讲述，这里不再赘述。

总之，客户的情绪、态度和成交的机会复杂多变，机会需要及时把握，同时需要不懈地做出努力；即使在销售洽谈中推销人员多次提出成交都没成功，也不能放弃最后的机会。在正式洽谈之后，客户没有成交的心理压力，心情变得轻松和愉快，他们会同情推销人员，并且会担心错过购买的好机会，推销人员如果善于利用这一时机，则很有可能出现“山重水复疑无路，柳暗花明又一村”的局面。在成交过程中，推销人员要讲究一定的成交策略，坚持一定的成交原则，并配合相应的成交技术和成交方法，这样才能成功地促成交易。

4．建议成交，引导客户做出决定

当推销人员发现客户出现前面所述的购买信号时，就应该考虑可以建议成交了。当然，在提出成交建议时，首先需要做好一些工作。这些工作如表 6-19 所示。

推销人员不可能等客户无休止地犹豫下去，所以对于一些没有主见、摇摆不定的客户，可以大胆地建议购买，以结束销售。推销人员可以说：“我觉得这个车型可以，建议您签购车合同。”

表 6-19　推销人员提出成交建议时需要做好的工作

序号	应做的工作
1	确定客户所喜欢的车型。在建议成交之前，推销人员还应确定客户所喜欢的到底是哪一种车型，以进行最后的成交攻势
2	停止介绍其他车型。既然客户已经对所介绍的车型产生兴趣，就没有必要再向客户介绍其他车型了，否则不但会分散客户的注意力，还会使客户的购买兴趣转移，暂时不想购买该车型
3	确认客户的主要异议得到解决。建议客户成交时，推销人员要确认客户的主要异议已经获得解决，也就是说只有客户对产品基本满意了，才有必要建议成交

如果客户面对两种产品而不知如何选择时，推销人员可以说："我觉得米黄色的那辆更好一点，比较有个性。"还可以说："我建议您买这××款式的，这更适合您。"

有些时候，客户也会请汽车推销人员帮忙挑选。这时，推销人员就要愉快地接受客户的请求，尽心尽力地为其当好参谋，根据客户的要求和各款汽车的实际情况，大胆果断地帮其挑选，千万不要觉得不好意思。要知道，客户要推销人员帮忙挑选就是对推销人员的一种信任，推销人员应抓住客户的这一心理，将其对自己的信任转移到商品上来。

小贴士

推销人员为客户选车时应注意的问题

推销人员不要替客户承担决策责任，不要说"我包您满意"、"相信我一定没错"这样绝对化的言语。否则，客户万一在推销人员的劝说之下买了车，但在使用中却觉得不好，就会把责任推到推销人员身上，认为推销人员骗了他。

（四）促成交易的方法和技巧

成交方法是指在成交过程中，推销人员在适当的时机，用以启发客户做出购买决定、促成客户购买的销售技术和技巧。向客户介绍车辆时，推销人员要根据客户的性格及具体情况，采取不同的介绍方法，按不同客户的特点促成交易，向客户报价促成成交时更要抓住时机、讲究方法。以下介绍几种把握不同客户的特点促进成交的方法。

1. 请求成交法

请求成交法是指推销人员直接要求客户购买其销售品的一种成交方法。这是一种最简单、最基本的成交方法，在许多场合下也是一种最有效的成交方法。请求成交法的几种情况如表 6-20 所示。

表 6-20　请求成交法的几种情况

序号	状　　态	内　　容
1	对老客户	因为买卖双方已建立了较好的人际关系，并且推销人员了解客户的需求，客户也已经接受了商品，因此客户一般不会回绝你的购买建议。例如，面对老客户，推销人员可以轻松地说："你好！近来生意可好？昨天刚有新车型到，你打算要什么颜色的"

续表

序号	状　态	内　容
2	客户已发出购买信号时	客户对商品产生好感，已有购买倾向，但一时又拿不定主意，或不愿主动提出成交需求，用请求成交法可以促成客户的购买行为。例如，一位家庭主妇对推销人员推荐的奇瑞车型感兴趣，反复询问它的安全性能和价格，但又迟迟不做购买决定。这时推销人员可以用请求成交法帮助她做出购买决定。推销人员可以这样说："这种车型既实用又美观，买下它吧。价格上给你特别的优惠，希望你向亲友、邻居推荐一下"
3	客户对推销人员推荐的产品表示兴趣，但思想上还没有马上意识到成交的问题	此时可用直接请求法来提醒客户考虑购买问题，做出购买决策。推销人员在回答了客户的提问或详细介绍完销售品后可以接着说："清楚了吗？你看什么时候给你办理上牌？"或者说："产品的质量没问题，厂家实行保修。请你填一下订单。"其实，这样的请求并非一定就是要马上成交，而只是集中客户的注意力，让客户意识到应该对是否购买这个问题做出考虑

请求成交法看似简单，实际应用上也有一定的难度。许多销售失败的原因就是推销人员没有开口请求客户填写销售订单。这是因为推销人员有成交心理障碍，他们不敢提出成交，怕客户回绝他们的建议，于是错失良机。实际销售中，客户通常不愿首先提出购买，一方面为争取主动，以便提出各种条件；另一方面是为维护自己的尊严。所以，推销人员应该战胜自己，克服成交心理障碍，把握时机，主动提出成交请求。可以说，请求成交法是推销人员应该掌握的最基本的成交技术。

但是，运用请求成交法必须把握时机。如果时机不当，可能会给客户造成压力，破坏成交的气氛，反而使客户产生一种抵触成交的情绪，甚至可能使汽车推销人员失去成交的主动权。一般来说，只要客户表现出要求成交的信号，都可以运用直接请求成交法促成销售。

案例阅读 6-1

运用请求成交法促成成交

推销人员："李先生，是否能把您的身份证给我，让我帮您办理购车手续。"

客户："好的，在这里。"

推销人员："手续办完了，这边请，我们去挑选一辆新车吧！"

案例阅读中，推销人员利用客户对其所推荐的产品表示兴趣，但还没有马上意识到成交的问题，通过"李先生，是否能把您的身份证给我，让我帮您办理购车手续"马上集中了客户的注意力，让客户意识到应该做出购买决定了。

2. 假定成交法

假定成交法是指推销人员假定客户已经接受销售建议，在同意购买的基础上提出一些具体的成交问题，需要客户对某一具体问题做出答复，从而要求客户购买的一种成交方法。这种方法人为地提高了推销人员与客户谈判的起点，而推销人员所表现的对于成交的自信心会感染客户，增强客户的购买信心。假定成交法回避是否购买的问题，以减轻客户的心理压力，只就有关具体问题与客户商议，让客户感觉自己已经决定购买，从而自然过渡到成交的实质性活动上。例如，推销人员可以说："方小姐，现在没有什么问题了吧？那您准备什么时候提车？"

只要使用得当，假定成交方法会是一种很有效的方法。它最大的优点是节省销售时间，从而提高销售效率；又因为它是暗示成交，可以把销售提示转化为购买提示，适当减轻客户的成交压力；它还可以把客户的成交意向直接转化为成交行动，促成交易。假定成交法是最基本的成交技术之一，是选择成交法、次要问题成交法等其他成交技术的基础。

假定成交法的局限性也十分明显。首先，如果这种方法使用不当，会使客户形成心理压力，破坏成交气氛；其次，客户已接受了推销人员的心理暗示，不利于他做出自由选择；再次，这种方法以推销人员的主观假定为基础，客户会认为推销人员自以为是，把自己的意愿强加于人，并对此产生反感情绪，不利于成交。

小贴士

使用假定成交法应注意的问题

推销人员使用假定成交法时要善于分析客户心理，有针对性地使用假定成交法。一般地说，依赖性强、性格比较随和的客户及老客户，可以采用这种方法。但对那些自我意识强、过于自信的客户，则不应使用这种方法。

推销人员使用假定成交法时要善于把握机会，适时地使用假定成交法。一般须在发现成交信号、确信客户有购买意向时才能使用这个方法；否则会弄巧成拙。

推销人员使用假定成交法时要善于制造销售气氛，自然地使用假定成交法。一般要尽量使用亲切、温和的语言；切忌语气咄咄逼人，形成高压气氛，使客户望而却步。

3．选择成交法

所谓选择成交法，就是"非此即彼法"或"二者折一法"，是指汽车推销人员通过提出选择性问句，让客户在提供的选择范围之内做出回应。这是常用的、非常受欢迎的方法。它的要点就是使客户无法回避要还是不要的问题，堵住客户说出"不"字。

选择成交法是汽车推销人员为客户提供的一种购买选择方案，并要求客户立即做出购买决策。它将客户带到购物的情境中，在假设客户一定会购买的基础上，为其提出购买决策的选择方案，即先假定成交，后选择成交。例如，推销人员可以说："您要蓝色的还是红色的？"

选择成交法适用的前提是，客户不是在买与不买之间做出选择，而是在产品属性方面做出选择，诸如产品价格、规格、性能、服务要求、订货数量、送货方式、时间、地点等都可作为选择成交的提示内容。

选择成交法表面上是把成交主动权让给了客户，实际上只是把成交的选择权交给了客户，只要他做出任意一种选择，都已经是购买了，即“不是 A，就是 B”。记住，向客户提出选择时，尽量避免向客户提出太多的方案，最好就两项，否则他就会有机会犹豫而不去选择。

案例阅读 6-2

运用选择成交法促成成交

推销人员：张先生，您比较喜欢手动的，还是手自一体的？

客户：手动的，我习惯了。

推销人员：您刚刚试车的时候，我就猜到了，像您这样车技精湛的，肯定比较偏爱手动挡的。这一款车有红、黑、灰三种可选颜色，您更喜欢哪一种呢？

客户：黑色的，黑色的车看着沉稳大气，无论什么场合都挺适合。

推销人员：是呀，黑色是汽车永远不落时的经典颜色。很多像您这样的精英白领都钟情于黑色。您倾向于一次性付款，还是分期付款呢？

客户：我想先付六成的首付应该没问题的。

推销人员：剩余的车款您想分成一年还是两年付清呢？

客户：分两年的话，每个月的月供是多少啊？

推销人员：您稍等，我帮您算一下，分两年的话，每月的月供是×元。以您的经济能力和发展前景，这笔投资是完全可以承受的，没错吧？

客户：分期的话，压力小一点，毕竟我现在还在还房贷，生活可不轻松。

推销人员：呵呵，是呀，但是有了一款车，不仅方便了您和家人的工作与生活，更会提升生活的品质和档次。以后的每个周末、每次长假，您都可以与家人一起自由地去想去的地方了。您的奋斗不就是为了家人更好地生活吗，您说是吧？

客户：（沉默）

推销人员：张先生，我们库房现在有现车，您今天就可以开着现车回家呢……

案例阅读中，推销人员在假设客户一定会购买的基础上，为其提出购买决策的选择方案（如产品操作方式、颜色、付款方式等），作为选择成交的提示内容。

4. 利益汇总法

当推销人员经过努力，采用各种方法把车的特性、优点展现给客户后，客户可能当时并没有在意，过一段时间后，推销人员要有意识地将客户可以获得的认可的利益进行汇总。利益汇总法是推销人员把先前向客户介绍的各项产品利益和将特别获得客户认同的地方，一起汇总，扼要地再提醒客户，增强客户对利益的感受，同时要求达成协议。它是推销人员经常用到的技巧，特别是在做完产品介绍后，可运用利益汇总法向客户提出订单的要求。

案例阅读 6-3

运用利益汇总法促成成交

场景：推销人员和两位客户围坐在小会议桌旁，客户认可推销人员对车辆的推荐，气氛比较轻松。

推销人员：总之，这辆车的油耗比同档次同排量的车要低，外观也符合您的个性，越野性强，底盘高，您所期望的都可以满足，而且可以说是超出您的预想。

客户：是的，我对要买的车的要求，你这款车都可以达到，我挺满意的。

推销人员：是呀，价格又适中。对，说到价格，您准备采用什么样的付款方式？

案例阅读中，推销人员有意识地将客户可以获得的认可的利益进行汇总的基础上，扼要地再提醒客户，为其提出购买决策的选择方案（如付款方式），以此向客户提出订单的要求。

5. 暗示成交法

暗示成交法是指销售人员向客户做有意的肯定暗示或购买暗示的成交方法。如果推销人员的言辞能深得人心的话，就一定能够对客户产生影响。

在运用暗示成交法之前，推销人员必须先在客户心中散播一些“想象和暗示的种子”。这种“想象和暗示的种子”可使客户更为积极，是让客户也想尽早达成交易的一种催化剂。虽然这是推销人员所安排的手段，但客户直到成交时仍误认为是自己所设计的。例如，推销人员可以这样说（暗示）：“先生，在夕阳西下时，如果您与女朋友开着这款敞篷宝马在环岛路上兜风，肯定被人羡慕死了！”“在这个经济不景气的时期，购买我们的卡车一定可以让您赚大钱。”

推销人员做出“暗示”之后，要给客户一些时间，让这些暗示逐渐渗透到客户的思想中，进入客户的潜意识之中。

只要在交易一开始利用这种方式提供一些暗示，客户的心理就会变得更加积极。一旦进入交易阶段，客户虽然会考虑你所提供的暗示，却不会太过认真，但当你试探客户购买意愿时，他可能会再度想起那个暗示，而且还会认为是自己发现的。

6. 前提条件法

所谓前提条件法，就是当客户已经表达了推销人员是否能满足其某种需求时，推销人员就应该利用客户的需求来说服他的一种成交方法。

销售的过程当中，有时难免会碰到一些难缠的客户，他们要求推销人员按照确切严格的标准提供产品或服务。这时，关键是要敢于迎接这种挑战。如果推销人员能够满足客户的要求，就要将皮球踢还给客户，促使客户做出决定。

但要注意的是，类似这种问题，采用前提条件法是有风险的。因为这个方法并非是水到渠成的方法，毕竟客户要求推销人员改变常规的销售模式，所以汽车推销人员也应该采取非常规的手段来应对。

案例阅读 6-4

运用前提条件法促成成交

推销人员：这辆车，您已经看过两次了，看得出您对它十分满意。请问还有其他的问题需要帮忙解决吗？

客户：要是分期付款，今天能提车吗？

推销人员：按照银行和保险公司的规定，分期付款至少也得 3 天时间。不过如果您现在就能定下来，那我们可以马上派人协助您办理手续，尽快让您提车。

案例阅读中，客户已经表达了推销人员是否能满足“要是分期付款，今天能提车吗”的附加条件。很显然，客户的附加条件是在考验汽车推销人员，而并不是真的要当天提车。因此，推销人员完全可以利用前提条件法说服客户做出购买决定。

7．不断追问成交法

不断追问成交法是对付那些犹豫不决、考虑再三的客户的好方法。有些客户会说：“我正在考虑是否购买。”这表示他目前根本不想买。面对这种客户，推销人员必须要比平时多付出一些热诚，同时要专心倾听客户所说的话，千万不能妄加批评。

“如果不仔细考虑的话……”像这样的说法，接下去的话，一定不是明确的拒绝，而是一句毫无意义的话。把这些模棱两可的话，变为明确的决断，便是汽车推销人员的责任。假如能做到这一点，那么你就可以说服客户了。

当客户说“如果不加以考虑的话……”推销人员可以用充满诚意和乐观的语气说：“我正洗耳恭听，您认为对这辆车还要加以考虑，不知是什么原因呢？（接着说下去）是我们公司不符合您的要求吗？”如果客户说“不是”，推销人员要赶紧问下去：“那么，是这款车的动力不好吗？”客户又说“不是”，推销人员再紧接着问：“是因为价格吗？”最后，客户只好说实话了：“是呀！我所考虑的就是价格太高了呀！”推销人员必须要不断地连续发问，直到问出眉目。

此时，问话中绝不能停顿，不留给对方说话的机会。如果推销人员只是机械地说：“是呀！凡事总得多考虑一下。”那就糟了，如果真的对客户这样说，交易也就接近失败了。

8．订单方式成交法

客户表示出某种购买承诺时，推销人员可以向他这样说：“先生，让我来说明书面的内容吧！”同时拿出订货单来，接着又说：“请问大名怎么写？”如果客户并未阻止推销人员开订单的话，那就表示成交了。但如果客户阻止推销人员开订单，表示他一定存有无法购买的理由。推销人员不妨先按他的意思行事，等到问题解决后，再做出已达成共识、要办正式手续的姿态，再一次开订单。一切手续办妥后，推销人员必须先签字，然后慢慢地交给客户，补充说一句：“先生，您也必须在此处签字，签好后，表示已经承认成交了。”客户看着推销人员充满自信的态度，也会安心地签字了。

采用这种方式，在提示合同内容时，必须将空白订单放在客户面前。客户既然已看过合同文本，签字就不会感到不安，同时合同也不会对他产生压迫感了。

9．诱之以利法

所谓诱之以利法，是指通过提问、答疑、算账等方式，向客户提示购买所能带给他们的好处，以充分调动其“机会难得，不能坐失良机”的心理效应，营造成交气氛的成交方法。例如，通过折扣、抽奖、送礼物等活动，打动客户的心，刺激他们的购买欲望。每个消费者都会对自己想拥有的东西存在失去的担心，这就是错过购买心理。利用这个心理可以促成成交。例如，推销人员可以这样说：“这款车只有一辆了，你要的车已经有别的客户想要了，不过如果你今天订车的话……；促销期快过了；价格上升了……”“许小姐，如果现在购买，优惠甚至可以达到 8 000 元，还有送汽油活动，同时可以参加我们车行的购物抽奖活动，特等奖是欧洲风情十日游哦。”“这是我们市里面唯一的一款花冠了，其他商家早已经断货了。”

10．本杰明·富兰克林成交法

这种成交方法是美国著名政治家富兰克林发明的。其核心内容是推销人员把客户购买产品所能得到的好处和不利之处一条一条地列出，用列举事实的方法增强说服力。例如，推销人员说：“谭先生，我来给您分析一下，看看您现在购买我们的汽车值不值得。第一，您觉得它的动力稍差一些，但是它的油耗也相对较低；第二，您认为它的工艺不够精细，但是价格合理，而且不会影响到汽车的行驶性能；第三，您说它的车身太短，不够气派，但是现在很多人都青睐这种两厢式的汽车，因为这种车有个性、很时尚，同时车内空间也相对大、价格相对低。您还有什么可犹豫的呢？”

在该方法的使用中，推销人员可用纸张列出汽车的不利点和有利点（见表 6-21），然后同客户一起进行比较，得出该辆车的有利点远远多于不利点，达到客户接受的目的。该方法对那些犹豫不决或还要考虑一下的客户比较有效。

表 6-21　不利点与有利点比较

不　利　点	有　利　点
动力稍差 工艺粗糙 两厢式、不气派	油耗低 价格合理 维修方便 后续费用低 储物空间大 生活、休闲两用

案例阅读 6-5

本杰明·富兰克林成交法的运用

场景：张先生喜欢这款车，已经试过车，而且同意购买。现在却说他需要考虑一下再做决定。

推销人员：张先生，我知道，如果您不是认真的话，您也不会花那么多的时间来试驾了。

客户：我们是认真的。我们需要一些时间考虑一下。

推销人员：您知道吗，张先生，当我面对这种重大决定的时候，总是想到本杰明·富兰克林，他是美国最有智慧的人之一。他是一个靠自己的能力成为百万富翁的人。当他遇到像您今天这样做重要决定的情况时，与您一样要确认动用较多资金的决定是否正确。如果是不正确的事，他就确认自己不做那样的决定，我完全能够理解你的处境和感受。

客户：对！我们喜欢这辆车，但对我们来说，这个决定太重大了。

推销人员：富兰克林遇到这样的难题常常这样做：他会取出一张纸，在中间画条直线（见表 6-21）。

客户：好！

推销人员：（给客户纸和笔，将前面与客户达成同意的所有事项都让他写下来）那是……所有的吗？您还有其他“Yes”的吗？

客户：没有了，是所有的了。

推销人员：现在您可以把不能决定买车的理由写下来了。（这时推销人员最好不出声，给客户一点时间）看看我们得到了什么？（你可以拿着这张纸，但张先生可以看到，数“Yes”1、2、3、……然后数“No”1、2、3、……）

最后推销人员站起来，微笑着与客户握手说：“看来您的决定是正确的，您要把车挂在您个人的名下还是公司的名下。”

案例阅读中，推销人员采用了本杰明·富兰克林在做重要的决定时常用的一个办法，那就是用纸张列出不利点和有利点，然后同客户一起进行比较，得出该辆车的有利点远远多于不利点，最终达到客户接受的目的，然后用选择成交法成交。

11．价格成交法

这种方式通常作为最后使用的方法，也是最下策的成交法。它将使推销人员的佣金减少，一般情况下不宜使用。这种成交方式是建立在价格基础上而不是建立在价值基础上的，但对某些客户又是奏效的。当你已经使用过所有的成交技巧还没有得到购买承诺而无计可施时，可以用这种方法。运用价格成交法之前，要得到客户的购买承诺。

以上介绍了一些常用的成交方法和技巧。实际销售工作中，推销人员要抓住有利的成交时机，看准成交信号，针对不同的销售对象，采用不同的成交策略，灵活运用各种成交技术，及时有效地达成交易，以实现销售目标，创造销售业绩。

（五）签约

当客户决定购买之后，推销人员应及时与客户签订购车协议书（见表 6-4）或订单。如果客户是贷款客户，汽车推销人员还须告知客户办理按揭手续的流程，并需签订按揭贷款汽车销售合同，详细说明合同的条款，务求让客户能详尽了解合同具体内容，包括各项费用及相关的责任条款等。按揭贷款购车合同如表6-22所示。

表6-22　按揭贷款购车合同

汽车销售合同

甲方：××汽车销售有限公司

乙方：

甲乙双方就乙方向甲方购买汽车并办理按揭或乙方通过其他汽车销售商购买汽车后委托甲方办理汽车按揭相关手续等有关事宜，经友好协商，签订本合同。

一、汽车型号及金额

汽车品牌____________________________；型号______________________；

发动机号____________________________；车架号______________________；

车价______________________________。

二、购车方式

1．乙方向甲方购买车辆。

2．乙方向______________汽车销售商购买车辆，委托甲方办理汽车按揭手续。

三、交车时间、地点及方式

1．乙方向甲方购买的车辆，交车时间、地点以乙方提车确认单为准。

2．乙方向______________汽车销售商购买的车辆，交车时间、地点以汽车经销商及乙方签名盖章的提车确认单为准。

四、付款方式及期限

乙方按下列________种方式及期限付款。

1．一次性付款

乙方于本合同生效的当日一次性付清全部车款_____________元。

2．分期付款

乙方于本合同生效的当日首付_____元，其余车款乙方委托甲方向××银行××支行申请汽车消费贷款，年限______，按揭______%，金额（大写）________________。

五、权利与义务

1．汽车销售商向乙方出售的汽车，质量必须符合国家颁布的汽车质量标准。

2．汽车销售商向乙方出售的汽车，必须是在《全国汽车、民用改装车和摩托车生产企业及产品目录》上备案的产品或经交通管理部门认可的汽车。

3．汽车销售商向乙方出售汽车时必须真实、准确介绍所售车辆的基本情况。

4．乙方通过其他汽车销售商购买的车辆，乙方负有审查所购车辆证件及发票、手续是否齐全、真实的责任，若因此而产生的风险及责任与甲方无关。

5．乙方应对所购车辆的功能及外观进行认真检查、确认。

6．如乙方所购车辆发生质量问题，甲方协助乙方或协助汽车销售商与生产厂家的维修站联系、解决。

六、有关汽车按揭的约定

乙方委托甲方办理汽车按揭手续的，乙方应切实履行如下义务。

1．乙方自提车之日起至银行贷款发生之日止，必须配合甲方及银行的资信调查工作，不得以任何理由推脱。

续表

2．乙方提车后，必须及时上牌，并把车辆登记证及购车发票原件交与甲方。 3．按揭期内，乙方未经银行同意，不得将抵押车辆私自转让给他人；如私自转让，乙方承担由此引发的全部法律责任。 4．乙方在按揭期内，必须严格履行还款义务，不得以经营状况不良或交通事故等原因而影响还款义务的履行。 5．乙方不得以所购车辆发生质量问题为由，影响还款义务的履行。 6．乙方签订本合同及银行贷款合同后，应严格履行，不得私自更改抵押权人，若由此而生的抵押问题，乙方承担全部责任。 7．甲方为乙方办理按揭贷款手续的费用（含保证金、续保订金、担保手续费、工本费等），由乙方承担。乙方贷款期内必须履行保险义务，乙方的续保定金在贷款期最后一年充抵保金，相关手续由甲方负责办理。若乙方不履行保险义务，由此产生的法律后果由乙方承担。 8．乙方若变更住址及联系电话，必须在变更后3日内通知甲方及贷款银行，否则应承担由此而产生的法律责任。 七、违约责任 1．本合同生效后，一方不履行合同的，应依法承担违约责任；造成另一方损失的还应赔偿对方的损失。 2．乙方不履行按揭付款义务的，除按按揭贷款合同承担法律责任外，还应赔偿甲方由此而造成的损失（包括利息、罚息、调查费、律师代理费等）。 八、合同争议解决的方式 本合同履行过程中若有异议，双方应友好协商解决；若协商不成，任何一方均可向甲方所在地人民法院诉讼解决。 九、本合同所指的汽车销售商，是指乙方所购汽车的开票单位。 十、本合同一式三份，签字盖章之日起生效。甲、乙双方各执一份，贷款银行备案一份。 甲方：××汽车销售有限公司　　　　　　乙方： 联系电话：　　　　　　　　　　　　　　联系电话： 　　　　年　　月　　日　　　　　　　　　　　　年　　月　　日

推销人员在成交阶段的签约、履约过程中还应注意以下4个方面。

1．确认合同内容时应注意的事项

确认合同内容时应注意的事项如表6-23所示。

表6-23　确认合同内容时应注意的事项

序号	事　项	内　容
1	请客户确认报价的内容	根据报价单的内容确认合同中各项费用的数额，包括车辆价格、保险费、上牌费、精品加装的费用等内容，确认费用的项目、单价、合计数是否正确，避免出现差错
2	确认交货期	在汽车销售的过程中，由于受车型、颜色的影响，一般的经销店都会存在货源不足的情况，有些车型和颜色可能需要订货，因此在签订合同之前，推销人员一定要再次检查库存状况，对于没有现车的车型，要确认车辆的到货时间，并向客户说明，得到客户的认可，才能在合同中注明交货时间，绝不能为了促成交易而欺骗客户

续表

序号	事　　项	内　　容
3	准确填写合同中的相资料	一般汽车销售店的合同都是打印好的格式文本，推销人员在填写的时候一定要认真，特别是在车型、车辆识别代码、颜色、规格、客户资料等内容的填写上不能出现错误，并要求客户进行最后的确认
4	交销售经理审核	合同签订之前要先交给销售经理进行审核，特别要确认销售的价格、优惠的幅度、交货期等主要内容，得到销售经理的认可后，方可与客户签订购车合同

2. 签约与付款的注意事项

签约与付款的注意事项如表 6-24 所示。

表 6-24　签约与付款的注意事项

序号	事　　项	内　　容
1	专心处理、杜绝干扰	签约是销售过程中最为关键的环节，此时不允许出现任何的失误。如果这时客户再改变主意，对推销人员的打击将是巨大的。因此，在与客户签约的过程中，必须专心处理客户的签约事宜，谢绝外界的一切干扰，不要接听电话，更不要去接待别的客户，以表示对客户的尊重
2	请销售经理出面	推销人员要协助客户确认所有的细节，并请销售经理出面，向客户致谢、寒暄问候，以示对客户的重视，然后请客户在合同上签字。客户签字后把合同书交一份给客户
3	交款及安排车辆	推销人员带领客户前往财务部交款，并开出发票。推销人员要审核发票内容是否正确，并让客户再次确认；对于订车的客户，先交纳订金，并开出订金收据。客户交款后，由销售经理安排配车

3. 履约与余款处理的注意事项

与客户签约后，履约的工作同样重要。如果不能按合同的内容履行合约，则会造成严重的后果，除了降低客户的满意度之外，甚至会引起法律纠纷。因此，在签约到交车的过程当中，推销人员要与客户保持密切的联系，进一步加深与客户之间的感情维系。履约与余款处理的注意事项如表 6-25 所示。

表 6-25　履约与余款处理的注意事项

序号	事项内容
1	推销人员要根据实际情况与客户约定交车时间，特别是订货周期比较长的客户，更要让其明确交货时间，避免因无法交车而给客户的工作和生活带来不便，并将交货日期写入合同中
2	对于订货的客户，在客户等车的过程中，要保持与客户的联络，及时告知车辆的情况，如何时开始生产、是否发运，以及预计到货时间等，从而增强客户等待的信心 一旦出现延迟交车的情况，一定要提前告知客户延迟的原因，以求得客户的谅解，切不可等到客户主动询问到货情况时再告知，这样客户就会对经销店和推销人员产生不信任感

续表

序号	事 项 内 容
3	在车辆到店前一天通知客户准备提车，告知余款金额，以及交车时需带的资料（订单、收据、身份证等），并了解客户的付款方式及来店时间，同时告知客户交车所需要的时间，以便客户安排出足够的时间来办理交车手续
4	从签约到交车是推销人员与客户进行感情维系的有利时机，如等车期间恰逢节日或客户的生日，邮寄一份小礼物表示心意，往往能拉近推销人员与客户的距离，提高客户的满意度和忠诚度
5	推销人员要进行余款交纳的跟踪确认，在交车前确认各种款项已全部支付，并核对开出的发票，直到客户交齐所有款项才能交车

4．签约后的注意事项

1）客户签约后，应尽快告辞并提供下一阶段的服务。“时间就是金钱”，无论是对客户还是对推销人员来说都一样，过多的闲谈，既浪费自己的时间和精力，又容易引起客户的不满。签约后，推销人员通常会比较高兴，甚至兴奋，但不宜过多地向客户流露感情。过分的喜悦，会让客户觉得推销人员是否在这次交易中获得意外的利益。销售人员应该留给客户这样的印象：推销人员对交易的成功感到高兴，但会经常获得这样的生意，这次的成交并无特别之处。这样做的目的是避免给客户心中留下疑虑。

2）安排好对客户的电话回访。回访的目的，一是向客户表明自己对销售品充满信心，而不是只待汽车商品出手便杳无音信；二是向客户表明自己愿意提供周到的售后服务，愿意与客户建立良好的关系。对于汽车这种耐用消费品和高新技术产品，成交后的再访是必要的。客户购买这一类商品是一项较大的投资，通常都希望得到持续的售后服务。对于这种需要长期售后服务的客户，推销人员不仅要进行成交后的再访，还要帮助客户与企业的维修部门建立长期的联系。

三、成交失败的处理

如果成交失败，推销人员仍要热情周到地将客户送至门口，并表示感谢，以其良好的服务态度，加深客户的印象。销售人员还要填写成交失败客户记录表（见表 6-26），以便将今天失败的客户发展为潜在客户。

表 6-26　成交失败客户记录

失败客户	拟购车型	联系电话	初洽日期	客户来源	失败客户当时级别				失败车型	销售顾问	失败原因说明	确认原因	销售经理确认

续表

失败客户	拟购车型	联系电话	初洽日期	客户来源	失败客户当时级别				失败车型	销售顾问	失败原因说明	确认原因	销售经理确认
建议项目及改进措施													

职业知识检测

一、复习思考题

1. 什么是客户异议？客户购车时产生异议的原因有哪些？
2. 客户购车时有哪些成交信号？推销人员应该如何发现它们？
3. 汽车销售顾问在面对成交时往往会有哪些心理障碍？如何解决？
4. 促成成交的基本策略有哪些？
5. 常用的成交方法与技巧有哪些？
6. 成交阶段，推销人员应注意哪些事项？
7. 确认销售合同时，应注意哪些方面？
8. 履约与余款处理过程中应注意哪些问题？

二、案例分析

签约购车过程的注意事项

汽车推销人员：张先生，再跟您确认一下，您要订购的是灰色的 A 车，深色内饰，是吧？

客户：嗯，没错。

汽车推销人员：好的，我们一起来看一下这份合同吧，有一些条款我需要跟您解释一下……

汽车推销人员：您看，不知道我有没有把合同解释清楚，您还有没有什么问题呢？

客户：有一条我想补充一下，我有很多朋友买的也是热门车型，签合同的时候都说好是一个月内交车，但是很多时候过去好几个月了甚至半年都提不到车。我想加一句，如果两个月内你们交不了车，我可以要求退款。

汽车推销人员：张先生，您有这样的担心我很理解。我们以前跟很多客户签约时都是约定一个月内交车，除了去年因为天灾导致了延期交车外，从来没有出现过延时交车的情况。

客户：既然这样的话，那么加上这一条也没有关系嘛。

汽车推销人员：合同要做修改的话，我需要请示一下经理，您稍等一下……张先生，我们经理同意了，可以加上您的补充要求。您看合同还有没有其他的问题呢？

客户：没有了。

汽车推销人员：那好，请您在这里签字。（客户签字后引领其办理相关交费手续）

汽车推销人员：张先生，恭喜您成功订购我们的 A 车，相信这款车一定会让您满意的！

分析讨论：

（1）客户为什么要提出修改合同？

（2）客户要求修改合同中的哪一项？

（3）推销人员与客户确认合同内容时应注意哪些事项？

（4）签约与付款时需要注意哪些事项？

（5）客户履约时推销人员应注意哪些事项？

职业技能训练

一、单一技能训练

训练 1：异议避免

客户：这是新上市的××车吧！

汽车销售顾问：没错，看来您对这款车挺关注的，需要了解哪方面的情况？

客户：听说这款车配置挺高的，甚至有高档车才有的 ESP 和随动转向大灯等配置。

汽车销售顾问：太对了，这也是很多像您这样的客户购买该车的一个很重要的原因，因为如此，该款车已经出现了供不应求的情况。顺便请教一下，关于这款车，您的朋友是怎么评价的？

客户：有些朋友有一个担心，就是你们公司一直是做家用车的，这款车是你们公司的第一款商务车，不知道车的性能与售后服务怎样？

汽车销售顾问：看来您比较倾向于选择这款车，要不然不会提出这样的问题。您一定知道，经过十多年的努力，我们公司彻底转变了整个中国消费者对两厢车的看法，引领了两厢车的消费潮流。同时，您肯定也知道，我们公司的合作方不仅在家用车的领域有上乘的表现，同时更擅长于商务车，相信您已经在这方面做过了解，也会同意这样的观点：我们公司同样也会引领商务车的消费潮流。

训练 2：要求客户成交

汽车销售顾问：王女士，今天是您第 5 次来店，加上前几次的了解，想必都对您要投资的品牌和车型有了一个完整的概念了吧？

客户：没错，通过你们的介绍和其他品牌店的介绍，虽然是初次购车，但我已经有了一个大概的认识了。

汽车销售顾问：好，我们就来讨论一下您要买的车是什么样的？

客户：好的。

汽车销售顾问：如果我没有记错的话，您首先考虑的是外形，要符合您的职业特点，对吧？

客户：是的。

汽车销售顾问：经过您的比较，这款车应该是比较适合您的想法的一款车，没错吧？

客户：你还记得真清楚。

汽车销售顾问：从安全的角度看，四气囊的配置是最低的要求，应该不会错吧？

客户：是的。

汽车销售顾问：从内饰来看，真皮方向盘、带卫星导航的 6 碟 DVD、8 喇叭音响系统、真皮的可调整座椅也是必需的选择，没错吧？

客户：对！

汽车销售顾问：如果我总结一下，那就是我们推荐的这款车最符合您的要求，对吧？

客户：对。

汽车销售顾问：那好吧，既然这款车您这么中意，只要您把这份合同签了，这部车就是您的了。

二、综合技能训练

每 3～4 人一组进行车辆成交与签约训练。一人作为销售顾问，其余扮演客户；然后互换角色训练。

人　员	成交与签约训练内容	训 练 要 求
销售顾问 1 名；若干名客户	处理客户异议的程序 处理客户异议的方法 识别客户的购买信号 促成交易的策略 促进成交的技巧 签约过程中的注意事项	掌握处理客户异议的程序 掌握处理客户异议的方法 学会识别客户的购买信号 掌握促成交易的策略 掌握促进成交的技巧 熟悉签约过程中的注意事项

三、技能迁移训练

（一）技能训练

选择其产品，以小组为单位进行练习。推销人员在产品介绍后，通过识别客户的购买信号，运用促成交易的策略和促进成交的技巧适时提出成交；然后在班里交流，同学们互相点评，最后由教师点评。

（二）案例分析

让客户自己提出成交

一个养鸡设备推销人员向一位养鸡场主人推销养鸡设备，主人开门一看二话不说就将门关上了。推销人员见直接推销肯定无法成功，就再次敲门，当门打开后，他赶紧抢在主人之前说："可能您误会了，今天我不是向您推销什么的。我们准备在您家附近开一家饭店，听说您的养鸡场很不错，就想过来商谈一下以后是否可以在您这边采购鸡蛋和鸡肉。"一听是客户上门，主人马上向推销人员道歉，将他迎进门。推销人员一边和主人聊天，一边仔细观察养鸡场，不时赞美几句："您的养鸡场办得真不错！"这一下子打开了主人的话匣子："您真有眼光。不是我吹，我的这个养鸡场可是这方圆几百里数一数二的。我们家几代人专门养鸡，积累了大量的经验，而且我们的鸡苗是专家精心培育的，您在其他地方绝对买不到这么好的鸡了。"推销人员瞄准时机，转换话题："既然您的技术和管理这么专业，而现在家禽市场这么火爆，您为什么不抓住时机，想办法扩大养鸡场的规模呢？""不是我不想，而是现在的养鸡设备不叫人放心。以前我们采购设备的时候，那些厂家说得天花乱坠，可是一买回来，三天两头出毛病，打电话，他们总是说没空。我实在是不想再上当了，干脆就维持现状了。"推销人员赶紧说："这样实在是太影响您的事业了。老实说，我就是某某公司的业务员，我知道现在我怎么说我们的产品好，您也不会相信。我这里有附近几家使用我们设备的养鸡场的名单和地址，您可以亲自去参观一下再做决定。"几天之后，那个养鸡场主人去那几个养鸡场参观，了解了他们养鸡设备的使用情况和某某公司对客户的服务情况，感到比较满意，就小规模地买了几台设备。之后没几天，推销人员就来回访，了解设备的运转情况，并提出一些合理化意见和建议。每隔一段时间，推销人员都会以电话或其他形式与养鸡场主人联系，他们渐渐成为了很好的朋友。以后，每次采购设备，养鸡场主人都会尽可能地向那个推销人员采购，同时还为推销人员介绍了很多客户，这家设备公司也成功地占领了当地养鸡设备市场。

问题：

1. 你从这个故事中得到了什么启示？
2. 如果你是一名推销人员，你将如何推销你的产品？
3. 这个故事中你觉得有哪些可以借鉴的地方？

情境七

新车递交

案例引入

乔治·吉拉德在销售汽车的过程中除了很用心、很仔细地将铿亮的车子交给客户外，在交车时及交车以后他还会做以下几件事，即一照、二卡、三邀请。一照是指在将车子交给客户的那一刻，除了将车钥匙、证件交给客户外，还会同客户和客户的新车一起拍张合影照片，拍完照片后会尽快地洗出照片送给客户，这样即使过了相当长的时间，当客户看到或者其他人看到这张照片时，都会引起一段美好的回忆，而这一点帮助“乔”赢得了不少的订单。二卡是指两张卡片：第一张卡片是关于买这辆车的交易过程的，包括车子以后的维修记录等，叫车辆管理卡；第二张卡片是客户管理卡，与客户有关，记录所有与客户有关的信息，如客户的姓名、出生年月日、喜好、家里有几个孩子、孩子在哪里念书、太太在哪儿工作等。三邀请是指每年邀请客户到公司来 3 次，客户来公司后首先到车间去保养和检查一下车辆，然后回到汽车展示中心，乔治·吉拉德再把新车及其相关的信息向他做一下介绍。

问题：

1. 乔治·吉拉德要做到用心交车，需要做好哪些准备工作？
2. 汽车推销人员在交车前要对车辆进行哪些重点检查？
3. 汽车推销人员与客户一起提车时需要做哪些工作？
4. 乔治·吉拉德在交车时及交车以后还要做哪几件事？为什么？

任务背景

交车是客户最兴奋的时刻，在这一刻，客户盼望已久的新车马上就能交付使用了，同时客户拥有汽车的梦想也即将实现，有车一族的新生活也将在这一刻开启，因此客户会怀着喜悦和激动的心情到销售店办理交车的手续。推销人员要善于迎合客户的情绪，通过交车激发起客户的热情，感动客户，从而与之建立起长期的关系。

任务目标

交车的过程是客户最为关注的环节，也是推销人员与客户保持良好关系的开始。这一阶段的工作可以让客户对品牌及商品的销售和服务产生高度的认同，进而提升客户的满意度。要做好交车工作，汽车推销人员就要熟悉交车过程。推销人员首先必须了解提车时客户的心理和期望，然后有针对性地开展交车说明和提供相应的服务。具体来说，任务目标包括：掌握交车准备工作流程；掌握新车手续的办理步骤；掌握车辆使用介绍要点；掌握车辆交车说明要点；掌握交车仪式流程。

任务实施

一、做好交车的准备工作

交车前，汽车销售顾问要将整个交车中的各环节时间安排好，让交车有序进行。汽车销售顾问在交车前要做好各项准备工作，具体工作如图 7-1 所示。

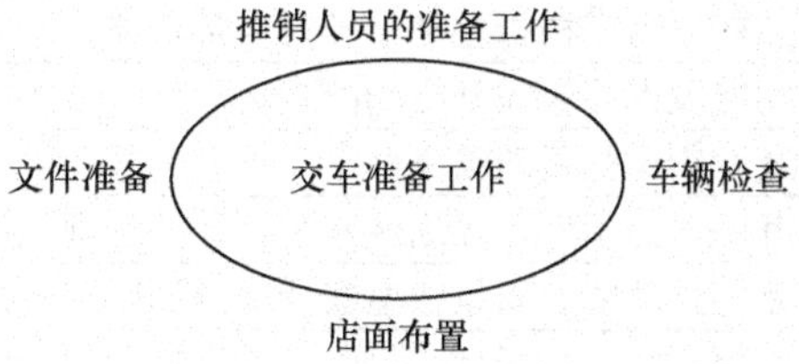

图 7-1　交车准备工作图

（一）文件准备

交车前，汽车销售顾问需要准备的文件如图 7-2 所示。

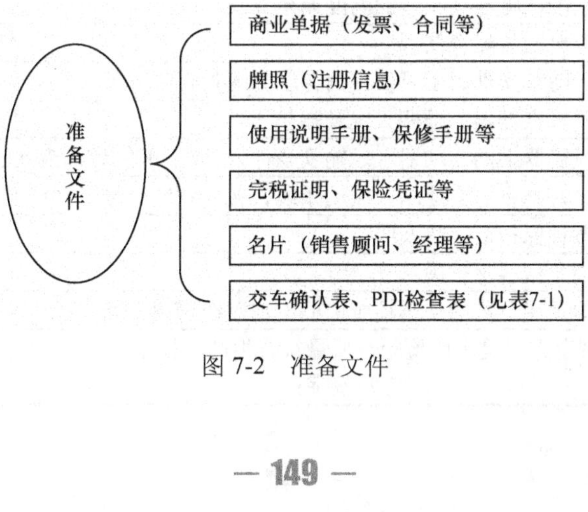

图 7-2　准备文件

表 7-1　PDI 检查表

序号	内　　容	检查
1	发动机号、底盘号、车辆标牌是否清晰，是否与合格证号码相符	
2	发动机号、底盘号、车辆标牌是否符合交通管理部门的规定	
3	核对随车文件（与上牌照相关文件）是否正确	
4	目视检查发动机舱（上部和下部）中的部件有无渗漏及损伤	
5	检查发动机机油油位，必要时添加机油	
6	检查冷却液液位（液位应达 MAX 标记）	
7	检查制动液液位（液位应达 MAX 标记）	
8	检查助力转向液压油油位（油位应达 MAX 标记）	
9	检查蓄电池状态、电压、电极卡夹是否紧固	
10	检查前桥、主传动轴、转向系统及万向节防尘套有无漏油或损伤	
11	检查制动液储液罐及软管有无渗漏或损伤	
12	检查车身底板有无损伤	
13	检查轮胎、轮辋状态；调整轮胎充气压力至规定值	
14	检查车轮螺栓及自锁螺母拧紧力矩	
15	检查底盘各可见螺栓拧紧力矩	
16	检查车身漆面及装饰件是否完好	
17	检查风窗及车窗玻璃是否清洁完好	
18	检查座椅调整、加热、后座椅折叠功能及安全带功能	
19	检查方向盘调整功能及燃油箱盖开启功能	
20	检查内饰各部件及行李厢是否清洁完好	
21	检查所有电器、开关、指示器、操纵件及车钥匙的各项功能	
22	检查前、后刮水器各挡功能、雨量传感器功能及调整清洗液喷嘴喷射角度	
23	检查车内照明灯、警报灯、指示灯、喇叭及前大灯调整功能	
24	检查电动车窗升降、中央门锁，车外后视镜调整及天窗开关功能	
25	检查车外后视镜调整、内后视镜防眩目功能及天窗开关功能	
26	检查收音机功能，将收音机密码贴于收音机说明书上；校准时钟；维修保养间隔显示归零	
27	检查空调功能，将自动空调的温度调至 22℃	
28	查询各电控单元故障存储	
29	检查钥匙、随车文件、工具及三角警示标牌是否齐全	
30	装上车轮罩、点烟器、顶棚天线及脚垫	
31	除去前轴减震器上的止动器（运输安全件）：取下车内后视镜处的说明条	
32	试车：检查发动机、变速箱、制动系统、转向系统、悬挂系统等功能	
33	除去车内各种保护套、垫及膜	
34	除去车门边角塑料保护膜	
35	填写“保养手册”内的交车检查证明，加盖经销商 PDI 公章	

本车已按生产厂家规定完成交车前检验，质量符合生产厂技术规范。

经销商签字：　　　　　　　　　　客户签字：

（二）车辆检查

当准备把一辆新车交付给客户使用前，汽车销售公司必须要自检该车是否合格，合格才可以把它交给客户。交车前，推销人员也要对车辆做全面而细致的检查，也要做好车辆的清洁工作。

1. 汽车推销人员对车辆进行重点检查

汽车推销人员在交车前要对车辆进行重点检查，具体工作如表 7-2 所示。

表 7-2 交车前对车辆进行重点检查的内容

序号	检 查 内 容
1	漆面是否有刮伤、剥落、凹痕、锈点、饰条
2	内部、外观是否有刮伤、划痕，是否有缺装饰品，零件是否有松脱处等
3	电线束的束紧和吊挂
4	车窗和车厢、引擎及行李厢等是否污脏
5	有没有不必要的标签或会扎人的物品
6	汽油箱内至少有 1/4 箱汽油
7	车辆必须经过实际操作，保证所有功能正常

2. 汽车推销人员对车辆进行清洁

交车的当天必须对新车进行清洁，要做到一尘不染，在车内地板上铺上保护纸垫，车内的工具、备胎摆放整齐，要让客户觉得这是一辆没有人开过的全新的车辆，以保证提车的客户的满意度。

（三）推销人员的准备工作

1. 交车前一天的工作

交车前一天的工作内容如表 7-3 所示。

表 7-3 交车前一天工作内容

序号	内 容
1	确定客户来店提车的具体时间，并暗示客户遵守约定的时间。例如，推销人员可以说："好的，那么我明天下午 2 点钟准时恭候您的光临，期待与您再次会面，谢谢，再见。"
2	确认客户的付款方式，询问客户是付现金还是付支票或是刷卡，不同的付款方式可能会影响到交车的时间，最方便的方式是刷卡。因此，要尽量说服客户采用刷卡的方式进行付款，这样可以提高交车的效率；如果客户提供的是支票，必须说明要等支票的款到账后才能提车
3	告知客户交车的主要内容及所需时间，以便客户提前做好时间安排。很多推销人员在交车前没有提前告知交车所需的时间，待客户来提车时，由于没有安排出足够的时间，最后造成很多交车说明事项没有时间说明，导致客户在车辆使用过程中出现问题
4	告知客户交车所需携带的资料、文件和证件。交车过程中，需要客户提供的订单、收据、身份证、驾驶证等，在交车前要告知客户，否则会因客户在交车时未带齐资料而造成无法提车，影响客户的满意度

2．交车当天的准备工作

交车当天的工作内容如表 7-4 所示。汽车销售顾问在交车之前与客户沟通的事项包括以下 3 个方面：

1）询问客户哪一天比较方便，有足够的空闲时间提车，并且要约定具体时间。

2）交车前一天，再次与客户联系，以提醒客户不要忘记。

3）如果发生特殊情况，无法按时交车，要在最短时间内通知客户，并说明延误原因并重新确定交车时间。

表 7-4　交车当天的工作内容

序号	内　容
1	推销人员准备好交车的资料和物品，包括随车资料、合格证、交接单、订单、交车贵宾证等，以及交车仪式中要用到的照相机、礼物、鲜花、礼炮等。新车交车时，会有很多表格、手册类东西需要填写，推销人员应该在客户到来之前将这些资料准备齐全，同时熟知每一张表格的填写要求、规范及如何填写，如果需要客户提供某原始数据及资料，应提前通知客户一同带来。在客户填写表格的时候，推销人员应在一旁指导，毕竟客户不经常接触这些东西。有些地方不需要客户本人填写的，推销人员可以代劳，如免费办理会员卡需要填写的资料等
2	推销人员在展厅门口设置交车恭喜牌，让客户一进展厅就能看到，感受到一份尊重，同时也给来展厅的其他客户看看，让他们感受到客户在公司所受到的尊重，让他们对公司的服务留下更深刻的印象
3	通知销售经理、服务人员及相关人员，告知参加交车仪式的时间及客户的信息。 交车前与客户进行充分的沟通是十分必要的，客户在历经了几番周折后终于决定了要买车，而交车的日子对于他们来说显然意义重大。如果能够在一个充足的时间里面完成这一活动，客户显然会更加满足。所以，汽车推销人员要从客户的角度出发，在交车前做好充分的准备，为他们留下一个难忘的历史时刻

（四）店面布置

推销人员必须保证交车区明亮、整洁、清新，最好备有桌椅、饮料、点心（推销人员可事前确认），以便将各种车辆资料在庄重、轻松、愉悦的气氛下交给客户，提高交车的满意度。

二、确定交车过程

交车过程是客户最兴奋的时刻，也应该是推销人员比较高兴的时刻。在这个时刻，每个环节都要迎合客户的这种喜悦心情，在交车的过程中详细说明车辆使用的注意事项及售后服务的内容，并办理车辆的交接手续。交车过程的具体内容包括 7 个方面。

（一）接待客户

1）接车客户到达时，推销人员要预先到门口迎接，态度要热情，并恭喜客户购买了心仪的车辆，同时感谢客户对自己的信任。

2）为客户挂上交车贵宾证，并让客户注意到展厅门口的欢迎牌。每位员工见到戴有交车贵宾证的客户都要立即道喜祝贺，显示对客户的尊重，同时感染了在展厅看车的其他客户，使他们对公司的优质服务有更深入的了解。

3）引导客户到交车区就座，并提供饮品等，同时再次说明交车的流程、内容及所需时间。

（二）陪同客户提车

推销人员陪同客户提车时需要做好的工作如表 7-5 所示。

表 7-5　陪同客户提车时需要做好的工作

序号	工 作 内 容
1	推销人员陪同客户对车辆进行检查，确认车辆外观和性能完好
2	客户确认车辆的型号、规格、颜色与所订车型是否一致
3	推销人员陪同客户进行试乘试驾，通过亲身体验确认车辆性能完好

小贴士

推销人员与客户一起提车应注意的问题

- 填写“车辆出库单”，将车辆停放在指定交车位置，准备好随车物品。
- 再次向客户示范各项功能的操作。
- 请客户共同检验车况，以保证车辆的各项指标都不出现问题。
- 签署交车确认表，如表 7-6 所示。
- 感谢客户能够选择自己介绍的车，接受自己的服务。
- 将车辆结算清单交给客户与相关部门工作人员。

表 7-6　交车确认表

××4S 店交车确认表

车主姓名：________________移动电话：________________
VIN 号码：________________发动机号码：________________
钥匙号码：________________牌照号码：________________
车型：________________车色：________________
内饰颜色：________________交车日期：________________
地址：________________________________
电话：（H）________________（0）________________

一、首先谢谢您对××乘用车公司的厚爱，恭喜您拥有了这样一部好车并开始享受更加美好的生活。在您使用这部车之前，让我们来为您的爱车做点交与说明。谢谢您！

拍照留念□　　FM 设定□　　其他________

1．交车前准备（含 PDI）□

2．证件点交

保险卡□　保修手册□　使用说明书□　合格证□　完税证明□　其他________

续表

3. 费用说明及单据点交
发票□ 保险单据□ 上牌费□ 车船使用税□ 车辆购置税□ 其他________
4. "使用说明书及保修手册"内容说明
使用说明书□ 800免费专线电话□ 服务保证内容□ 紧急情况处理□
定期保养项目表□ 24小时救援服务□ 1000千米、5000千米免费保养内容说明□
5. 介绍服务站
营业地点□ 营业时间□ 介绍服务代表□ 介绍服务部经理□
6. 车子内外检查
车内整洁□ 外观整洁□ 配备□ 千斤顶□ 工具包□
故障警示架□ 备胎及轮胎气压□ 其他________
7. 操作说明
座椅、方向盘调整□ 后视镜调整□ 电动窗操作□ 儿童安全锁□
油、水添加及汽油种类和号数□ 空调、除雾□ 灯光、仪表□
音响□ 特有配备□
8. 温馨特别的服务
二、车价：
保险费：________________________税金（共）：________________________
其他费用：______________________其他选配服务费用：________________
以上请车主确认无误后签名：
说明：本表一式两份，客户和4S店各存一份，4S店的保存期为两年。
销售部经理： 销售顾问：
服务部经理： PDI人员：

（三）邀请客户填写表单

交车所有程序完成之后，汽车销售顾问要邀请客户填写"客户意见咨询表"和"客户满意调查问卷"，以此了解客户意见。

（四）新车手续办理

一辆新车，从验证到正式上路，需要经过工商验证、缴纳购置附加费、办理移动证、办理保险、车辆检验、领取牌照等程序，以及工商、交通、车管所等七八道程序。现在许多客户都委托汽年销售公司办理手续，这往往也成为商家竞争的重要手段。新车手续办理主要程序的具体内容如表7-7所示。

（五）协助办理车辆保险

1. 承保流程

汽车销售顾问只有熟悉汽车保险办理流程，才能更好地为客户提供保险服务。

1）建议意向。即向客户宣传保险的优点及店内投保的优势，使客户有在店内投保的意向。

表 7-7　新车手续办理主要程序

<table>
<tr><th>序号</th><th>程　　序</th><th colspan="2">具 体 内 容</th><th>备　　注</th></tr>
<tr><td rowspan="2">1</td><td rowspan="2">购车</td><td>客户</td><td>（1）个人提供身份证
（2）单位提供企业法人代码证，国有单位还需提供“控办”指标
（3）如军人购车，必须部队出具本人姓名、单位、住址证明</td><td></td></tr>
<tr><td>汽车经销商</td><td>（1）正规购车发票
（2）厂家提供的汽车质量合格证
（3）进口车必须提供海关货物进口证明或罚没证明、商检证明</td><td></td></tr>
<tr><td>2</td><td>工商验证</td><td colspan="2">办理工商验证必须提交以下资料：
（1）购车发票
（2）汽车出厂合格证明（合格证）
（3）单位代码证或个人身份证
（4）进口车辆必须提供海关证明、商检证明
（5）罚没车辆必须出示罚没证明
（6）凡车价差异较大或售车后退货又重新出售的车必须由售车单位出具证明，后者则必须出示原售车发票</td><td>购车后，必须带上购车发票和购车合同到工商局所属的机动车管理所办理发票验证手续，并在发票上加盖验证章</td></tr>
<tr><td>3</td><td>办移动证</td><td colspan="2">办理移动证时，必须提供以下资料：
（1）身份证
（2）购车发票
（3）进口车还必须带海关货物进口证明或罚没证明、商检证明
（4）单位的车必须带法人代码证书和公章</td><td>（1）没有牌照的车辆是不能上路的
（2）在领取正式牌照之前，还需要到所在区、县的交通大队办理车辆移动证
（3）本地车只有办理了移动证才能上路行驶，外地车还应办理“临时牌照”才能上路</td></tr>
<tr><td>4</td><td>缴纳附加费</td><td colspan="2">缴纳附加费时，必须提供以下资料：
（1）工商验证发票原件及复印件两张
（2）汽车质量合格证
（3）进口车必须提供海关货物进口证明或罚没证明、商检证明
（4）个人提供身份证，单位提供企业法人代码证，属国家控制车辆还必须提供控办“准购证”</td><td>（1）汽车是高档消费品，因此还必须到交通部门指定的车辆购置附加费征稽管理处缴纳附加费
（2）国产车的购置费是车价扣除增值税后金额的 10%，其计算公式为：购置费=车价÷117×10%
（3）进口车的购置费为进口环节各项税费组成的计税价格的 10%。其计算公式为：购置费=计税价格×10%</td></tr>
</table>

续表

序号	程　　序	具 体 内 容	备　　注
5	上保险	（1）汽车出事率较高，容易给他人带来危害，因此购买新车必须承保第三者责任险，其他险种可酌情办理。车主可在保险公司或市场内的保险代办处交纳保费 （2）办理保险时必须提供身份证或法人代码证、购车发票	
6	验车	验车时必须带齐所需证件： （1）车主身份证或法人代码证 （2）车辆合格证 （3）进口车还必须出示商检证书、进口单和车管所核发的准验单	新车必须经车辆检测场检验合格后才能领牌。验车场由车管所指定。检验合格后填发由驻场民警签字的机动车登记表
7	领取车牌照	领牌时需要带以下证件； （1）购车发票（进口车还必须出示商检证书、进口单和车管所核发的准验单） （2）车辆合格证 （3）占地证明（停车泊位证明） （4）个人必须提供身份证，单位必须提供企业法人代码证，属国家控制车辆还必须提供控办“准购证” （5）购车附加费证 （6）验车合格的机动车登记表	（1）领取牌照必须本人到场 （2）在领回牌照的同时，还能领到“检”字和临时行车执照。临时行车执照替代行驶证使用，同时供下一步备案新车和办正式行驶证时使用
8	保险公司登记车牌号	尽快把新车车牌号通知保险公司是非常必要的。《机动车辆保险条款》中规定，保险车辆必须有交通管理部门核发的行驶证和号牌，否则本保险单无效	车主最好亲自到保险公司登记牌照号码。如果保托人很懂行、很负责，也可以委托他们登记牌照号码
9	新车备案	新车领取牌照后，应先去备案，然后再办行驶证。备案地点是所在地的安委会	备案时必须带车主身份证和临时行车执照
10	办理行驶证	（1）两张新车照片 （2）临时行车执照 （3）备案卡 （4）车主身份证	领牌照的 3 日之后方可办理行驶证，必须准备两张新照片，到相应的车管所办理
11	新车建档	新车建档是在交购置费的购置附加费征稽所进行。建档后，工作人员将在购置附加费证上加盖“已建档”的章	新车建档可以规避风险
12	缴纳车船使用税	新车领回行驶证后，应带上购车发票和行驶证，尽快去所在地税务局（或购车时在其驻场代征处）交纳车船使用税，领取“税”字牌	保险公司可以代收车船使用税

2）询问需求。了解客户的用车习惯及驾驶技术等状况。

3）设计保险方案。汽车销售顾问要根据客户的需求，设计适合的承保方案。不同客户的承保方案具体如表 7-8 所示。

表 7-8　不同客户的承保方案

序号	方案类别	险种组合	保障范围	适用对象	客户特点	特点
1	最低保障	交强险	只对第三者的损失负赔偿责任并且赔偿额度有限	急于上牌照或通过年检的个人	（1）怀有侥幸心理，认为上保险没用 （2）驾龄长，无事故	（1）可以用来应付上牌照或验车 （2）一旦撞车或撞人，对方的损失能得到保险公司的一些赔偿，但是自己车的损失只能自己负担
2	次低保障	第三者责任险+交强险	只对第三者的损失负责赔偿	对保费过于敏感的老司机	认为上保险没用，驾龄长并无大事故	（1）可以用来应付上牌照或验车 （2）一旦撞车或撞人，对方的损失能得到一些赔偿，但是自己的损失只能自己负担
3	基本保障	车辆损失险+第三者责任险+交强险	只投保基本险，补偿客户自己车辆的损失；不含任何附加险	有一定经济压力的个人或单位	对保费敏感，喜欢“物美价廉”	（1）必要性最高 （2）不是最佳组合，最好加入不计免赔特约险
4	最佳保障	车辆损失险+第三者责任险+风挡玻璃险+车上责任险+不计免赔特约险+交强险	除了基本保障险种组合的保障范围外，还包括对车窗、挡风玻璃的单独破碎按实际损失赔偿；对车上人员伤亡如果本车负有责任按条款规定赔偿；负责赔偿免赔金额	经验不足的新手或驾龄短经验有限的个人；经常走高速公路或经常停在露天停车场	认为乘客及车辆易损部分得到安全保障	使用经济，性价比较高
5	完全保障	车辆损失险+第三者责任险+车上责任险+风挡玻璃险+不计免赔险+全车盗抢险+交强险	除了基本保障险种组合的保障范围外，还包括对车上人员伤亡如果本车负有责任按条款规定赔偿；对车窗、挡风玻璃的单独破碎按实际损失赔偿；负责赔偿免赔金额；按条款赔偿被偷被盗的整车	驾龄短、对维修费用敏感；经常走高速公路或经常停在露天停车场；无固定停车地点的个人或公司	认为居安思危方才有备无患。不用担心交通所带来的种种风险	（1）保障全面 （2）保费较高，个别险种出现概率较小

4）车险条款介绍。介绍车险条款及投保方案的优缺点。

5）投保单的签署。即讲解投保险种及费用，征得客户同意后，请客户先在《车辆保险建议书》上签字确认，再签署投保单。

6）收费出单。收取费用，打印保单；向客户讲解免赔条款及理赔注意事项。

2. 商谈目的

汽车销售顾问同客户商谈的目的主要包括两点，如表 7-9 所示。

表 7-9　汽车销售顾问同客户商谈的目的

序号	目　的	内　容
1	充分吸引客户，促成店内投保	充分向客户宣传本店保险服务的优势，说服客户在店内购买认证保险（重点是车险）
		服务优势的宣导，包括专业险种咨询、24 小时热线、专业维修及纯正配件、合作优势等
2	消除一切幻想，树立恰当指标	降低不合理的期望值，避免客户产生与理赔正常操作及保险条款相违背的过高期望
		使客户树立正确的服务期望，真正好的理赔服务是“便捷+安心”，而规范操作正是专营店的优势所在

3. 商谈时机

汽车销售顾问要挑选合适的时机同客户商谈承保事宜（见表 7-10），以便更好地促成交易。

表 7-10　商谈承保事宜时机的选择

序号	时　机	内　容
1	新车商谈过程中	新车保险的介绍通常与新车的介绍是同步的，因为通常客户在选车时会问到包牌的价格，而保费自然是其包牌支出中不可缺少的一项
2	新车订单确定后	客户一旦选定车型，确定了订单，一定要利用客户还在店里的时机敲定车险保单

4. 商谈要求

汽车销售顾问同客户商谈的要求如表 7-11 所示。

表 7-11　汽车销售顾问同客户商谈的要求

序号	要　求	内　容
1	品牌保障	投保安心、出险无忧、维修放心、理赔顺心、全国通赔服务
2	一站式服务与店外保险服务的异同	相同的是无论在哪里买保险，×××××都是您的最佳维修去处 不同的是店外投保可能面临理赔时效、定损地点、定损价格、索赔难题等风险

续表

序号	要　求	内　容
3	履行告知义务	全保不是全赔，介绍正常赔付范围的同时要将常见免赔情况对客户进行告知
		出险报案的相关要点，第一时间拨打 24 小时热线，配合现场查勘等
		保险事故维修方案：以维修为主，更换为辅（只有功能性损伤且不可修复时，才能更换，特别是覆盖件）

5．应对要点

汽车销售顾问在与客户的交谈中可能会遇到一些问题，这时可以采用技巧巧妙应对（见表 7-12），尽量争取让客户投保。

表 7-12　应对技巧

序号	问题类别	客 户 问 题	应 对 技 巧
1	价格	你们报价比我朋友报价贵了 1 300 多元	（1）用自信的语气打消客户疑虑 （2）解释影响价格的多种因素 （3）说明选择保险的标准 （4）介绍正规 4S 店车险服务优势
2	客户人情关系	我朋友说什么保险他都可以帮我买，他做保险不容易，我得帮他	（1）正面肯定客户对朋友的义气 （2）善意提醒客观分析利害关系
3	老司机不愿购买保险	我是老司机，买个交强险就行了	（1）分析原因：客户主要是对车损险的认识有误区 （2）向客户解释车损险的重要性 （3）提出建议
4	免赔告知	免赔太不合理了吧？保险这么贵，还不能全赔	（1）首先告诉客户该保单的大概保障范围 （2）坦言全世界没有“全赔”的保险 （3）解释所谓“全险”的基本含义 （4）解释常见免赔范围及其合理性 （5）引导客户正确认识车辆保险的作用和意义

6．投保需要提供的资料

汽车销售顾问要告知客户投保时需要提供的资料，如表 7-13 所示。

表 7-13　投保客户需提供的资料

序号	车辆类别	客户类别	所 需 资 料
1	新车	个人	购车发票、合格证和身份证复印件
		单位	购车发票、合格证和组织机构代码证复印件
2	旧车	个人	行驶证和身份证复印件
		单位	行驶证和组织机构代码证复印件

（六）交车说明

1．操作说明

客户对车辆进行确认之后，推销人员应针对车辆的操作进行详细的说明，包括车内各种设施的使用，各种操控键的作用和使用方法，以及工具的使用。推销人员可以利用《驾驶员手册》向客户介绍新车的使用知识。

2．安全注意事项的说明

推销人员要向客户说明车辆的安全配置及使用的规范和要求，告知在行车过程中的安全注意事项。例如，如何正确使用安全带，儿童锁的使用方法；不要将可乐罐和矿泉水瓶放在驾驶员座椅下面，否则一旦滚到刹车踏板下面去，将会产生严重的安全事故。

3．上牌程序的说明

推销人员要向客户说明车辆上牌的手续及办理的地点；如果是代办上牌的，要与客户预约上牌的时间，并告知相关的收费标准。很多客户是第一次购车，对上牌的手续不了解，因而常常在上牌过程中出现问题。例如，上了牌却没有办理备案，没有及时购买养路费和车船税，最终导致车辆无法年审，还要接受高额的滞纳金。因此，上牌的说明是十分重要的。

4．磨合期注意事项的说明

磨合期的使用将对一辆车的性能起到至关重要的作用，推销人员在交车的过程中要向客户说明磨合期应注意的关键点。比如，磨合期要控制车速、发动机的转速尽量控制在 3 000 转以内、避免急加速和急刹车、避免在不平坦的道路上行驶等，同时要告诉客户磨合期保养的时间和相关的费用（不同的车型会有较大的差别）等。

5．保修条件和保修范围的说明

在交车的过程中，推销人员要让售后服务部的专业人员向客户讲述车辆保修的条件和保修的范围，根据《保养手册》的内容解释车辆检查和维护的日程及其重要性，重点是保修期限和保修项目等重要事项。很多客户认为，车辆在保修期内有任何问题都属于保修的范围，这是不对的。这些如果在交车的时候不说清楚，在日后的使用过程中买卖双方容易产生矛盾，引起不必要的争端。例如，车辆的玻璃、雨刮片、灯泡、轮胎在使用过程中正常损耗是不属于保修范围的，如果不说明，很多客户就不知道，一旦说了，客户就容易理解。特别要向客户说明强制保养的规定及重要性。有些客户就是没有按厂家的规定进行强制保养，最后不能享受厂家的免费保修，给自己带来很大的损失。另外，售后服务部的工作人员还要向客户介绍售后的服务网络，以及本经销店的营业时间、预约项目、24 小时救援服务项目等。

6．售后服务和满意度调查的说明

车辆销售之后，公司会为客户提供全方位的售后服务，售后服务部门会定期与客户进行联系，了解客户车辆的使用情况，并及时提醒客户进行车辆的保养，一些厂家和经销商还会对客户进行满意度调查，这些工作都需要客户耐心地予以配合，因此这些情况在交车的时候就要向客户说明，希望客户能够给予支持和配合。

7. 精品加装的确认

对于加装了精品的客户，要让客户进行精品加装项目的确认，并检查安装的质量，同时向客户说明精品的使用和相关的操作。例如，加装了防爆膜的车辆，由于膜没有干透，要告诉客户两天之内车窗玻璃不能升降；加装了导航系统的，要告诉客户各种功能和操作方法等。

（七）参观维修部门

为了向客户证实买车后可以提供的售后服务，同时为了展示经销店的维修实力，销售人员可以带客户参观维修车间，向客户介绍维修部门的负责人和维修设备。因为客户买了车后，肯定是要和维修部门打交道的，通过对售后服务部门的介绍，能增强客户对经销店的信心，一旦他有朋友买车，就会想到介绍这家经销店。

交车时最关键的内容就是必须将车辆的使用方法明明白白地告知客户，让客户能正确地使用车辆，同时了解车辆在使用过程中的注意事项，减少问题的发生，即使出现问题也能够知道如何处理，解决客户用车的后顾之忧。因此，交车过程中的说明是十分必要的环节，务求认真细致，切不可为赶时间而一带而过。

三、完成交车仪式

交车是客户最兴奋的时刻，为了能迎合客户的心理，在交车的过程中举行交车仪式，能带给客户一个惊喜，大大提高客户的满意度，也能很好地激发推销人员的工作热情。

案例阅读 7-1

热 情 交 车

汽车推销人员：赵小姐，您好，欢迎再次光临。今天是交车的日子，也是值得庆贺的好时光。从今天开始，有车的日子会让您的生活更有意义。

客户：我也是这样想的。

汽车推销人员：赵小姐，我今天才发现，这款车配上您如果用两个字来形容的话，叫作“绝配”，只有您这样的气质配上这款车，才能体现车的高贵和您的气质。

客户：你过奖了。

汽车推销人员：这是我的真心话。不论从色彩、造型上，还是从其他的方面来看，这款车子都体现了一种高贵的品质，要不您怎么千选万选最终选择了这款车呢？

客户：当然还是你们推销得到位，让我有机会与这款车结缘。

汽车推销人员：是啊！我们也相信当您驱车前往公司时，会有更多的目光关注到您及这款漂亮的车。

客户：你再说我都有些不好意思了。

案例阅读中，为了能迎合客户的心理，汽车推销人员在交车阶段对客户恰如其分的赞美，有助于提升客户的满意，让这种满意再上一个新的高度， 可以再次激发客户对汽车产品、服务与经销企业的认同。

交车仪式力求简短、隆重、热烈，通过交车仪式让客户拥有一段难忘的经历，给顾客留下深刻的印象。

交车仪式一方面是为了提高客户的满意度，另一方面也可以通过这样一种方式来影响在经销店看车的或是修车的客户，让他们感受到作为我们的客户所受到的礼遇和尊重，那么当他们需要再次购车或亲属、朋友购车时，他们就会想到我们。可以说，交车仪式是非常有效的提高客户满意度的方式。举行交车仪式应该注意的问题如表 7-14 所示。

表 7-14 举行交车仪式应注意的问题

序号	内 容
1	总经理或销售经理亲自参加交车仪式，到场向客户表示祝贺和感谢，并赠送鲜花和礼物。公司领导参与交车仪式会让客户感受到尊贵感，能够使交车仪式的效果更好，也使客户的心理得到最大程度的满足，从而使客户从满意转变为感动，提高客户对经销店的忠诚度
2	由总经理亲自介绍销售经理、售后服务经理、客户服务部经理、保险专员等相关人员与客户认识，并交换名片，让客户了解今后车辆使用过程中出现问题可以找谁来解决，解除客户的后顾之忧
3	经销店有空闲的工作人员都列席交车仪式，鼓掌以示祝贺，营造一个热烈、温馨的交车氛围
4	与客户合影留念，并将照片冲洗出来后寄给客户；有条件的可以鸣放礼炮或播放事先准备的背景音乐，体现热烈的气氛

职业知识检测

一、复习思考题

1．走访 4S 店，写出不同品牌在交车环节的流程和方法。
2．交车时可能出现的问题是什么？需要做好哪些准备？
3．为什么说交车环节是最影响客户满意度的环节？
4．交车前的准备工作包括哪些内容？

5. 交车过程包括哪些步骤？
6. 交车说明的主要内容有哪些？

二、案例分析

热诚交车

场景：一个交车现场。
推销人员：如有不到之处，请多多见谅。
客户：（兴高采烈）哪里哪里，我很满意，我还要谢谢你呢。
推销人员：（趁势）哎呀，这怎么敢当呢，不用谢不用谢。其实，如果您能在您周围的朋友面前多美言几句，帮我介绍几个想买车的客户，我就感激不尽了。哦，对了，过几天，当您回来做“首保”时，请一定事先通知我，到时候我哪儿也不去，在公司里专候您的到来，并且陪您一块儿去做车辆保养。
客户：那太好了，我一定帮你多介绍几个客户来。
推销人员：（非常高兴）谢谢您。

分析讨论：

（1）交车需要做哪些准备工作？
（2）举行交车仪式应该注意哪些问题？
（3）案例中，客户为什么对推销人员非常满意？
（4）如果你是汽车推销人员，你将如何通过新车递交提高客户满意度？

职业技能训练

一、单一技能训练

训练1：交车事项确认

交车对于双方都是一个值得庆贺的时刻，汽车销售顾问要为客户做好交车的各项事宜，让客户愉快地将车开走。
汽车销售顾问：××先生，我是××店的销售顾问小赵，现在给您打电话方便吗？
客户：可以，有什么事情？
汽车销售顾问：我们约好的是您将于明天下午2点交车。
客户：对，我没有忘记。
汽车销售顾问：是这样的，这次打电话主要是想和您确认一下您将提取的车型是××，颜色是××。

客户：没错，是的。

汽车销售顾问：您明天来提车时，一定要带好您的身份证、订单、收据和驾驶执照。

客户：好的，我知道了。

汽车销售顾问：那打扰您了，明天我们恭候您的光临。

训练2：车辆使用介绍

汽车销售顾问：陈先生，您好！为了让您在今后的使用过程中更好地掌握这款车的性能，更好地发挥其作用，现在我们花点时间来讨论一下有关的事项。

客户：好的。

汽车销售顾问：我们先从这款车使用的注意事项开始。您看，我们先从最简单的车门开启介绍，好吗？

客户：好的。

……

汽车销售顾问：您看，有关操作方面的注意事项已经介绍完了。您看还有没有不清楚的地方？

客户：我基本清楚了。

汽车销售顾问：接下来我介绍一下保养方面的要求与规范，没有问题吧？

客户：没有问题。

汽车销售顾问：这款车的首保里程是7 500千米，您必须按时到店来进行保养，因为这涉及今后索赔政策兑现的问题。当然，我们售后会在适当的时间及时提醒您，即使您忘记了也没有关系。首保结束后，保养的间隔里程是15 000千米。您有没有发现，这是我们这个品牌的一大特点，即保养间隔里程最长，保养费用更低。

客户：是这样的。

汽车销售顾问：接下来我给您介绍一下我们的服务流程……

客户：我明白了。

汽车销售顾问：最后，我再介绍一下今后您在售后服务或其他服务中可能会与您合作的人员：这是我们的销售经理×××，这是我们的服务经理×××，这是我们的服务接待×××，这是我们公司最优秀的服务技师×××。相信他们今后会为您提供优质的、让您满意的服务。

客户：谢谢！

汽车销售顾问：关于您的新车，您看还有什么不清楚的地方吗？

客户：没有了。如果今后使用中遇到问题我应该找谁？

汽车销售顾问：如果您今后使用中遇到任何不清楚的地方，您可以与我们当中的任何一位联系，这是他们的联系方式，已经备注在给您的资料上了，到时您可以查看一下。

二、综合技能训练

每3～4人一组进行新车递交训练。一人作为销售顾问，其余扮演客户；然后互换角色训练。

人　　员	新车递交训练内容	训 练 要 求
人员：销售顾问1名；若干名客户	交车准备工作 陪同客户提车 邀请客户填写表单 新车手续办理 协助办理车辆保险 交车说明 交车仪式	掌握交车所做的准备工作 掌握陪同客户提车的关键点及需注意的问题 学会新车手续办理的流程 掌握协助客户办理车辆保险的技巧 学会车辆使用介绍 掌握交车仪式流程及应注意的问题

三、技能迁移训练

（一）技能训练

假设你是一名手机卡推销人员，当客户购买某品牌的手机后，请帮助客户办理相关的手续，并解答客户不明白的问题；然后在班里交流，同学们互相点评，最后由教师点评。

（二）案例分析

难忘的购物

一位中国歌星应邀去日本，一天公事结束后，一看表已是下午7时多，于是便去百货公司购物。走进商场，商场里竟格外冷清，不见客户，售货员以诧异的目光望着他，这位歌星虽觉奇怪，但因赶时间，也不顾多想，使去精心挑选物品。

不一会儿，来了一位西装革履的中年男士，自称是这里的经理，很有礼貌地跟在歌星的后面，帮着他采购物品。那位歌星逛了差不多一个小时，捧着大包小包心满意足地走出商场。走到大门时，他却吃了一惊！但见黑压压的一片人头，约有100多人，全是售货员，齐齐向他鞠躬致谢，等他走出店门后，店门随之关闭。歌星边走边想，这家公司对我为何如此礼遇？正在百思不得其解之时，举头一望，原来街头的大钟已到了10点半，再看看自己的手表才8点多，这时他才恍然大悟，原来是手表坏了，百货公司早已过了关门时间，那些售货员是等他购物结束后才下班的。

问题：

1. 这位中国歌星在商店关门时间进入后，经理和售货员都做了哪些工作？
2. 这位中国歌星对在商店购物成交后的服务满意吗？为什么？
3. 如果你是这家商店的经理或推销人员，遇到这种情况你应该如何做？

情境八

售后跟踪

案例引入

在澳大利亚，汽车销售以后，经销商通常会在一周内给客户打一个电话，而且在电话中必须表达 3 层意思：第一层意思是，感谢客户从自己的车行购车。这个做法实际上向客户表明车行不只是为了一笔交易，而是从交易开始，双方能够建立一种关系。第二层意思就是新车开得怎么样，是否有需要帮忙的地方，上牌照是否需要帮助，是否需要提供出外远游所需的地图。这种做法的目的是，让客户感到不是交易一完成，双方的关系就结束了，而应该是一个全新关系的开始。这个做法的另一个目的是，将汽车的保养、维修等额外价值拿回来。这样做的结果是，70%的客户在 3 年以后购买他们的第二辆车时，仍然会选择回来。打电话的第三层意思也是跟踪非常需要的一个内容，就是询问客户对新车的感受和评价。在收集了客户的真实感受以后，经销商会在每一周筛选出最好的七八条评语和体会，然后将其抄写在一张大纸上，并且附上客户的真实姓名，张贴在公司的显著位置。这样做的目的就是吸引其他新的客户访问车行的时候，有机会可以看到公司的老客户对汽车的评价。这个办法确实产生了奇效：客户在看到这张纸时并不太相信经销商这些都是真实的信息，所以一般会问推销人员这些信息多长时间更换一次，推销人员说一周一次，然后不等他们继续发问，就主动邀请客户到办公室，向其展示以往的记录。客户看得很认真，而且经常还会发现有自己认识的人说的话，凡是发现认识的人的名字时，他们都会给这些人打电话进行确认。一般这样的客户最终都会成为该经销商的客户。

问题：

1. 经销商跟踪客户的目的是什么？
2. 电话跟踪表达了哪 3 层意思？
3. 经销商如何使潜在客户成为现实客户？

任务背景

客户提车走后，是否已经意味着交易的成功和销售的结束？从现代销售概念的角度上讲，答案是否定的。成交前的刻意奉承，不如售后的周到服务，成功的推销人员把成交之后继续与客户维系视为销售的关键。他们信奉的准则是："真正的销售始于售后"。售后维系是成交签约后推销人员继续与客户交往，并完成与成交相关的一系列售后跟踪服务，从而更好地实现销售目标的行为过程。

现代企业的商业价值将以经销商与客户的关系来进行衡量。如果推销人员与客户建立良好的双向互动关系，客户在你这里获得了高度的满足，他们就能放心地从你这里购买商品。因此，售后维系就成为整个销售过程中一项重要的工作。这个阶段中，推销人员要明确售后跟踪的目的，做好售后维系客户的工作，妥善处理客户的抱怨并做好保险理赔服务业务，从而提升客户满意度。

任务目标

做好客户的售后跟踪工作有利于企业获取更多的市场信息，降低营销成本，增加产品的销售量，提高客户对企业的忠诚度，最终提升企业的核心竞争力。售后跟踪具体的任务目标包括：掌握售后维系的原则；熟练掌握售后维系的具体做法；熟练掌握客户抱怨处理的方法；掌握理赔接待流程；掌握判断及处理保险理赔事故的沟通技巧。

任务实施

一、明确售后跟踪的目的

售后跟踪是成交签约后推销人员继续与客户交往，并完成与成交相关的一系列售后跟踪服务，从而更好地实现销售目标的行为过程。现代企业的竞争已经由产品的竞争转为对市场的竞争，而市场竞争的关键是对客户的占有，所以提高客户忠诚度成为商业中永不过时的哲理。汽车产品的更新换代越来越快，产品的优势越来越脆弱。今天的商业价值将以经销商与客户的关系来进行衡量。如果你能比竞争对手更胜一筹地与客户建立良好的双向互动关系，客户在你这里获得了高度的满足，他们就能放心地从你这里购买商品而不会被任何竞争对手"挖走"，使你在竞争中获胜。推销人员需要发展与客户的关系，于是售后跟踪就成为整个销售过程中一项重要的工作。售后跟踪的目的具体表现在4个方面。

1. 提升企业销售利润

在汽车销售行业，售后跟踪工作的重要性已经得到越来越多的企业的重视，整个汽车工业的发展情况也验证了这一点。目前，汽车销售的利润在不断地下降，在市场竞争日益激烈的情况下，提高客户对企业的忠诚度，使客户在车辆使用期间重复惠顾，接受维修、保养、保险、精品加装、美容等后续的服务，增加购买次数与购买金额，可以帮助企业创造更大的利润和业绩。做好客户的售后跟踪工作，就能够使客户在车辆的使用期内持续地接受公司提供的服务和产品，从而给公司带来源源不断的业务和利润。

2．增强企业的核心竞争力

良好的客户关系可以为企业赢得良好的口碑，增强企业的核心竞争力。美国商业研究报告指出，一个老客户比一个新客户可为企业多带来 20%以上的利润。业绩优异的汽车经销店，40%以上的新客户是通过老客户推荐赢得的。多次光顾的客户比初次登门者可为企业多带来 20%～35%的利润，固定客户数目每增长 5%，企业的利润则增加 25%。而公司减少 5%的客户流失率，所带来的利润增长将超过 25%。一家汽车销售店的销售业绩是其他经销店的 2 倍，取得这样的业绩主要得益于它将客户的流失率始终控制在 5%以下，而同行业流失率的平均水平是 30%。因此，售后跟踪已成为企业的竞争优势之一，可以帮助企业在竞争中脱颖而出并立于不败之地。企业与客户之间的关系越牢固，企业的地位也就越稳固。

3．降低企业的营销成本

据美国管理学会估计，开发一个新客户的费用是保持现有客户的 6 倍。新客户不仅开发费用高，而且成交机会也少得可怜。平均而言，将产品或服务向一位曾经成交的老客户推销的成交机会却有 50%。因此，企业必须采取措施尽最大努力跟踪客户，防止客户流失。若是流失一名最好的客户，企业要多花 7～10 倍的力气去寻找一名替代客户，或找更多的普通客户来弥补业绩及利润的损失。某公司最好的客户月平均消费为 3 500 元，而普通客户平均消费为 275 元。该公司每次只要损失 1 名最好的客户，就要找到 13 名普通客户才能弥补 3 500 元的业绩。可见，通过售后跟踪维系老客户能降低企业的营销成本。

4．帮助企业获取更多的市场信息

经营客户关系的前提就是要了解客户，时刻关注客户的需求变化，获取客户对产品数量、质量、花色品种、价格等方面要求的信息。企业对市场信息反馈越迅速及时，就越能有效地解决客户的问题及抱怨等，就能更好地服务客户、留住客户，还能挖掘客户潜在的需求、开发出客户乐于接受的新产品或新的服务项目。

“你忘记客户，客户也会忘记你”，这是成功推销人员的格言。在成交之后，持续不断地关心客户，了解他们对产品的满意程度，虚心听取他们的意见，了解他们在车辆使用过程中存在的问题，并采取积极的弥补措施，这样才能防止客户的流失。而推销人员只要与客户保持密切的关系，就可以在竞争中取胜。

二、做好售后跟踪的主要工作

（一）售后维系的原则

1. 对待客户要有耐心

目前，我国的汽车客户绝大部分都是第一次买车，因此在购车后的实际使用过程中会向推销人员提出各种各样的使用问题，有时客户甚至会在半夜给推销人员打电话询问车辆的一些问题。作为推销人员，一定要耐心对待客户，将客户的问题当成自己的问题来看待，认真倾听并积极地寻找解决的办法，帮助客户渡过难关。

案例阅读 8-1

帮助客户渡过难关

客户宋小姐买了一辆伊兰特，有一次晚上在路上行驶时，车突然动不了了，于是她就给推销人员小张打电话。小张接到电话后，了解了这一情况，首先向宋小姐表示了歉意，然后详细了解了宋小姐车辆使用的情况，耐心地询问车辆的发动机有没有熄火、大灯能不能亮等状况后，初步判断可能是排挡挂在空挡上了，于是他让宋小姐检查挡位是否正确。宋小姐检查后惊喜地告诉小张，的确是在行车过程中不小心将自动挡的排挡由D挡碰到N挡了，晚上天黑没有注意到，当然车子走不动了。问题解决了，宋小姐很高兴，对推销人员小张处理问题的态度非常赞赏。

案例阅读中，推销人员小张将宋小姐在行车中遇到的问题当作自己的问题来解决，最终帮助客户解决了问题，使宋小姐很满意。这里小张所做的工作也是售后维系的一项重要工作。

2. 全力以赴为客户排忧解难

只有当客户在车辆使用过程中遇到问题时，客户才能真正体会到服务的重要性。因此，当客户打电话向推销人员请求帮助时，也就是推销人员真正体现售后服务水平的关键时刻。只要客户需要，推销人员就要全力以赴为客户排忧解难。

案例阅读 8-2

及时为客户排忧解难

李红乘飞机晚上11点到达目的地，当打开车门准备启动车辆赶回家与亲人团聚时，才发现发动机居然打不着火。一筹莫展之际，李红想到了推销人员小王，于是给小王打了电话。1小时后，小王带着维修技师及维修车辆赶到了机场，在发现电池有问题后，对车上的电池进行了充电，20分钟后，问题解决了，小王只说了一句"谢谢您能想到我们，很高兴能为您服务"，就分文不取地驾车离开了。此时，如果你是李红，你会是什么心情呢？你一定会决定成为推销人员小王的终生客户吧！

案例阅读中，推销人员小王虽然已经下班了，但是小王急客户之所急，对李红的发动机打不着火的问题，及时联系维修技师赶到机场，为客户排忧解难，分文不取，最终帮助客户解决了问题，使李红很满意。显然，李红一定会成为推销人员小王的终生客户。

3．保持热情，保持联系

在汽车销售过程中，客户经常被推销人员视若“上帝”，为了达成交易，推销人员会通过各种各样的服务和技巧，让客户体验到优质的服务。如果在交易之后，推销人员并没有“人走茶凉”，而是继续让客户享受上帝般的待遇，客户就会对自己受到的周到的跟踪服务心存感激，并对推销人员及汽车经销店产生信赖感，客户就可能会为其产品说好话、做宣传，产生我们所说的“口碑效应”。

与顾客联系的方式很多。不少推销人员会抓住客户的特殊日子（如生日或结婚周年纪念日等）给客户寄去贺卡，或者给老客户寄销售信函、贺卡、调查表、小礼品等，这都是保持联系的好方式。登门拜访老客户，电话问候老客户，发电子邮件和手机短信，也是加深感情的好形式。关键是要经常提醒客户，你不只是他的销售顾问，更是他的知心朋友。此外保养提醒、车辆托管服务、年审、保险到期和违章曝光提醒服务等，也是经常保持与客户联系的方法。

案例阅读 8-3

保持联系的售后跟踪

乔治·吉拉德在交车时及交车以后还会做以下几件事：四礼、五电、六访。四礼：在节日中，通过送礼物或寄卡片给客户表达敬意。每年至少有 4 次机会表达对客户的肯定和谢意。五电：每年至少与客户通 5 次电话，告知客户车子每行驶满 5 000 公里，就要注意保养，帮助客户安排入厂预约保养。六访：每年亲自访问客户 6 次，平均每两个月就有一次。

案例阅读中，乔治·吉拉德的四礼、五电、六访等绝招，让客户体验到了与交易之前一样的优质服务，客户就会对推销人员及汽车经销店产生信赖感，由此产生口碑效应。

4．低承诺，高付出

在销售过程中，很多推销人员为了能够获得订单，往往会向客户承诺很多。比如，当客户提出问题时，推销人员会说：“我会帮助搞定的，只要您买了全保，一切问题都由我们帮您处理好。”但是在实际工作中，推销人员发现有些承诺他们做不到，或者说达不到客户的要求。因此，推销人员在与客户维系时，要尽量低承诺、高付出。例如，客户送一辆车来修理，推销人员认为大约需要 900 元，于是会给客户报价 1 000 元。当客户来取车时，发现只需要支付 900 元，客户会很开心。最影响客户满意度的事情，莫过于让客户付出比你预先的估计值更少的费用。

5. 宁可自己吃亏，也要让客户满意

推销人员常常将“服务至上”这句口号挂在嘴边，但“服务至上”到底体现在什么地方呢？一句话：宁可自己吃亏，也要让客户满意。

（二）售后维系的具体做法

1. 搜集客户信息，建立客户档案

客户的信息是动态的，推销人员在与客户初次接触之后，就要开始收集客户的信息，每一次接触都会有新的信息补充进来。在客户交车后，还要将客户车辆的信息收录其中，形成完整的客户档案，并在今后的售后维系中不断地丰富和修改档案中的信息。在开始接触客户前，要通过市场调查等途径了解客户，搜集关于客户的信息。客户档案一般包含的信息有客户的姓名、性别、年龄、生日、工作单位、地址、E-mail、兴趣爱好、家庭成员情况、联系电话、身份证号码、每一次商谈的内容，以及购买的车型、颜色、规格、车架号、发动机号、保险项目、精品加装项目、交车时间、维修保养记录、事故记录、理赔记录、投诉记录、投诉处理结果等。推销人员在收集到这些信息后，还要对数据进行检查、挑选、修改和更新，以保证数据的可靠性、真实性与及时性。

2. 多种方式维系客户

汽车销售不是一锤子买卖，而是需要对客户持续的关怀与跟进。很多经销商辛辛苦苦建立起来的客户群，由于长时间不去关怀和跟进，客户的忠诚度就开始下降。这都是没有建立持续的售后维系的结果。其实，对客户的售后维系并不要花很多的时间，关键是让客户感觉到你没有忘记他们。有的时候，一张小小的卡片，一个祝福的电话，一个联络的邮件，都可帮助你维系你的客户关系，使你的客户成为你的永续资源。与客户接触联系的方法主要有以下几种。

（1）登门拜访

登门拜访是一种很好的客户维系方式，它可以传达你对客户的重视、尊敬，赢得客户的好感。由于登门拜访是在客户的家中或单位，是在客户熟悉的地方进行交流，客户会表现得更加轻松，一般没有太多的心理戒备，推销人员往往能够与客户进行良好的沟通。并且，通过对其家庭或单位的观察，可以找到更多的沟通话题，获得更多关于客户的信息。因此，登门拜访是与客户融洽关系、收集更多信息的一种最佳联系方法。

（2）电话沟通

由于通信手段的不断发展，电话沟通已经成为人与人交流的最主要手段。电话沟通不受时间和距离的影响，推销人员常常会用电话沟通的方式与客户进行交流，即使登门拜访，往往也会先进行电话预约。电话沟通需要注意的是，打电话前要做好计划，不要在电话中说太多的内容，电话沟通的时间不要太长。

小贴士

电话沟通应注意的问题

1）注意电话沟通中容易出错的地方。在回访过程中，有些汽车推销人员自我介绍不熟练，使客户怀疑电话回访后面另有隐情；有些推销人员随意说话让客户产生误解，以为他的车辆有问题；选择打电话的时间时只考虑自己方便而不考虑客户方便；打电话的人不懂基本产品与销售业务知识、不懂沟通技巧、不懂打电话艺术；电话记录信息不够或内容没意义。这些都是电话沟通中需要克服的不足。

2）关注细节。做好售后维系服务，就是提供超出消费者预期的超值服务，因此一定要注意细节。尤其是电话跟踪时，为避免客户觉得他的车辆有问题，建议使用标准语言及顺序，发音要自然、友善；讲话不要太快，一方面可以使没有准备的客户有时间和机会回忆细节，另一方面可以避免客户觉得你很忙；不要打断客户，记下客户的评语（批评、表扬）；打电话时间要避开客户的休息时间、会议时间及活动时间。

（3）事件召集

经销店可以利用一些事件将客户召集在一起，进行座谈或交流（如组织车友会、自驾游、车辆养护课堂等方式），让客户与推销人员或售后服务人员有一个交流和互动的平台，从而起到联络感情、解决问题的作用，这也是目前经销店常用的客户维系方式。

（4）信件沟通

一封亲笔信，能够充分表现推销人员的诚意。而在现代信息化的社会，写信这种方式已经越来越少使用，人们往往习惯了电话、短信、E-mail 等通信方式，这使得人们在尽力追求快速的同时，人与人之间的情感也逐渐出现了缺失。对有些人来说，写一封信已经变成一件很辛苦的事情。正因为这样，客户对推销人员的亲笔信才会更觉得珍贵，对推销人员的付出也会有着不同的感受；正因为如此，信件也就成为推销人员走进客户心灵的有力武器。通过信件保持与客户的联系，并持续地跟进，他们有需求的时候，一定会想起你来。

（5）网络沟通

网络沟通是目前主要的沟通方式之一。网络沟通包括电子邮件、网络聊天等。由于网络沟通更私密、更自由，因而广受欢迎。推销人员可以利用 E-mail 给客户发送邮件，与客户进行讨论和交流，也可以利用网络聊天与客户进行对话沟通。网络沟通不受时间的影响，不影响客户的工作和生活，利用网络沟通往往能取得意想不到的效果。

3．维系巩固客户关系

巩固客户关系的秘诀就在于与客户建立一种有价值的永久关系。推销人员要通过销售后的维系，让客户有这样的感觉：只有在这样的汽车经销店购买和享受服务，才会得到额外的价值，这是别的品牌办不到的。

要巩固和维系客户，推销人员还必须主动与客户经常联系，为客户提供便利的信息反馈通道，鼓励客户反馈信息。即使客户在产品使用中没有问题，也要定期选择时机联系客户，让客户感觉到你没有忘记他。保持与客户联系的流程具体如图 8-1 所示。

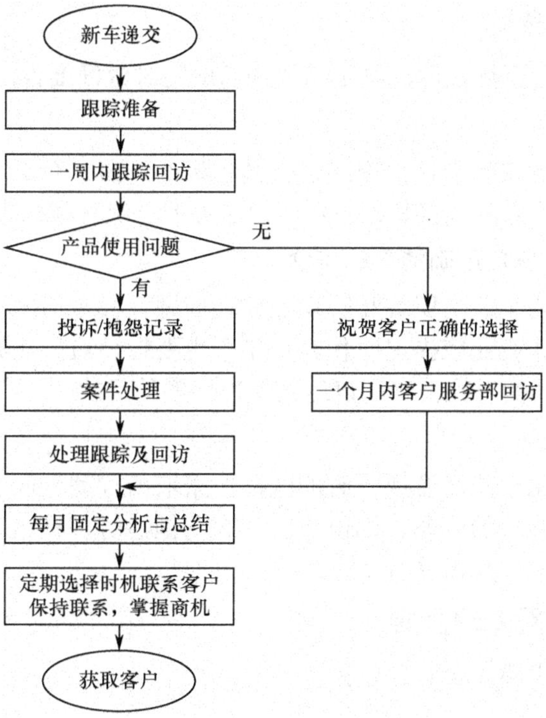

图 8-1　保持与客户联系流程

小贴士

维系巩固客户关系的一些做法

有些汽车经销店在维系巩固客户关系方面有一些好的做法。例如，凡是老客户介绍朋友来买车的，价格一律便宜 1 000 元，这样新客户就会很高兴，老客户也会很有面子；又如，赠送给老客户 500 元的礼品，让老客户觉得介绍新客户虽然耗费了一些时间与精力，但是确实由此得到了好处，而且让客户感觉到只有他才有这种专属的礼遇。汽车经销店的这些的销售政策会通过推销人员告诉每一个购车的客户，让客户亲身体会到介绍亲朋好友额外的价值。对于汽车经销店来讲，这样做一方面增加了客户源，另一方面也与客户建立了长久的合作和联系。

三、客户抱怨的处理

推销人员在与客户保持联系的同时，还要随时注意客户的一些抱怨。如果客户对汽车产品在使用中存在的问题不能获得解决，并由此产生抱怨，推销人员则要及时记录与处理。虽然客户抱怨大多数是由客服人员处理的，但是有的客户会直接找汽车销售顾问进行抱怨，因此汽车销售顾问也必须具备客户抱怨处理的相关知识。

（一）心理准备

接待抱怨客户具有挑战性，汽车销售顾问应随时做好准备，接受客户的抱怨。

1．持欢迎态度

抱怨是一件不愉快的事，但抱怨也有其积极的一面。对于客户的抱怨，推销人员应持欢迎和重视的态度，将其作为对客户服务的一次有利机会。

2．树立“客户总是正确的”的信念

客户抱怨正说明企业的服务和管理上存在问题。很多情况下，客户的言行举止有些过分，汽车销售企业应提倡即使客户错了也要把“对”让给客户的服务理念，尽量减少与客户之间的对抗情绪，以达到解决问题的目的。

3．掌握客户心态

客户的抱怨是由于不满意或一时的气愤所采取的行动，此时常常表现出“求尊重、求补偿、求发泄”的心态，因此在受理客户抱怨时，推销人员要给客户适当发泄的机会，以示对客户的尊重和理解。

（二）客户抱怨处理步骤

客户抱怨处理步骤如表 8-1 所示。

表 8-1　客户抱怨处理步骤

<table>
<tr><th>序号</th><th>步骤</th><th colspan="2">内　容</th></tr>
<tr><td rowspan="3">1</td><td rowspan="3">预测需求</td><td rowspan="3">预测需求主要指的是预测客户的心理需求，包括信息需求、环境需求和情感需求</td><td>信息需求指的是客户需要了解自己所抱怨事情的情况，到底是什么情况</td></tr>
<tr><td>环境需求指的是要为客户提供一个良好的环境，如专门的接待室，而不是外面吵闹的场所，否则会让人感到十分不愉快</td></tr>
<tr><td>情感需求指的是客户希望有一种被重视、被尊重的需求</td></tr>
<tr><td>2</td><td>满足需求</td><td colspan="2">汽车销售顾问在对客户需求预测之后，一定要尽量满足其需求。首先承认错误并及时道歉，因为很少人会跟已经诚恳道歉的人深纠。其次避免与客户争辩，因为你永远是争辩的输家</td></tr>
</table>

续表

序号	步骤	内　容	
3	开放提问	提问可以更准确、更有效地把握客户的意图，为客户更好地服务。提问一般分为封闭式和开放式两种	这里使用开放式问题可以让客户比较自由地讲出自己的观点，对某个问题的描述更详细。这种提问方式是为了引导客户描述事实，一般以“为什么”、“怎么样”、“是什么”等开始发问。一般来说，服务已开始的时候都是使用开放式的问题，如“您是怎么操作的”。根据实际需要，两种技巧可以交替使用，直到我们能够准确判断客户的需求为止
4	提供方案	设定期望值就是告诉客户目前你能够提供的服务是什么，关键在于你是不是能够很灵活地为客户提供不同的选择（增值服务）	
5	达成协议	告诉客户你能给予的是很重要的，而你不能给予的是不重要的，这就是达成协议的技巧，如“您觉得这件事情怎么处理比较好”	
6	保持联系	与客户达成协议后，要与客户随时保持联系，将客户抱怨处理情况随时告知客户	

（三）客户抱怨处理原则

客户抱怨处理原则，具体如表 8-2 所示。

表 8-2　客户抱怨处理原则

序号	原　　则	内　　容
1	基本原则	第一时间处理客户抱怨
		第一人负责制
		2 小时内相关责任人必须与客户进行电话联系
		3 日内必须向客户反馈处理进度或结果
		认真地执行厂家的销售和服务管理政策及管理流程
2	顺序原则	先处理情感，再处理事情
		先带客户至安静的地方（VIP 室）
		使客户能恢复平静
		让客户感觉被重视
		不做过度承诺
3	以不被媒体曝光为最高原则	执行预警控制及上报机制
		事先采取“善意安抚”
		必要时求助公关部门
		对无理取闹、诈欺性案件，需以技巧说服

（四）客户抱怨处理方法

客户抱怨处理方法，具体如表 8-3 所示。

表 8-3 客户抱怨处理方法

序号	方法	内容
1	聆听	学会耐心倾听客户的抱怨，不要与其争辩。汽车销售顾问一定要冷静地让客户把他心里想说的牢骚话都说完，同时用“是”、“的确如此”等语言及点头的方式表示同情，并尽量去了解其中的缘由，这样一来就不会发生冲突甚至吵架
2	迂回	发现客户需求，采用迂回战术，对于客户的问题不采取正面回应，而是通过问题的形式了解客户的真实想法
3	快速	立即处理，而且处理客户抱怨的行动也应该让客户明显地觉察到，如可以用焦急、紧张的神情感染客户，或者隔一段时间就告之客户事情处理得怎样、到了什么程度等；以平复客户的情绪，求得客户对事情的理解
4	诚信	道歉时要有诚意，绝不能口是心非、皮笑肉不笑，或只是任由客户发泄，自己站在一旁傻笑，处理抱怨应该是发自内心的，要让客户感受到你的诚意，并且不论客户的抱怨是否合理，都应该向客户表示歉意

（五）不同客户抱怨处理

不同类型的客户，可以针对其特点，采取针对性措施，以此来达到更好的处理效果。

1. 主导型客户的抱怨处理

主导型客户往往只重结果而不关心过程，通常没有耐心。其竞争欲望强烈、容易烦躁，注重身份。其一般用词特性是“快”、“马上”、“现在”、“今天”、“现在就做”等。处理这类客户抱怨的具体方法如表 8-4 所示。

表 8-4 汽车推销人员对待主导型客户的方法

类型	正确的方法	不正确的方法
主导型客户	1. 清楚、具体、击中实质	1. 漫不经心、浪费时间
	2. 有准备、安排有序	2. 没有组织、丢三落四
	3. 抓住问题、不跑题	3. 闲聊
	4. 提供的事实有逻辑性	4. 模糊不清、漏洞百出
	5. 注重事实	5. 使对方无法把握局势
	6. 给出选择	6. 替对方做决定

与主导型客户交往时应注意以下 5 点：

1）握手一定要有力。

2）眼睛要正视对方。

3）表现出自信。

4）语音洪亮、清楚、直接。

5）行动步骤频率加快。

2. 社交型客户的抱怨处理

社交型客户乐观、善于交流、有说服力，努力使别人认可其观点，一般面带微笑，健谈甚至喋喋不休，喜欢与人交往、使人信服，通常对汽车了解较多。其一般用词特性是“乐趣”、“我觉得”、“想想看”、“你感觉如何”、“现在就做”等。处理这类客户抱怨的具体方法如表 8-5 所示。

表 8-5　汽车推销人员对待社交型客户的方法

类　型	正确的方法	不正确的方法
社交型客户	1. 让他们畅谈自己的想法	1. 做事循规蹈矩，不行动
	2. 给他们时间和你交往	2. 简短的话语，不爱说话
	3. 谈论他们的目标	3. 注重事实，数字
	4. 询问他们对事情看法	4. 非个人的
	5. 说说你的观点	5. 花太多时间畅谈想法
	6. 要使他们兴奋、有乐趣	6. 不做决定
	7. 提供证据	7. 太具事务性
	8. 刺激他们的冒险欲望	8. 讲话时高人一等
		9. 花太多时间交谈

与社交型客户交往时应注意以下 6 点：

1）面带微笑。

2）保持近距离。

3）表情丰富。

4）语调显示友好、热情，抑扬顿挫。

5）语言生动，多用手势。

6）避免被客户的意志所左右。

3. 分析型客户的抱怨处理

分析型客户注重事实、数据，做事认真，通常语调单一、没有抑扬顿挫之感，做事喜欢分析、权衡利弊后再做决定，很少有面部表情，使用精确的语言，注重特殊细节。其一般用词特性是“证明/证据”、“保证”、“研究表明/数据表明”、“别着急”、“这是事实”等。处理这类客户抱怨的具体方法如表 8-6 所示。

表 8-6　汽车推销人员对待分析型客户的方法

类　型	正确的方法	不正确的方法
分析型客户	1. 有所准备	1. 没有组织，秩序混乱
	2. 直截了当，单刀直入	2. 随便、非正式，个人化
	3. 考虑问题的所有方面	3. 只想知道结果
	4. 留给他们空间	4. 身体接触
	5. 给他们时间做决定	5. 强迫他们迅速做出决定

续表

类　型	正确的方法	不正确的方法
分析型客户	6．引用名人事实和数字	6．太重感情
	7．持之以恒	7．不能坚持到底
	8．树立时间概念及衡量体系	8．出其不意，迅速

与分析型客户交往时应注意以下 5 点：

1）保持一定距离，目光对视。

2）手势尽量少或没有。

3）语调平和，语速缓慢。

4）运用直截了当的语言。

5）动作要慢，显示出已经过考虑。

四、进行保险理赔服务

汽车理赔指保险汽车在发生风险事故后，保险人依据保险合同的约定对被保险人提出的索赔请求进行处理的行为。

汽车理赔可以使汽车保险的基本职能得到实现，同时可以反映汽车保险的经济效益；汽车理赔服务做得好，则可以验证汽车 4S 店承保质量，从而有利于树立良好的企业形象；汽车理赔服务能够降低客户用车风险，安定客户生活。

（一）汽车理赔接待流程及沟通技巧

汽车销售顾问要掌握汽车保险理赔接待流程，做到按章办事。其流程如表 8-7 所示。

表 8-7　汽车理赔接待流程及沟通技巧

序号	步　骤	沟 通 技 巧	实　例
1	接听电话	（1）电话响起三声，必须接听 （2）说话时口齿清楚，语气友善，语音亲切、柔和，让客户听后有一种安慰感 （3）对客户提出的问题要耐心细致地解答，急客户之所急	您好！×××公司，我是汽车销售顾问×××，请问有什么可以帮您的？
2	询问客户信息	（1）询问内容：车牌号、车主姓名、保险公司、保单号、被保险人名称 （2）电脑操作：在系统中录入查询条件，查询车辆信息	（1）请问您的车牌号是多少？保单号是多少？ （2）如查询到车牌号，则与客户核对被保险人、保单号、投保公司，可以说“请问被保险人是×××吗，投保公司是×××吗” （3）如未查询到车牌号码，可以说“请问车主的姓名是什么”

续表

序号	步　骤	沟通技巧	实　例
3	询问出险信息	（1）询问内容：出险时间、出险地点、驾驶员姓名、事故经过、是否报交警、是否报保险公司、有无人受伤、损失程度 （2）电脑操作：在《接听电话记录表》中录入出险信息	请问出险时间？出险地点？驾驶员姓名？事故经过？是否已报交警？是否已报保险公司？是否有人受伤？伤员是否送往医院？车辆损失情况如何？
4	判断案件类型，指导客户处理	详如表 8-8 所示	
5	预约时间	预约到店维修时间，做好登记	请问您准备什么时间到店维修？我帮您预约一下
6	结束	（1）确认客户没有其他问题，并且准备结束电话 （2）向客户表示谢意，并让客户感受到你的诚意	请问您还有其他问题吗？感谢您致电×××4S 店，再见

（二）判断案件类型，指导客户处理

汽车销售顾问要学会准确判断案件类型，指导客户进行处理，具体如表 8-8 所示。

表 8-8　案件类型判断及处理

序号	案件类型	具体事故	沟通技巧	实　例
1	单方事故	前后挡风玻璃单独破碎	（1）告知客户此事故定损需携带的相关单证 （2）预约客户到店时间	请问您什么时间到店维修车辆？我帮您预约。请您带齐保单、身份证原件、行驶证原件及相关事故证明，以便更好地为您服务
		标的车停放期间被撞	（1）告知客户立即报保险公司及相关物业单位，并保护好现场 （2）告知客户报案方式及流程 （3）10 分钟后回访客户	请报保险公司和×××单位，并在现场等候查勘，保险公司电话×××，稍后我会和您联系
		标的车撞击静止物（无须赔付第三者）	（1）告知客户立即报保险公司及相关物业单位并保护好现场 （2）告知客户报案方式及流程 （3）10 分钟后回访客户	请您不要将车驶离现场，请报保险公司，并在现场等候查勘，保险公司电话×××，稍后我会和您联系
		标的车撞静止物（需赔付第三者）	（1）告知客户立即报保险公司及相关物业单位并保护好现场 （2）告知客户报案方式及流程 （3）10 分钟后回访客户	请您不要将车辆驶离现场，请报保险公司及交警，并在现场等候查勘，保险公司报案电话×××，交警电话 122，稍后我会和您联系

续表

序号	案件类型	具体事故	沟通技巧	实例
1	单方事故	标的车自燃	（1）告知客户立即报保险公司及消防和交警处理，并保护好现场 （2）告知客户报案方式及流程 （3）联系救援人员到现场 （4）10分钟后回访客户	请报保险公司、消防和交警，并在现场等候保险查勘，保险公司电话×××，交警电话122，消防电话119，我们会派人到现场协助处理，请您保持手机畅通，会有人和您联系，请稍等一会儿
		标的车水浸	（1）告知客户立即报保险公司，并保护好现场 （2）告知客户报案方式及流程 （3）联系救援人员到现场 （4）10分钟后回访客户	请您千万不要打火启动车辆，避免扩大损失，请报保险公司，并在现场等候保险查勘，保险公司电话×××，我们会派拖车和专人到现场协助您处理，稍后会有人和您联系
2	双方事故	无人伤案件	（1）告知客户立即报保险公司及交警 （2）告知客户报案方式及流程 （3）10分钟后回访客户	请您不要移动现场，请交警及保险公司处理，并在现场等候保险查勘，交警电话×××，保险公司电话×××，稍后我会和您联系
		有人伤案件	（1）告知客户立即报保险公司及交警处理，并保护好现场；伤者送往医院 （2）告知客户报案方式及流程 （3）联系救援人员到现场 （4）10分钟后回访客户	请您不要将车辆驶离现场，请报保险公司、交警、医院，并在现场等候查勘，医院电话120，交警电话122，保险公司电话×××，我们会派人到现场协助您处理，稍后会有人和您联系
3	盗抢案件	（1）告知客户立即报保险公司及相关物业单位 （2）通知当事人将资料（保单原件、全车钥匙、附加费本、行驶证复印件和原件等）拿到保险公司办理手续 （3）联系保险专业人员援助 （4）10分钟后回访客户		请您报保险公司和派出所处理，我们会派人协助您处理，稍后会有人与您联系
4	特殊案件	单方事故离开现场	向客户耐心解释保险条款及保险公司的理赔政策，让客户感受到你的诚意，并劝客户返回现场等待查勘	该案件需查勘现场，请您返回现场等候，并报保险公司处理，保险公司电话×××，我们会派人协助您处理，稍后会有人与您联系
		双方事故离开现场	（1）向客户耐心解释保险条款及保险公司的理赔政策，并让客户感觉到你的诚意 （2）协助客户报案	我们会派人协助您处理，稍后会有人与您联系

职业知识检测

一、复习思考题

1. 售后跟踪的目的是什么？
2. 售后维系应遵循哪些原则？
3. 售后维系的具体做法有哪些？
4. 如何看待客户的抱怨？
5. 客户抱怨处理的原则有哪些？
6. 不同客户抱怨处理的方法有哪些？
7. 汽车理赔接待步骤是什么？有哪些沟通技巧？
8. 客户用车过程中会遇到哪些事故？推销人员与客户有哪些沟通技巧？

二、案例分析

宁可自己吃亏也让客户满意

一天下午快下班了，推销人员小张接到客户刘先生的电话。刘先生在电话里情绪非常激动，对新购买的皇冠车意见非常大，甚至提出要退车。小张从电话里了解到，刘先生刚买了皇冠车，今天正好接待了一位重要客人，由于皇冠车有导航系统，刘先生就想带客人去深圳游玩一天。平时，刘先生主要在广州工作，很少去深圳，这次的深圳之旅就想全靠皇冠的导航系统。但是，让刘先生气愤的是，皇冠车的导航系统偏偏在这时出了问题，显示的地图与实际的道路完全不符，最终深圳之旅扫兴而终，刘先生也在客户面前大失颜面，所以才会发这么大的脾气。

推销人员小张安抚完客户后，马上与售后服务技师赶到刘先生的家里，通过技术检查，发现车辆的导航系统没有问题，问题出在客户加装的防爆膜不合格。由于客户自己加装的前挡防爆膜透光率未达到70%，从而造成导航系统信号接收受到影响，产生地图偏差。问题找到以后，推销人员小张对未向客户做好交车说明，致使客户出现问题表示歉意，同时技术人员为客户更换了一套新的防爆膜，客户的问题也得到了圆满的解决。事后，客户也非常不好意思，由于贪图便宜，换了质量不合格的防爆膜，本来应该自己承担责任的，反而得到了推销人员良好的服务，他对推销人员小张竖起了大拇指。

分析讨论：

（1）客户抱怨处理的方法有哪些？案例中推销人员小张采用了什么处理方法？

（2）为什么案例中应该是客户承担的责任反而得到了推销人员良好的服务？

（3）如果你是推销人员，面对这种情况应该如何处理？

职业技能训练

一、单一技能训练

训练 1：服务事项提醒

汽车销售顾问：您好，周小姐，我是××4S 店的小张。非常感谢您选择了我们品牌，感谢选择我们公司来为您提供服务。

客户：你太客气了，每次来电话都在感谢我。

汽车销售顾问：这是应该的，因为你们是我们的衣食父母！从您目前的使用情况看，您的车差不多快到首保的 5 000 千米了，请您一定抽空到我们店来做首保。您也知道，如果不小心错过了首保，以后我们想更好地为您服务就会受到一些限制，也会额外增加您的费用。这不是我们希望的。

客户：好的。这几天我正好忙，过几天一定会到你们店做首保。

汽车销售顾问：三天后我再与您联系，免得您工作一忙把这件事情忘了。

客户：好的。

汽车销售顾问：如果您没空过来的话，打个电话给我，我会安排人员去您的公司把车接过来，做完保养后再送回去。

客户：那就太谢谢了！

汽车销售顾问：不用谢。这是我们公司特别提供的增值服务，只针对您这样的客户。

客户：谢谢！

训练 2：征询客户意见

汽车销售顾问：谢先生，您好！我是××4S 店的小杨。前天您到我们店来换大灯，我想就有关您接受服务的情况做一个服务跟踪。

客户：你说吧，我正好有空。

汽车销售顾问：通过这次服务，您一定对我们的专业接待留下很深的印象，是吧？

客户：是的。

汽车销售顾问：您一定对我们维修人员专业负责的态度和工作质量表示了肯定，是吧？

客户：没错。

汽车销售顾问：相信通过这么一段时间的接触和了解，您一定对我们公司的服务有了更进一步的了解，更愿意与我们继续合作，对吧？

客户：是的。

汽车销售顾问：在这次维修中，我们提供的原厂正品的配件也一定达到了您的要求，是吧？

客户：是的，有问题我肯定会找你们的。

汽车销售顾问：那就谢谢您对我们的信任，希望今后如果对我们有什么新的要求、新的希望请及时与我们联系，我们非常乐意听到您的建议，您的建议对我们的服务水平提升会有更大的帮助。

客户：会的。

汽车销售顾问：那再次谢谢了，我们常联系。再见！

二、综合技能训练

每3～4人一组进行售后跟踪训练。一人作为销售顾问，其余扮演客户；然后互换角色训练。

人　　员	售后跟踪训练内容	训 练 要 求
人员：销售顾问1名；若干名客户	售后维系的原则 售后维系的具体做法 客户抱怨的处理 保险理赔服务接待流程与沟通技巧	掌握售后维系的原则 掌握售后维系的具体做法 掌握客户抱怨处理的原则和方法 掌握保险理赔服务接待流程与沟通技巧

三、技能迁移训练

（一）技能训练

假如你是一名手机推销人员，手机已经卖出去一周了，但客户发现有问题，要求更换新手机。经检查发现，手机的问题是客户使用不当造成的，此时你应该如何处理？提出你的解决方案，然后在班里交流，同学们互相点评，最后由教师点评。

（二）案例分析

回访的回报

小张是一位推销办公用品的推销人员，刚开始推销时非常吃力地达成了一笔交易。但在后来的日子里，小张总是在工作之余回访这家公司。该公司办公室的人员已经和小张非常熟悉了，认为她为人热情，办事可靠，和她成了很好的朋友，对她公司的产品也很满意，于是就把和自己有业务关系的其他企业介绍给小张。很快，那些公司也购买了小张的产品。小张通过和新的客户真诚地交往，又有了更多的朋友。不久，小张在这个城市就有了一大批客户，不仅推销业绩节节上升，而且本人也受到了领导的重视和提拔。

问题：

1. 案例中，小张是如何维系客户的？
2. 小张进行售后跟踪的目的是什么？
3. 如果你是一名推销人员，你应该如何维系客户？

第二篇
大客户市场汽车销售

情境九

大客户开发

案例引入

汽车销售顾问：您好！请问是××公司的刘先生吗？

客户：有什么事吗？

汽车销售顾问：我是××4S店的汽车销售顾问××。听说贵公司准备采购一批新车，正好我们公司经销的汽车与你们的采购条件较符合，所以特地打电话向您请教这方面的情况。

客户：你是怎么知道我的电话的？你是怎么知道我们准备采购汽车的？

汽车销售顾问：正如您所知道的，要做好销售必须要有敏锐的眼光，我们汽车推销人员也不例外。从最近某媒体对贵公司的报道来看，随着贵公司业务迅速发展，必定会有添购汽车的需求，所以我就打了这个电话。这不，正好有这样的机会让我们能够为贵公司提供服务。

客户：真是这样的吗？不过我们已经初步选定合作单位了，如果以后再有这样的机会，我们会主动与你们联系的。

汽车销售顾问：我理解你们的要求，也感谢您接了我的电话。其实今天打电话的目的不是来向您推销我们的汽车，只是找一个机会把××公司为什么预先都选定了某款车但后来又重新调整了选择的情况向您汇报一下。

客户：是这样的！今天下午刚好开完业务会后我有点空，你下午4点来我的办公室，我们具体谈一下，顺便带上产品资料和报价单。

汽车销售顾问：好的，下午4点我会准时到达。再请教一下，贵公司的地点是××，您的办公室在×楼。

客户：在××，306室。

汽车销售顾问：好的，谢谢您！我们下午见！

问题：

1. 开发客户的方法有哪些？案例中用的是哪种方法？

2. 销售顾问是如何约见大客户的？

任务背景

在取得销售业绩的过程中，大客户给我们创造的业绩占绝大部分，占80%左右。因此，任何汽车销售顾问想要提升自己的业绩，必须重视大客户的开发，掌握大客户开发的技巧和规律。

与普通的客户销售相比，大客户销售存在着金额大、周期长、决策者众多 3 个方面的特点。这就决定了大客户的销售规律和销售技巧与普通客户有所不同。如果我们用其中的规律来指导大客户开发，那么我们的销售工作效率就会大大提高，业绩也会大大提高。

大客户的开发，要求汽车销售顾问必须将销售工作做到实处，按照有效的销售流程和方法去开展，对每个环节都要策划到位，才能保证大客户不流失。所以，在大客户销售中，最重要的环节有两个：一是找对人，二是说对话。

推销人员要知道，在销售过程中，不仅客户在认识上存在盲点，推销人员也存在盲点，如客户的防范心理和汽车销售顾问的恐惧心理。所以，销售就是明确目标，找出推销盲点的过程。

任务目标

汽车市场竞争越来越激烈，市场环境变化越来越快，汽车消费者行为及其偏好也在不断变化，如果汽车销售顾问不进行新客户的开发，就会失去30%～40%的客户。汽车销售顾问只有狠抓两手，即一手抓老客户的维护、一手抓新客户的开发，才能创造基业长青的销售业绩。具体来讲，任务目标包括：熟练掌握大客户开发的特点；熟练掌握大客户开发的关键点；熟练掌握大客户开发的渠道；熟练掌握大客户开发的方法；熟练掌握大客户开发的技巧。

任务实施

一、认识大客户开发的规律

（一）针对大客户开发特点的销售规律

对大客户的推销，多数是针对法人和决策者的推销。大客户采购的特点是金额大、决策者比较多、持续周期长。销售人员只有按照大客户的特点进行销售，才能事半功倍。

1. 针对金额大的销售规律

大客户一般订单都比较大，金额也大，所以要建立大客户的销售模型，也就是说，必须建立一个完整的销售流程，按照大客户的需求情况，规划销售流程。一般地，大客户的销售流程应该包括以下环节：大客户开发；大客户邀约与拜访；需求分析与技术沟通；需求确认与方案确认；大客户洽谈与合同的订立；大客户管理。

2. 针对决策者比较多的销售规律

一个完整的大客户销售需要企业多个部门共同参与完成，所以需要团队的配合，包括客户服务部门、人力资源部门、促销部门、生产研发部门、教育培训部门等。

团队的参与使销售从原来的单人销售变成由整个系统共同完成，也就是由点对面的推销转变为面对面的组织销售，这样的销售效率才高。在汽车销售中，大客户开发也同样适用组织销售。组织销售的好处如表 9-1 所示。

表 9-1　组织销售的好处

序号	好　处
1	可以使销售团队建立以客户为中心的职业化销售模式
2	可以提高推销人员工作的主动性
3	可以解决由于个人关系销售不好控制的问题
4	可以使销售变得简单、分段，可以重复

3. 针对持续周期长的销售规律

通常，当一个人认定了自己的观点、信念时，就会对其他的信息进行排斥。比如，因为人们喜欢自己的孩子，所以看自己的孩子哪儿都好，也就很难发现自己孩子的缺点。推销人员在做销售时必须考虑客户的这种心理规律。汽车销售顾问对自己的汽车有着本能的职业偏向，总是看到自己汽车的优点；但是大客户却恰恰相反。大客户在采购时，在看你的商品时，第一反应就是和其他供应商对比。同时，由于大客户与其他供应商之间已经有了合作，他不想打破这种合作，所以这个时候你想把商品卖给他们，就要准备好打持久战。在这个比较长的周期里，关键是找出双方心中的盲点，把精力用在如何很好地解决这个盲点上。一般来讲，汽车销售顾问的盲点是汽车的不足，客户的盲点是汽车的优点。任何一个事物都有好坏两面，做销售也是这样。如果推销人员没有认识到这些盲点，就很难掌握客户的心理。相反，如果推销人员知道自己的产品也有盲点，就能理解客户，对客户的盲点就能客观地对待。这样当客户拒绝的时候，推销人员就会把精力放在解决客户的盲点上，销售也就变得容易多了。

（二）大客户开发的关键点

销售是和人打交道，是做人际关系的生意。实际上，只要熟知人性规律，推销人员就会明白，客户的拒绝实际上只是一种正常的反应，并不是真的拒绝。只要保持内心平和与淡定，学会换位思考，坚持下去，就可以成交，甚至可以把交易量做大，把死单做活。这里关键是要帮助客户明确目标，同时明确自己的销售目标。

1. 帮助客户明确目标

人性中都有这样一个特点，那就是喜欢追求快乐而逃避痛苦。推销人员是与人打交道、与人做生意的，所以要了解人们追求快乐而逃避痛苦这样一个规律。因此，推销人员要站在客户的立场上去思考，帮助客户明确目标，当客户知道了自己需要解决的问题时，就会和推销人员沟通。通过帮助客户明确目标，销售人员往往可以把一些没希望的订单拿下来，把一些小订单做成大订单。

销售是一个与人交流的过程，所以销售人员要学会换位思考，思考“我们能为客户解决什么问题，他们才能欢迎我们”，因为我们所有的销售都是建立在为客户服务的基础上。如果你只想把产品卖给客户，你就不受客户的欢迎，你就会被拒绝。所以，推销人员一定要心态淡定、平和，站在客户的角度去思考，帮助客户明确目标，客户才可能接受你和你的产品。

2. 明确自己的销售目标

推销人员在帮助客户明确目标的同时，也要明确自己的销售目标。推销人员一般有两个目标，一是把汽车产品给客户带来的好处说够，二是把不买汽车产品给客户带来的痛苦说透。一个人在追寻目标时，只要有目标，就会有方法，在目标的作用下，人的潜能会发挥更积极的作用。汽车销售顾问如果明确自己的目标，就有层层突破困难的方法，汽车销售也就成功了。

推销人员要时刻牢记二八法则，即80%的销售额来自20%的客户，这告诉我们应该关注少量作用重大的客户，将有限的资源和精力用到他们身上，就会取得理想的业绩。

销售的过程不仅要对客户进行量的分析，而且还要进行质的分析。一旦锁定优质客户，就要把它作为自己的销售目标。虽然这些关键客户量不大，但他们的影响力却非常大，一旦成交，就会有理想的推销业绩。比如，一些名人大客户，他们会给我们的销售带来广告效益。

（三）明确大客户的买点与卖点

1. 客户买点和卖点

买点就是“本人非常在意和希望获得的任何东西”，是站在从私的角度上来讲的，包括个人的认同、东西的价值等；卖点就是大家认可的观点或东西。

一个人的买点是从私的、理性的；一个人的卖点是从公的、感性的。

买点是以私为先，所以推销时要利益鲜明，多从大客户个人的角度上来考虑；卖点是以公为先，要让购买者有个理直气壮、冠冕堂皇的理由。

2. 发现客户的买点和卖点

汽车销售顾问要明确，客户是为了自己的原因而购买，而不是为了你的理由而购买。若想和客户合作，就要先考虑一下他的买点、他的私人需求是什么。如果他的私人需求被满足得比较好，那么在“公”的方面，只要感情好，细节就可以商量。因此，推销人员在销售过程中首先考虑的不是挣多少钱的问题，而是考虑如何获得人心，这样才可以进一步交流，才有成交的可能。

3. 推销不但要给关键人买点，还要给其卖点

从买点和卖点的角度来讲，就是从私的角度和公的角度来讲，有些购买行为只

要自己满意就行了，而有些购买行为是必须考虑周围人的，尤其是大客户的采购。推销人员要想使销售取得成功，必须给关键人一个很深刻的购买理由。

例如，一家企业有需求，如果推销人员认识了这个企业老总，那么这个老总就有了个人买点。但是，如果你的卖点没有给足的话，这个老总就不会支持你，也不会买你的产品。因为在企业中，购买决策通常是集体决策。所以，在推销时，推销人员在给出客户买点的同时，还要给出卖点。

在很多人的购买决策中，尤其是组织的购买过程中，关键人物特别在意周围人的意见和看法，所以更要给他一个买你的产品的理由。比如，一个公司买办公用汽车，是买豪华型还是普通型呢？此时，买点是坐着舒服，又不用自己掏油钱；卖点是代表公司形象，理由冠冕堂皇，所以大家意见一致，二者就统一了，豪华型商务用车也就销售出去了。

因此，在销售过程中，推销人员必须认识到自己所面对的客户都有两面性，都有他们自己的买点和卖点，要想销售成功就要把二者统一起来。

（四）突破大客户销售的盲点

在销售过程中，推销人员不仅要清楚客户在认识上存在盲点，自己也存在盲点，如客户的防范心理和汽车销售顾问的恐惧心理。所以，销售就是明确目标、找出推销盲点的过程。对于大客户的开发，只要汽车销售顾问克服双方的盲点，明确目标，就能获得订单。

案例阅读 9-1

突破大客户销售的盲点

香港华资银行准备联网时，需要购进一大批计算机。世界各地 IT 业的大公司云集香港。当其他公司纷纷想办法接近这位大客户时，一家世界性大公司并没有急于去接近客户，而是派了 13 名推销人员到华资银行及其他金融机构进行调查，最后做出了一份关于华资金融机构客户规模、构成、分布、储蓄倾向性、储蓄特点等内容的调查报告，以及 5 套计算机联网的设计安装方案。当推销人员提出不管能否做成生意，公司的技术人员都愿意当面向董事会成员做调查汇报时，董事会全体成员都愉快地答应了，结果生意自然做成了。

案例阅读中，这家世界性大公司站在客户的立场上去思考，帮助客户明确目标，使香港华资银行知道了自己需要解决的问题。而这家世界性大公司帮助香港华资银行明确目标及自己需要解决的问题，就需要清楚地知道华资金融机构的客户规模、构成、分布、储蓄倾向性、储蓄特点等方面的信息，以及计算机联网的设计安装方案等。为此，该公司为香港华资银行做了一份调查报告及 5 套计算机联网的设计安装方案，突破了大客户销售的盲点，生意自然就做成了。

二、选择大客户开发的渠道

汽车销售中，大客户开发的渠道有很多，除了第一篇情境一中的客户开发渠道完全适用外，还可以使用下列开发渠道。

1．借助专业人士的帮助

对于刚刚迈入一个新的行业的推销人员来讲，很多事情根本无法下手，推销人员可以通过寻找有经验人的帮助，从他们那里获得建议，这是一个非常好的方法。我们不妨称有经验的人为导师。导师就是这样一种人，他比你有经验，对你所做的事情感兴趣，并愿意指导你的行动；导师愿意帮助面临困难的人，帮助别人从自己的经验中获得知识。导师可以从行业协会、权威人士、有影响力的人或者本地一些以营销见长的企业中去寻找。多数企业将新手与富有经验的老手组成一组，共同工作，让老手培训新手一段时间。通过这种制度，企业老手的知识和经验获得承认，同时有助于培养新手。

2．结识像你一样的汽车推销人员

推销人员接触过很多的人，当然包括像你一样的销售顾问。其他企业派出来的训练有素的销售顾问，他们熟悉客户的特性，只要他们不是你的竞争对手，一般都会和你结交，即便竞争对手，你们也可以成为朋友。和他们搞好关系，你会获得很多经验。在对方拜访客户的时候，他还会记着你；如果有适合他们的客户，你也一定会记着他。这时，推销人员就有了一个非常得力的商业伙伴。

3．直接拜访客户

推销人员直接拜访客户能迅速地掌握客户目前的需求状况，同时能提高推销人员的销售技巧及培养潜在客户的能力。

4．借助销售信函

一位汽车推销人员，将近 300 份销售信函寄给潜在客户。这些潜存客户对车辆都有相当的认识，基于各种原因，目前还没有购买，但这名推销人员相信他们一两年内都有可能购车。他不可能每个月都去追踪这 300 位潜在客户，因此，他每个月针对这 300 位潜在客户都寄出一封别出心裁的卡片，卡片上不提及购车的事情，而是按照每月代表的节日不同寄送不同颜色的卡片，祝福的内容也不同。例如，一月元旦、二月春节……潜在客户接到第四、第五张卡片时，必然会被他的热诚所感动，就算自己不立刻购车，当朋友中有人提到购车时，他都会主动地将这位汽车推销人员介绍给他的朋友。

5．利用企业提供的名单

许多企业向汽车推销人员提供现有客户名单，销售人员需要从中找到自己的潜在客户。检查过去客户的名单，你不但能获得将来的生意，而且还将获得他们推荐的生意。

6．从旧车客户中寻找潜在客户

在旧车辆快要淘汰时，在恰当的时间接触客户的汽车销售顾问将可获胜。及早规划与介入，推销人员将取得丰硕的成果。

7．通过结识周围的陌生人开发大客户

在电梯里，在公共汽车上，在餐厅里，通过尝试和身边的人交流，就有可能认识一些大客户，由此会带给企业好的销售业绩。下面 3 种情况的出现对汽车销售顾问都是有利的：

1）他们同意打电话与你进一步讨论。

2）同意让你打电话给他们，进一步讨论。

3）他们不感兴趣，但将帮助你向感兴趣的人推荐。

这样可以让推销人员认识一个几乎没有可能认识的人，得到一名潜在的客户并被推荐给别的潜在客户，这种情况下都有可能出现大客户。

8．通过扩大人际关系开发大客户

企业经营也可以说是人际关系的经营。人际关系是企业的另一项重要的资产，销售顾问的人际关系越广，接触潜在客户的机会就越多。那么，如何扩大推销人员的人际关系呢？推销人员在参加社团活动、公益活动、同学会的时候，就可以充分利用名片扩大其人际关系，即推销人员将自己的名片发放给这些人，名片能让你接触的人记住你。

三、确定大客户开发的方法

汽车销售中，大客户开发的方法有很多，除了第一篇情境一中的客户开发的方法完全适用外，还可以使用下列方法。

1．结交大客户的高层人物

推销人员要知道，在与客户交流过程中，与客户企业低层人物建立太多的关系，会给接触其高层制造障碍。那么，如何才能结交到高层人物呢？这里介绍几个方法。

1）到高层们在工作之外时常聚集的地方去。

2）在已经成功地与某家公司的高管有了正面接触的时候，可以借机会请求对方将你推荐给别的公司的高层人物。

3）当接触的只是公司较低层的经理时，也可能有机会通过层层引见来结识高层人物，但需要一些技巧。

4）第一次与客户公司打交道时，就直接联系 CEO 的办公室，这时你可以理直气壮地说："总裁办公室的人建议我联系你们。"

5）大多数高管人员都非常看重自己的身份，推销人员如果可以让他们以为你是公司的总裁而非一个普通的推销人员时，他们可能会更乐于接听你的电话。

小贴士

结交高层管理者应注意的问题

推销人员与高层管理者交流时，应该对他们的公司有一个详细的了解，更多地谈论该公司的长期战略与愿景，并作为听众，对方会很高兴。

推销人员不要过多地在客户公司较低层级的经理当中打造关系网。

2．寻找销售向导

那些帮助推销人员获得信息、帮助推销人员联系和确认其他的对销售有影响的人员，以及帮助推销人员确定其销售定位的人，或者说那些告诉推销人员该怎么做的人，就是我们的销售向导。推销人员就是要让向导替自己做那些对于自己做很困难、对于他们来说却是举手之劳的事。向导就是推销人员的眼睛、耳朵，没有向导的指引，推销人员将很难获得订单。推销人员寻找向导的途径如表 9-2 所示。推销人员寻找到了向导，还要给向导帮助你的动力。向导的动力如表 9-3 所示。

表 9-2　推销人员寻找向导的途径

序号	途　径
1	客户企业内部。倘若客户内部有向导，他能够告诉你最直接的信息，这是最好不过的了
2	客户企业外部。向导也可以存在于客户企业外部，如他认识客户企业外部的某重要人物，他能为你介绍一些情况，增加你对这个企业的了解
3	推销人员自己所在的企业。在自己企业的内部，也会有人告诉你该怎样做

表 9-3　向导的动力

序号	向导的动力
1	在与向导交流的过程中要表现出谦虚、执着、善良和弱小。推销人员要懂得人性规律，绝大多数人愿意帮助谦虚、执着、善良的弱小者。面对向导，应该以亲和的态度、谦虚的方式、朋友的心态、弱者的身份去请求对方的帮助，向导就会将推销人员的事当成自己的事
2	把自己的成功变成向导的成功。向导会从你的销售成功、成长中获得成就感和好处。客户公司内部关系比较复杂，如果你的工作做得漂亮，能帮助客户公司的一些人，他们就会慢慢地成为你的新向导。所以把自己的成功变成向导的成功，你的周围就会到处是朋友
3	向导应该是最渴望成功的人。对于在企业里面挑选向导，推销人员必须要挑选企业中最渴望成功的人，让他感觉到，如果把你的产品引入到他的企业，同时也是他的成功。这样的人，你就选对了

总之，推销人员要和向导联系起来，要让向导感觉到，推销人员的成功就是自己的成功，客户企业获得了产品就是自己的成功，并想办法把自己赢得的标准变成向导成功的标准。需要注意的是，无论什么情况下，你都要尊重这个向导，与向导友好相处，始终表现出谦虚、执着和善良，满足向导的成就感。

3．利用人情和关系

中国人最有人情味，也是注重关系，所以推销人员要学会使用这两样销售利器。客户的需求就像一座冰山，这座“冰山”共有 3 层：第一层“冰山”的上面是显性的利益，如产品的功能、价格、质量等；第二层是隐藏的利益，包括关系、维护和交往等；第三层“冰山”的最深处是深藏的，也是真正影响成交的因素，那就是情感、感受和信任。

当然，客户不会明确表露其对隐藏利益的需求。如果他对你的汽车或服务缺乏信任度，通常用“冰山”上面的理由来搪塞。如果产品缺乏竞争力，销售人员就要在关系上下功夫。

四、运用大客户开发的技巧

1．销售中与大客户接触的技巧

在生活中要学会做人，我们就必须学会不断地变换角色，如我们在领导面前要学会如何做下级。而销售中的人情练达，其实也就是要求推销人员学会变换角色。这种变换随时随地进行着，如果不能很好地适应这种变化，角色转换不过来，推销人员就可能陷入盲目被动的境地。

在销售行为里，大客户里的购买者和关键人就是决策者、使用者、技术把关者和向导。这 4 种人有着根本不同的需求，推销人员必须根据他们角色的不同而调整销售策略。特别是对于拜访客户来说，把握其关键，将会赢得事半功倍的效果。推销人员在与不同的人物交往的时候，要用不同的方法与这些人物拉近距离，具体方法如表 9-4 所示。

表 9-4 推销人员与人拉近距离的方法

序号	方 法	内 容
1	适时地表现出与关键人物的“铁关系”	推销人员适时地表现出与对方的上司(如总经理)等关键人物的“铁关系”。首先，推销人员真的和对方的上司或领导有着非同一般的“铁关系”；其次，表现这种“铁关系”也要有度，不要给对方“拿领导来压人”的感觉，否则会适得其反
2	参与客户工作以外的活动并成为其中一员	当客户正在与其他的同事或客户开展娱乐活动（如打扑克、聊天）等时，推销人员可以加入他们的行列，参与游戏或以独到的见解引发对方讨论，逐渐就成为他们中的一员了
3	把握与对方关系的尺度	推销人员与客户接触时必须处理好人与人的“关系”，与一般人员是“握握手”的朋友，与关键、核心人物是“铁哥们”的关系
4	要诱之以利	这个“利”字，包括两层含义：“公益”和“私利”，也就是大客户的“买点”和“卖点”。首先，明确“公益”。“公益”要尽可能地让对方企业中更多的人知晓；知晓的人越多，我们日后的拜访工作就越顺利，因为没有谁愿意怠慢给他们公司带来利润和商机的人。其次，暗示“私利”
5	找到关键点各个击破	找一个年纪稍长的或职位稍高的在客户中较有威信的人，根据他的喜好，开展相应的公关活动，与之建立“私交”，让他做我们的导师；甚至还可以利用这个人的威信、口碑旁敲侧击，感染、说服其他的人，以达到拜访的目的
6	用附加值换单子	构成产品的要素不外乎核心产品、形式产品、期望产品、附加产品和潜在产品。所谓的附加产品，即产品的附加值。当你的产品与别人的产品没有什么太大的差异时，最好在产品的附加值方面制造大的差异，销售才能事半功倍

2．与大客户交流的技巧

与大客户交流时，推销人员要不断地拉近与大客户的距离，具体方法如表 9-5 所示。

表 9-5　拉近与大客户距离的方法

序号	方　法
1	注重着装和仪表，给对方良好的第一印象
2	认同大客户的意见，让对方有高明的感觉
3	要和你的大客户攀交情
4	做一个忠实的听众，听大客户的光辉历程
5	懂得相互尊重，因为中国人喜欢投桃报李
6	对客户的承诺一定要兑现
7	给足大客户面子
8	成为大客户信任的人
9	注重人与人的感情沟通
10	与大客户交流中要注意察言观色
11	与大客户交流中要适时地赞美客户

五、进行大客户资格审查

（一）大客户需求评价

对大客户的需求评价一般从两个方面进行。

1．估计大客户需求的可能性

推销人员所接触的大客户中多数会表示不需要所推销的商品。是真的不需要，还是已经与其他经销商合作了，这就需要推销人员做出判断。除了情境一中讲到的对客户需求进行评价以外，一般对大客户需求的评价，特别要对大客户表示不需要的原因进行评价，如表 9-6 所示。

表 9-6　大客户表示不需要的原因

序号	原　因	内　容
1	大客户因经营状况等原因暂时不需要	因资金周转困难暂时无能力购买等。这种情况只是暂时的，自然应该在名单中予以保留准客户资格
2	大客户因购买习惯的影响表示不需要	大客户表示只使用某某品牌的产品。“我们有固定的进货渠道，其他产品一概不进”，对这样的大客户不仅不能从名单中划掉，而且还要作为重点客户来对待

2．估计大客户的需求量

在确定客户有需求之后，还要对其需求量做出评价，因为有些客户虽有需求，但数量很少，应当将其列为普通客户。这里推销的重点应该是那些需求量较大的大客户。

进行客户需求量估计时，一方面要看客户现实的需求量，另一方面要看客户将来的发展情况及大客户所在的公司的一些政策变化，这一点尤其不应忽视。有的小公司尽管目前需求量不大，但不代表将来不会发展，许多大公司就是由小公司发展起来的，慢待小公司只会堵了推销人员的后路。

（二）大客户购买能力评价

客户购买力的审查是推销人员通过对有关市场调查资料的分析，确定潜在客户是否具备购买推销品的经济能力，进而确定其是否是合格的目标客户的一种活动过程。

1. 大客户购买力审查的目的

一是为了提高推销效率。多数商品都遵循 80:20 定律，也就是说，80%的销售收入来自 20%的客户。你只需要找到那 20%的客户，就可以取得不菲的业绩。二是防止与避免货款损失。审查客户购买力的目的是选择具有推销价值的目标客户，对那些不具备购买能力的客户进行推销毫无意义。

2. 团体客户的购买力审查

购买力审查的重点对象是组织与企业购买者。推销人员对团体客户购买力的审查涉及团体客户的生产状况、经营状况、资金状况、财务状况、信用状况（通过市场调研、咨询公司和银行）、支付方式（一般来说，一次付清的客户比分期付款的客户购买实力强，其中分期付款的首付金额也是判断其购买力的重要因素）等方面。

3. 大客户购买力审查的方式

大客户购买力审查的方式如表 9-7 所示。

表 9-7　大客户购买力审查的方式

序号	方　式
1	通过主管部门了解
2	向注册会计师事务所了解
3	从推销对象内部了解
4	通过其他同行了解
5	通过银行了解
6	通过大众传播媒体了解
7	推销人员自我观察

小贴士

审查大客户购买力时应注意的问题

在对大客户进行购买力审查时，应避免因为审查错误而失去客户，更应该避免因为疏忽而遭受损失。需要注意的几个问题为：

- 客户经营情况发生变化。
- 人事变动。
- 经济政策发生变化。
- 企业本身管理不严。
- 忽视对熟人的审查。
- 忽视对大公司的审查。
- 忽视对有“来头”的客户的审查。
- 认为“跑了和尚，跑不了庙”而忽视审查。
- 盲目乐观。
- 忽视程序。

（三）大客户购买权力评价

对于大客户来讲，最终与推销人员洽谈购买的必定是一个拥有购买决定权的人。相对于个人购买权力的评价来讲，大客户购买权力的评价更容易一些。一般来讲，职位越高，购买权力越大，加上部门分工明确，弄清购买的决策权一般不会很困难。但一些比较大的单位多实行分权管理，有些购买决策权会分散在中层或基层，这样就会给评价带来一定的困难，对此可以采取两个办法：一是问，即询问单位里的知情者，此事由谁负责，一般会得到一个满意的答案；二是碰，如果经询问仍不能确定，可以径直去找单位的最高领导人，即便此事领导人不具体负责，他也会指给你一个负责的地方，领导人是不会讲出“不知道”或“不清楚”之类的话来的。当然，有些购买决策需要多人共同研究决定，有的还需要上级部门批准，这些情况都需要在评价时一一搞清，以便在推销时明确目标，避免白白浪费时间。

对大客户的购买决策权力的鉴定，首先要审查推销对象的所有制性质、决策运行机制、决策程序、规章制度、企业自主经营的权限等，以确定企业的购买资格；其次要审查具体人物在企业购买决策过程中的角色资格。推销人员应该根据推销对象与人选在其组织机构内的职务、权限、可能担任的购买行为角色等，审查他的购买决策资格，再根据推销品的用途、性质，联系有决定性意义的关键人物进行推销洽谈。例如，推销设备、原材料等产品，要找企业采购部经理或主管生产的副厂长；推销月饼、水果等福利性消费品，要找主管福利的领导即工会主席。

如果大客户购买决策需要多人共同研究决定，推销人员要搞清楚大客户决策层的构成。在大客户销售中，决定成交的往往不是一个人，而是一群人，这就是其决策层。具体说来，任何一个客户里边都会有 4 类人：一是决策者，二是使用者，三是技术把关者，四是向导。这 4 类人都是对决策的结果有巨大影响的人物，对他们中的任何一个也不能轻视，必须进行不同的接触，才能把单子做下来。当推销人员与决策层中 4 类购买人态度趋于一致时，销售成功的概率就大了。这 4 类人的需求有相通之处，但又各有侧重，具体如表 9-8 所示。

表 9-8　决策层 4 类人购买行为对比表

内　容	决　策　者	使　用　者	技术把关者	向　导
作用	最后批准购买的签字人	判断购买的汽车对他们工作的影响	判断你的方案中的技术、财务方面的问题	帮助你完成销售工作
哪些人	对经费有支配权，对是否购买你的产品有最后的决定权，可以是一个，也可以是一群人（董事会）	他负责监管你的产品和服务，他个人的成功与你的产品和服务有直接的关系，经常是一群人	衡量你的方案并向决策人提出好和坏的建议，他没有决策权，但通常有最后的否定权，经常是几个人	他是你能接触到的人，并希望你的销售能成功，他能为你提供和解释当前情况、各种影响力、如何与各方沟通等信息，他是你的朋友
卖点所关注的问题	购买对公司的影响，能否提高效率、降低成本，对公司是否有发展等	圆满完成其本职工作，给他们带来工作上的便利等	产品质量稳定，能节约公司的费用，给公司带来经济效益	和你是朋友，对公对私都有好处
买点所关注的问题	决策能帮助他建立更高的威信，巩固其领导地位	好学好用，方便操作	领导的赞扬，职务的提升，个人的私利	让周围的人感觉到他个人的价值和重要性
经常提出的问题	这样的购买我们能得到哪些利益	你们的产品对我们有什么帮助，它是如何操作的	符合技术指标吗？价钱怎么样	研究一下我们如何做，才能获得订单

总之，决策者更注重购买对公司发展的影响，以及能否解决问题、提高效率、降低成本；使用者更注重能否圆满完成工作（方便、质量、服务）；技术把关者更注重产品的性能指标，能否帮公司省钱，能否带来效益；关键人是否持比较友好的态度，可以作为推销人员销售进程好坏的一个“晴雨表”。努力使这 4 类购买人的态度趋于一致，你成功的概率就会增大。

（四）大客户购买信用评价

大客户购买信用评价会涉及产品销售后货款能否安全收回的问题，如客户缺乏支付能力、主观上愿意支付而实际上没有支付。另外，确认客户是否诚信也十分重要。这里不仅要调查、了解新客户的信用状况，也要注意老客户的信用状况变化。尤其是老客户的信用评价，推销人员应该注意坚持原则，不要认为交往时间长、了解深，就将条件放得越来越宽，将付款时间一延再延，导致数额越积越大，最终使企业蒙受损失。值得注意的是，有些诈骗分子也利用了推销人员的懈怠心理来进行诈骗，开始很讲信用，以后便开始寻找各种借口拖延兑现，到后来等一大批货物到手之后便溜之大吉。对此，推销人员应时刻保持警惕，当客户承诺不能按期兑现时，要及时查清原因——是暂时的，还是情况有了变化，以便及早采取对策。

对客户购买信用评价可以从以下几个方面进行。

1．调查客户购买信用

如果企业未能在收集各种有关客户的信用信息方面做出必要努力，当对方的财务状况变差时，企业将无从应对以致付出惨重代价。因此，在债务人的信用档案中具体应当保存3种书面材料，如表9-9所示。

表9-9　债务人的信用档案材料

序号	材　料	内　容
1	基本信息	这一部分通常记录的是编制客户档案所需的内容，主要包括：对债务人身份的鉴定，具体包括其目前的名称、公司的形式（是独资、合伙还是股份制）；债务人的住所；债务人的财产所在地；抵押物的市值；债务的形式（发票、对账单、本票）等
2	信贷资料	这其中应该尽量包含所有可能导致支付困难事项的说明，主要包括：信用申请表、担保合同、与经销商或是发行人签订的合同、销售合同、保证书和其他书面材料说明（利息费用、律师费和收款费用；累计赊销额；债务人的簿记和书面记录；管辖权和诉讼条款、仲裁条款等）；财务信息（来源于其他信用评价结构的信用报告、经审计和未经审计的财务报表等）；信用经理和推销人员保存的一些原始单据和商业信函；账户交易的发票和结算证明
3	来源于其他渠道的信息	除了以上详细列示的信息之外，其他各种各样的信息（如从银行、其他债权人或是竞争对手处获得的信息）也应该包含在内

2．选择合适的信用调查方式

企业选择利用何种机构进行信用调查很关键。这里主要介绍以下 4 种方式，如表9-10所示。

表9-10　信用调查的方式

序号	方　式	内　容
1	通过金融机构（银行）进行调查	一般由业务经理提出委托申请，由业务银行协助调查，可信度比较高，所需费用少，但很难掌握客户的信用情况及具体细节，且因客户的业务银行不同所花调查时间会较长
2	利用专业信用调查机构进行调查	这种方式能够在短期内完成调查，经费支出较大，能满足委托方的要求。调查人员的素质和能力对调查结果影响很大，所以应选择声誉高、能力强的信用调查机构
3	通过客户或行业组织进行调查	这种方式可以进行深入具体的调查，但会受地域性限制，难以把握整体信息，并且难辨真伪
4	其他方式	其他机构如财税部门、消费者协会、工商管理部门、企业的上级主管部门、证券交易部门等。另外，书籍、报刊、杂志等也可提供有关客户的信用情况

小贴士

对大客户支付情况调查时应注意的问题

对大客户支付情况进行调查应注意以下情况：

- 不能如约付款。
- 推迟现金支付日。
- 推迟签发票据。
- 要求票据延期。
- 托词本公司的付款通知书未到。
- 开始进行小额融资。
- 对催付货款搪塞应付。
- 小额货款都不能支付。
- 票据被银行拒付。
- 要求延长全部票据的支付期限。

3. 处理调查结果

（1）调查完成后，应编写客户信用调查报告

因为对客户的管理是一个动态的过程，所以要定期写成书面的《客户信用调查报告》，及时报告给主管领导。平时还要进行口头的日常报告和紧急报告。定期报告的时间要求依不同类型的客户而有所区别，如表 9-11 所示。

表 9-11　不同类型客户定期报告的时间

序号	时　间
1	对于 A 类客户，每半年一次即可。A 类客户是指规模大、信誉好、资金雄厚、属超一流公司的客户
2	对于 B 类客户，每 3 个月一次。B 类客户是信用状况一般、信誉较好的客户
3	对于 C 类客户，要求每月一次。这类客户主要包括一般的中小客户、新客户、口碑不佳的客户等

调查报告须在指定月份的 10 日前提交给主管领导，按照公司统一规定的格式要求编写。调查报告应力戒主观臆断，要以事实说话，但又不能罗列数字。调查项目应尽量保证准确全面。

（2）信用状况突变情况下的处理

推销人员如发现自己所负责的客户信用状况发生变化，应直接向上级报告，按紧急报告处理。采取对策，必须有上级的明确指示，不得擅自处理。对于信用状况恶化的客户，原则上可采取的对策如表 9-12 所示。

表 9-12　信用状况恶化的客户的应对

序号	对　　策
1	要求客户提供担保人和连带担保人
2	增加信用保证金
3	交易合同取得公证
4	减少供货量或实行发货限制
5	接受代位偿债和代物偿债。有担保人的，向担保人追债；有抵押物担保的，接受抵押物还债

客户购买资格的鉴定应该贯穿于推销的全过程，一旦发现销售活动中缺乏上述要素中的一个，或面谈对象不属于购买行为中的角色，就应及时中止销售活动。为了防止商业诈骗，签订合同的人的资格审查还应以法律规范为准，应与真正的法人或法人委托人签订合同。

职业知识检测

一、复习思考题

1. 大客户开发有哪些特点？
2、什么是销售的买点和卖点？如何将买点和卖点统一？
3. 大客户购买的参与人员都思考哪些问题？
4. 大客户开发的方法有哪些？
5. 大客户开发的技巧有哪些？

二、案例分析

汽车推销人员小张在参加的一次公益活动中认识了某食品监督所的王所长，并了解到王所长为人比较严肃认真，对待下属比较严厉，但跟熟悉的人非常随和。在其后的几次通话中，了解到该食品监督所为了加强市场的食品监管力度，拟增加市场监督员和相应的用车，他们计划 2013 年 10 月采购三台监督车。因此，推销人员小张决定带上资料去拜访该食品监督所的王所长，进一步了解该所的采购计划。到了食品监督所与王所长进行了寒暄之后，就该所的采购计划，小王将自己的想法告诉了王所长，王所长看小张非常诚恳，就将这次采购计划告诉了小张，“这次财政部总计批复了 21 万元为三台车的采购费用，并要求车辆必须为两厢车，目前我们正在考虑三种品牌的车型，打算从这几款车中选出一款，单台车价必须是 7 万元以内的车，购车预算在 21 万元以内，2014 年我们还会有采购计划，明年我们会考虑你们的车。”小张向王所长就这三种品牌的车型与本公司的车型进行了比较和讲解，最终取得了王所长的认可，成功地拿下了这三台车的订单。

分析讨论：

（1）汽车推销人员小张是通过什么渠道寻找潜在客户的？

（2）大客户的开发渠道有哪些？

（3）大客户开发的方法有哪些？

（4）与大客户交流需要哪些技巧？

职业技能训练

一、单一技能训练

训练1：客户开发训练交流最新的信息

汽车推销人员：张先生，上次您好像提到，您是从事建筑设计工作的，是吗？

客户：是呀，怎么啦？

汽车推销人员：真巧，上午我接待了一个客户，是一家建筑设计公司的老总，他们公司采购的这款车正是您看好的那款车呢！他姓赵，我跟他提起您的名字，他一听就哈哈大笑，说认识您，还说您在建筑设计上的才华和能力非常出众，要是有机会，一定要挖走您呢。

客户：呵呵，是吗？这个赵总是哪个公司的呀？

汽车推销人员：他是××集团的。我跟他说您也看中这一款车，他很高兴，还说“英雄所见略同”呢。

客户：呵呵，这个赵总我还真认识。你们那款车现在还有现车吗……

训练2：邀约客户见面

汽车销售顾问：听说贵公司准备采购一批新车，我正是为这事向您请教的。

客户：没错，我们是有这个考虑，但目前还没定。既然今天你打电话来，那就把你们最新的产品资料和报价传真一份给我！

汽车销售顾问：看来您是一个汽车方面的专家，只要看一下汽车产品的资料就可以知道哪个品牌和车型更适合您。就冲这一点，我一定要上门当面请教。

客户：哪里了，只是皮毛而已。

汽车销售顾问：上个月，我遇到一位汽车采购专家，他们公司的情况与贵公司差不多。听他的介绍，我发觉他对汽车非常了解。当我说先传真资料和报价给他时，他说一定要见到我本人，因为他认为除了考虑品牌和车型外，最重要的是服务。他会从我身上看到我们公司的服务，判断今后是否能够给他们提供完善的服务。所以，我建议不论今后是否把我们作为候选对象，只有见个面才会让您更放心。

客户：这几天我比较忙，不一定有空，你还是把资料先传真过来，我先看一下。

汽车销售顾问：既然您很忙，要不这样，我后天下午 3 点打电话给您，如果您能抽出时间的话，我们见个面再具体谈。

客户：那也行！

汽车销售顾问：好，那就谢谢您！我后天下午3点打电话给您！再见！

二、综合技能训练

每3～4人一组进行大客户开发训练。一人作为销售顾问，其余扮演客户；然后互换角色训练。

人　　员	客户开发训练内容	训 练 要 求
人员：销售顾问1名；若干名客户	大客户开发的关键点 大客户开发的渠道 大客户开发的方法 大客户开发的技巧	掌握大客户开发的关键点 掌握大客户开发的渠道 掌握大客户开发的方法 掌握大客户开发的技巧

三、技能迁移训练

（一）技能训练

以小组为单位，选择某产品，分别用大客户开发的不同方法及技巧进行大客户开发的练习；然后在班里交流，同学们互相点评，最后由教师点评。

（二）案例分析

大客户的购买决策权

小周是一位计算机推销人员，他的一个同学在某学校做副校长，并主管学校硬件设施配备的工作。于是小周找到这位同学，说明来意。同学也很痛快，表示学校正准备更新微机室的计算机显示器，下周例会时向校长打个报告，应该没有问题。

洽谈完毕，小周满心欢喜地回去静候佳音，可是过了两个星期还没有消息。他再次找到这位同学了解情况，才知道副校长在例会上的提议因总务处主任强烈反对而被否决了。

问题：

1. 小周为什么失败了？
2. 如何审查大客户的购买决策权限？
3. 如果你是小周，你应该找谁洽谈这笔生意？

情境十

大客户的邀约与拜访

案例引入

不久前,汽车营销顾问齐明经朋友介绍得知一家银行的经理打算购买一辆A品牌的轿车。齐明费了很多周折，才约到这位经理。但是当他出现在这个经理面前的时候，突然间觉得无话可说了。在与对方的交流中，他是说了上一句话之后，却不知道下一句该说什么了，结果经常冷场，两人都觉得非常尴尬。自然，拜访很快就结束了，见面的结果则是这位经理没有任何兴趣讨论齐明介绍的产品，更不要说购买了。

问题：

1. 约见大客户的程序是什么？
2. 约见大客户前必须做好哪些工作？
3. 接近大客户的方法有哪些？案例中用的是哪种方法？
4. 如果你是齐明，你应该怎样做？

任务背景

大客户的邀约与拜访能否成功将影响整个销售过程的成败，也决定着推销能否顺利进入实质性的洽谈阶段。因此，要顺利地邀约与拜访客户，必须做好邀约和拜访的准备工作。灵活运用接近客户的方法，将有利于顺利地接近客户，及时转入推销的下一阶段。没有成功的邀约与拜访，也就没有成功的销售，邀约与拜访客户是直接关系到推销目标实现的一个重要环节。

任务目标

做好大客户的邀约与拜访工作的任务目标具体包括：会邀约大客户；熟练掌握约见客户的方法；掌握电话邀约的流程；会制定客户拜访计划；掌握接近客户常用的方法。

任务实施

一、进行邀约

（一）确定邀约的对象

进行客户访问，首先要明确具体的访问对象。一般来说，推销人员在开始约见之前就已经选定了访问对象。但在实际销售工作中，推销人员往往发现自己无法直接接触访问对象，需要先和他们的下属或接待人员接触。

小贴士

确定邀约对象时应注意的问题

推销人员应尽量设法直接约见购买决策人或者对购买决策具有重大影响的重要人物，避免在无权人与无关人身上浪费时间。

推销人员应尊重接待人员。在实际的销售工作中，推销人员常常不能直接与访问对象联系。在一些大型工商企业和重要的行政部门，那些有决策权的人为方便工作、减少干扰，通常都配备了专门的接待人员，负责接待包括推销人员在内的各类人员。这样一来，推销人员首先面对的往往是秘书和接待员之类的人。为了能顺利地约见主要人物，推销人员应尊重有关接待人员，应在言行中把他们当作同等重要的“要人”，从而取得他们的合作与支持。因为，有时是他们把守着推销人员与约见对象的大门。要取得接待人员的合作，就必须使有关接待人员感到，他们的权威在于能使推销人员顺利地约见其上级领导，而不在于难为与阻挠推销人员。

推销人员应做好约见的准备工作。推销人员要想见到与销售有关的人，就要在约见前做好各项准备，以便“过五关斩六将”。例如，应事先准备好必要的介绍信、引见信、名片、身份证、通行证，刻意打扮自己，并且还要保持良好的态度。

（二）确定邀约的事由

任何人都不会接受没有理由的约见，特别是在双方从未谋面或不熟悉的情况下，所以推销人员在约见访问对象时必须告诉对方访问的原因和需要商谈的事项。当然，任何销售访问都是为了销售产品。但每次访问的具体目的都可以不同，应视销售活动的不同进展与具体情况而有所区别。同时，每次访问的事由不宜过多。一般可以从 8 个方面来确定事由，如表 10-1 所示。

表 10-1　邀约的事由

序号	事　由	内　容
1	认识、投石问路	和从未谋面的客户的第一次见面，可以把“认识”、“投石问路”与约定谈话时间等作为目的

续表

序号	事　由	内　容
2	留下印象	对认为将来有可能对销售产品有用的人，推销人员可以把第一次见面的目的确定为“给对方留下一个好印象”，方便以后联系
3	市场调查	有时为进一步做好市场调查与继续做好约见前的准备工作，可以与客户进行“火力侦察”式接触，目的只是“了解了解”
4	正式销售	直接向约见对象销售产品
5	签订合同	如各方面条件具备，可以把某次约见确定为正式签订合同
6	提供服务	由推销人员当面向客户介绍产品的使用情况，解答客户在产品使用中的疑问，提供咨询及技术业务方面的服务
7	收取货款	了解货款回缴情况，上门约见客户，当面催讨客户拖欠的货款，这也是推销人员约见客户的一个主要目的
8	联络感情	逢销售对象的重要日期（如生日、结婚纪念日等）或者传统节假日，推销人员可以各种形式约见客户，甚至约见客户的家属亲朋，借以表达合作愉快的心得体会或承蒙关照的感谢之意等，把增进与客户的情感和建立良好的人际关系作为约见的目的

（三）确定邀约的时间

约见客户的时间安排是否适宜，会影响约见客户的效率，甚至关系到洽谈的成败。约见的时间应主要根据客户的情况确定，需要事先充分地沟通与商定。当与客户的约定时间敲定以后，推销人员要立即记录下来，并且严格按照约定时间准时到达，要坚决避免迟到或约而不到。

小贴士

确定与客户约见的时间时应注意的问题

推销人员在与客户确定约见时间时应注意以下5个方面：

1）尽量替客户着想。最好由客户确定或由客户主动安排时间。当客户的时间倾向与推销人员的时间安排有矛盾时，应尽量迁就与尊重客户的意见。如果推销人员因与其他客户有约在先而发生时间上的冲突时，应如实向约见对象说清楚。

2）应根据访问对象的特点确定见面时间，避免在客户最忙碌的时间内约见客户。销售人员应注意客户的生活作息时间与上下班活动规律，从中寻找客户较为轻松与愉快的时间为见面时间。

3）应视汽车产品与服务内容的特点确定约见与洽谈生意的时间。时间应更能衬托出产品的优势与服务内容的重要性。

4）讲究推销信用。确定约见时要考虑到一些意外情况。约见时间一旦明确，推销人员应立即用笔记录在案，并且应严守信用，克服困难，准时到达约见地点。

5）合理利用访问时间，提高访问效率。销售业绩的好坏高低，与推销人员是否能够合理地安排时间有直接关系。在时间安排上，推销人员应尽量减少各种等待时间，尽量增加与客户见面与开展推销的时间。同时，对不可避免的等待时间，推销人员应尽量加以利用，如通过接待人员了解情况、搞好与接待人员的关系、复习销售要点等。

（四）确定邀约的地点

与客户约定在什么场合见面，这也是每一个推销人员需要经常面对和处理的问题。总的来说，确定邀约地点要以客户的意见和方便为主。除了工作场所以外，在公共场所约见也是可行的，如茶馆、酒吧、咖啡馆等。地点以安静和便于谈话交流为宜，环境越雅致越好。一般选择与确定约见地点应坚持方便客户、有利于约见和销售的原则，这样才可能利于交易的达成。约见地点的选择一般有两种，如表 10-2 所示。

表 10-2　约见地点的选择

序号	地　　点	内　　容
1	访问对象工作单位的办公室	在工作地点约见，方便双方讨论问题，进行反复商议，以达成共识
2	社交场合和公共场所	在社交场合和公共场所（如歌舞厅、酒会、座谈会、公园、广场等地方）约见，气氛轻松愉快，有利于拉近推销人员与客户的距离。但太嘈杂与来往人太多的地方只能作为礼节性拜访、初次认识或联络感情的地方，绝不能作为实质性谈判的地方

二、选择约见客户的方法

（一）当面约见

所谓当面约见，是指推销人员与客户当面约定访问事宜。推销人员可以利用与客户会面的各种机会进行当面约见。例如，在途中不期而遇时，在见面握手问好时，在起身分手告别时，都可以向客户约定访问的基本内容。

当面约见是一种理想的约见方式。推销人员可以在当面约见时观察到客户的态度、性格等，对约见有所准备；可以有机会交流感情、表达思想，给客户留下良好印象，使客户乐意接受约见。当面约见既有优点，又有局限性，如表 10-3 所示。

表 10-3　当面约见的优点及局限性

序号	优　　点	局　限　性
1	有利于发展双方关系，加深双方感情；能及时得到客户的反应，缩短双方的距离，增加亲近感，甚至建立信任与友谊关系	受地理限制，远距离的客户往往很难当面约见
2	有助于推销人员进一步做好接近客户的准备，了解客户的有关情况	受时机的限制，有时很难碰巧遇到所要面约的客户
3	比较可靠；有时约见情况比较复杂，必须当面约见才能说清楚；当面约见可以消除对方的顾虑	面约花费的时间与精力较多，面约较少的客户还行，多了就很难在短时期内办到

续表

序号	优　点	局 限 性
4	节约信息传递费用，简便易行，对双方都比较方便	一旦当面约见遭到客户拒绝，推销人员便会处于被动局面，无法挽回败局

（二）电话邀约

电话约见就是推销人员以打电话的方式约见客户，或利用接电话的时机约见客户。对于老客户，电话约见方便、快捷、效率高。但如果是初次电话中约见，在有介绍人介绍的情况下，需要简短地告知对方介绍者的姓名、自己所属的公司与姓名、打电话的事由，然后请求与对方面谈。电话邀约务必在短时间内给对方以良好的印象，不妨说类似“贵公司陈小姐购买之后认为很满意，希望我们能够推荐给公司的同事们”的话，接着再说“想拜访一次，当面来说明，可不可以打扰您 10 分钟？只要 10 分钟就够了”，要强调不会占用对方太多时间。然后，把这些约见时间写在预定表上，再继续打电话给其他人，将一天的预定约会填满之后，便可开始访问活动了。

电话约见的内容一般包括问候、介绍自己和公司、感谢客户倾听、道明约见目的、确定约见时间和地点、再次致谢。在预约客户时，推销人员必须以与客户约定面谈时间和地点为主要目的，这一点是尤其需要注意的。

1. 打电话邀约的流程分析

打电话邀约是一项重要的工作，推销人员如果按照拨打电话的流程约见客户，则能够提高工作效率，争取更多的客户。其流程如图 10-1 所示。

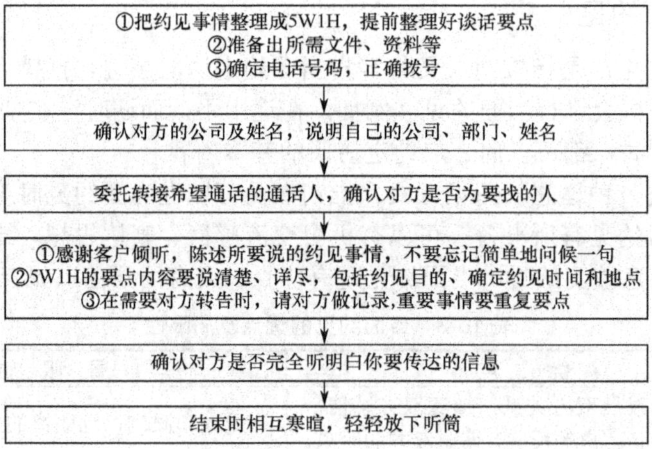

图 10-1　拨打电话流程

（1）做好电话邀约的准备工作

电话邀约的准备工作如表 10-4 所示。

（2）打通电话

打通电话前的准备工作如表 10-5 所示。

表 10-4　电话邀约的准备工作

序号	准 备 工 作
1	查阅潜在客户信息档案
2	谈话要点准备（围绕要达到的目的及这个电话对客户的价值所在）
3	客户可能搪塞或拒绝的理由有哪些，准备好相应的解释或化解方法
4	准备好记录用的笔和本
5	准备好相关材料及产品资料

表 10-5　打通电话前的准备工作

序号	准 备 工 作
1	确定电话号码，正确拨号
2	确认对方的公司及姓名，说明自己的公司、部门、姓名

（3）与客户进行确认

与客户进行确认的内容如表 10-6 所示。

表 10-6　与客户进行确认的内容

序号	内　　容
1	确认对方是否为要找的人
2	询问对方是否有时间与你交谈

（4）进行陈述

进行陈述的内容如表 10-7 所示。

表 10-7　进行陈述的内容

序号	内　　容
1	简洁、清晰地说明打电话的目的
2	打电话时要面带微笑，并使用礼貌用语
3	电话里不宜喋喋不休地谈论车的具体性能特点，应争取获得面谈或试驾等机会

（5）与客户再次确认

与客户再次确认的内容如表 10-8 所示。

表 10-8　与客户再次确认的内容

序号	内　　容
1	客户谈及的主要内容
2	谈话结束前进行总结确认

（6）电话结束

电话结束时的要求如表 10-9 所示。

表 10-9　电话结束时的要求

序号	内　容
1	感谢客户接听电话
2	等客户先挂断电话后，再挂断电话

小贴士

打电话时应注意的问题

推销人员打电话前应事先准备好笔和纸，切勿在打电话中要求对方等待自己寻找笔和纸，否则是非常不礼貌的。

通话后首先问候并自我介绍（自己的名字、自己的公司及想要寻找的人），说明来意。如果未通报自己让客户不了解来意，浪费了客户的许多时间来询问你的信息，这也是打电话最容易犯的错误。

如果欲寻找的对方不在，留下的信息应包括你的姓名、你的公司和联络电话号码，以便对方方便与你及时联系。

注意倾听对方的讲话。打电话过程中，汽车营销人员要深知讲述时倾听者的态度直接影响到讲述者的心情，从而为沟通设置障碍。因此，倾听时一定要专注地听而不是随心所欲。倾听可以让对方感觉到很受重视，这样才能够心平气和地甚至非常愉悦地进行交流，从而提高沟通的有效性，同时可以节约沟通时间，提高客户满意度。

2. 接电话邀约的流程分析

接听电话同样是邀约的一项重要工作。推销人员如果能够按照接电话的流程接听电话，则能够提高工作效率，争取更多的客户对推销人员所在的公司及产品感兴趣，由此争取到更多的订单。其流程如图 10-2 所示。

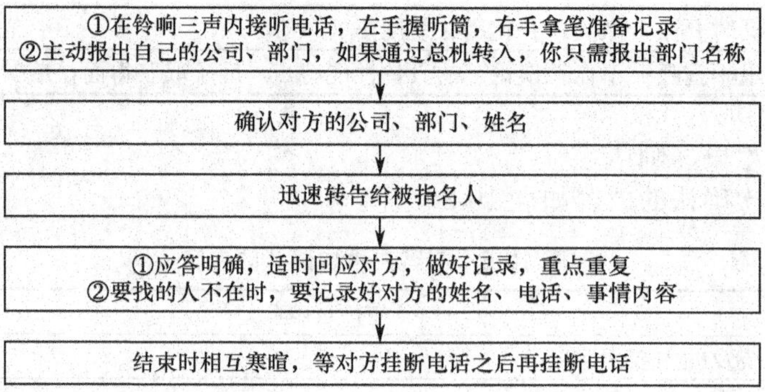

图 10-2　接听电话流程

（1）接听电话

接听电话的要求如表 10-10 所示。

表 10-10　接听电话的要求

序号	要　求
1	最晚在 3 次铃声前微笑着接电话
2	通报公司名称，本人姓名与职务

（2）确认对方的公司、部门、姓名

（3）电话转接

电话转接时的要求如表 10-11 所示。

表 10-11　电话转接的要求

序号	要　求
1	需要电话转接时，请对方简单扼要说明来电原因
2	请客户稍等

（4）倾听、记录、回答

接听电话时倾听、记录、回答的要求，如表 10-12 所示。

表 10-12　倾听、记录、回答的要求

序号	要　求
1	认真倾听，热情回应，并随手做好记录
2	获取客户的姓名，交流中礼貌地称呼对方
3	需要询问的客户，应积极争取拜访客户，并确定拜访的时间
4	询问用已显示的电话号码是否可以联系到对方

（5）结束电话

接听电话结束时的要求，如表 10-13 所示。

表 10-13　电话结束时的要求

序号	要　求
1	谈话结束时，感谢客户打来电话
2	等客户先挂断电话后，再挂断电话

小贴士

接听电话时应注意的问题

客户希望与一个身份明确的人进行交谈，而非无名氏，接听电话时首先就是清楚地通报姓名及公司名，让对方马上识别。

电话用语应文明、礼貌，态度应热情、谦和、诚恳，语调应平和，音量要适中；未通报公司名称及姓名，就在质问客户，这是接听电话最不礼貌的行为。

对方如果打错电话，应婉转地说“对不起，您打错电话了。”“对不起，没这个人，请再确认一下。”待对方确信打错电话时再挂断电话。

如果对方请你代传电话，应弄明白对方是谁，要找谁，以便与接电话人联系。

确认转接后，请告知对方，并迅速找人。如果想不放下听筒呼喊距离较远的人，可用手轻捂住话筒或保留按钮，然后再呼喊接话人。

转接电话，必须确认电话完成转接无误；如果转接一段时间后，指定接话人仍无法应答电话，应立即重复接听，并询问对方是否继续等待。

客户来电所寻找的同事不在，务必请客户留下信息；有时客户可能是职位较高者，如果你未要求他留言，他可能会认为你的公司是不懂得讲究礼仪的公司。

3．电话约见的要领与技巧

电话约见具有迅速及时、方便、灵活的优点，而且能够避免当面遭遇拒绝的尴尬，是广泛应用的方法之一。电话约见的要领与技巧如表 10-14 所示。

表 10-14　电话约见的要领与技巧

序号	要领与技巧
1	推销人员电话约见时，尽量不要先说出价格
2	推销人员电话约见时，需简单扼要地说明商品特色
3	电话约见时，由推销人员决定拜访的日期
4	推销人员电话约见时，要先取得对方的信任
5	推销人员电话约见时，说话速度不宜过快
6	推销人员电话约见时，强调“不强迫购买”
7	推销人员电话约见时，要多问问题，尽量让客户说话

（三）信函约见

信函是比电话更为有效的媒体。虽然随着时代的进步出现了许多新的传递媒体，但多数人始终认为信函比电话显得更尊重他人一些。因此，使用信函来约会访问，所遭到的拒绝比电话要少。另外，运用信函约会还可将广告、商品目录、广告小册子等一起寄上，以增加客户的关心度。当今，广告信件泛滥，如果不精心设计，很可能被客户随手丢掉，达不到预期效果。通常情况下，信函的内容包括问候、寄信的宗旨、拟拜访的时间，同时附上广告小册子。一般信函的写法是：“……届时倘有不便，请在信封所附明信片上指定适当的时间……”并且在明信片上先写上“×月×日，上午/下午×时”。只要请被访问对象在明信片上填上指定日期、时间并寄回即可。这样做在实践中可获得更好的效果。

使用信函约见必须事先仔细研究与选择。如果对方的职业或居所不适宜收信，那么使用信函约见的方法自然会失败。如果对诸如收信人对该商品是否会注意、收信人的职位是总经理还是业务员、寄达的地方是办公室还是私人住宅等问题未加思考，胡乱将信函寄出，难免会被当成垃圾信件处理。信函约见的优缺点如表 10-15 所示。

表 10-15　信函约见的优点及缺点

序号	优　点	缺　点
1	信函约见的目的容易达到。信函可以不受限制地送达特定客户的手中，只要内容能使客户感兴趣就会引起客户的积极回应	信函约见送达的时间长，不适用于紧急约见
2	信函约见费用低。信函约见是所有约见方法中成本最低廉的	信函约见反馈率低。有的客户对约见信函不重视，或不拆开看就丢在一边
3	信函约见的体裁自由。推销人员可以不受时间的限制，对约见信函精心设计，仔细推敲所使用的语言，避免各种失误和不当之处	信函约见无法解答客户的疑问。信函只是一种单向信息传递，对客户的疑问不能进行当面解答

小贴士

写约见信函时应注意的问题

为了提高信函约见的成功率，推销人员在写约见信函时应注意以下几个问题：

信函形式亲切，措辞委婉恳切。约见信函要尽可能自己动手书写，而不使用冷冰冰的印刷品，信封上最好不要盖“邮资已付”的标志，要动手贴邮票。措辞委婉恳切的信函往往能博得客户的信任与好感，容易使对方同意见面。

内容要简洁、有重点。书信应尽可能言简意赅，只要把约见的时间、地点、事由写清即可，切不可长篇大论，不着边际。

要引起客户的兴趣及好奇心。约见书信要以引起客户的好奇心为中心，投其所好，以客户的利益为主线劝说或建议其接受约见要求。

不要过于表露希望拜访客户的迫切心情。

电话追踪。在信函发出一段时间后要打电话联系，询问客户的想法与意见，把电话约见与信函约见结合起来使用，可大大提高约见效果。

（四）委托约见

委托约见是推销人员委托第三者约见客户的方法。委托约见包括留函代转、信件传递、他人代约等。受推销人员之托的第三者，是与推销对象本人有一定社会联系和社会交往的人士，包括对客户本人有一定社会影响力的有关人员，如接待人员、秘书、同事、邻居、亲友等。

委托约见的优点：容易达到约见客户的目的，有利于推销人员接近客户，获得推销对象的真实信息；可以通过受托人与目标客户的特殊关系对其施加影响，使其克服对推销人员的戒备心理，从而节省推销时间，提高推销效率；有利于推销人员明确重点，克服约见障碍，提高推销效果。

委托约见的局限性：受推销人员社交圈大小等因素的制约；不如自约亲切，客户往往不给予足够的重视；推销人员处于被动地位，不如自约可靠，如果受托人不太负责任，常会引起误约、贻误销售时机。

（五）广告约见

广告约见是推销人员利用各种广告媒体约见客户的方式。现代广告媒体主要有广播、电视、报纸、杂志、路牌、招贴、直接邮寄等。利用广告进行约见可以把约见的目的、对象、内容、要求、时间、地点等准确地告诉广告受众。广告约见的适用情况：约见客户较多或约见对象不太具体、明确，或者约见对象姓名、地址不详，在短期内无法找到等。

广告约见的优点：约见对象较多，覆盖面大，可以扩大推销人员的影响，树立企业形象；有利于推销人员上门，节省时间，提高约见效率。

广告约见的局限性：约见费用高；针对性较差；不利于推销人员安排具体约见事宜；难以引起目标客户的注意。

约见客户除了以上介绍的几种基本方法外，还有其他的约见方法，如登门约见、名片约见、家庭约见等。各种方法应结合使用，以便互相补充，不断创新，增强约见效果。一切方法都因人而异，因事而异，因地而异，离开了约见的具体内容和具体的推销环境，就谈不上什么最佳的约见方法。推销人员应根据具体情况确定具体的约见方法。推销人员只要灵活运用各种约见方法，取信于人，就一定可以成功地约见客户。

三、拜访大客户

拜访大客户就是接近大客户。接近大客户是推销人员正式接触推销对象的过程。这一过程是销售面谈的前奏，从时间上讲是很短暂的，在整个销售过程中所占的比例很小，但这一环节却非常重要，决定着推销能否顺利进入实质性的洽谈阶段。因此，成功地接近客户是保证洽谈顺利进行的重要前提。

案例阅读 10-1

有针对性地拜访大客户

某企业的一位推销人员小张做推销工作多年，经验丰富，关系户较多，加之他积极肯干，在过去的几年中，业绩在公司内始终首屈一指。谁知新推销人员小刘参加推销人员培训回来后，不到半年，其推销量直线上升，当年就超过小张。小张对此百思不得其解，问小刘：“你出门比较少，关系户没我多，为什么推销量比我大呢？”

小刘指着手中的资料说：“在拜访前，我主要分析这些资料，有针对性地拜访。比如，我对 124 名老客户进行分析后，感到有购买可能的只有 94 户。根据以往的经验，94 户中 21 户的订货量不大，所以我只拜访 73 户。结果，订货率较高。其实，我的老客户 124 户中只有 57 户订货，订货率不足 50%，但是你可以节约出大量时间去拜访新客户。当然，这些新客户也是经过挑选的，尽管订货概率不高，但建立了关系，还是值得的。”由此可见，小刘的成功之处就在于重视目标客户的选择。

案例阅读中，推销人员小刘通过分析客户资料，科学地寻找客户，并有针对性地拜访客户，既提高了订货率，又建立了关系。

（一）制定客户拜访计划

在对目标客户进行寻找和确定后，就应开始准备对目标客户的有计划拜访。客户拜访主要包括 3 个步骤，即目标客户拜访前的联系、目标客户拜访前的准备工作、制定客户拜访计划。大客户拜访计划如表 10-16 所示。

表 10-16　大客户拜访计划

销售经理：　　　　　　　　　　　销售代表：

序号	客户名称	类别	拜访对象（部门/人员）	拜访的目的	预期达到的目标	参加人员
1						
2						
3						
4						
5						
6						

客户拜访计划是针对目标客户所要进行的活动而做的一种计划安排。客户拜访计划要做到细致、周密，如规定每天完成的访问任务、根据访问任务进行合理的线路规划、为了完成访问任务而制定具体策略、考虑这些策略在执行过程中的可行性等。

线路规划是指按照工作要求对客户进行分类，并计划周期内每一条线路的工作过程。它是制定客户拜访计划的基础工作。

推销人员应根据地理分布将全部大客户划分到相应数量的拜访线路中，并且按照从远到近的原则设计每条线路，即每天的拜访工作从距离公司最远的大客户开始，到距离公司最近的大客户结束。交通方式也是规划线路时需要考虑的因素。拜访的日程安排如表 10-17 所示。

表 10-17　拜访的日程安排

出发		离开		交通工具	拜访对象	类别	时间统计		
地点	时间	地点	时间				路途时间	拜访时间	休息时间
拜访时间/有效工作时间=　　% 关键大客户拜访时间/有效工作时间=　　%						合计			

制定拜访计划应注意以下几点：

1）访问的客户数量应与推销人员一天的工作强度相匹配，使访问计划具有切实的可操作性。

2）考虑大客户的重要程度差异。

3）根据大客户的情况选择合适的交通方式。

4）准备销售工具。销售工具的准备是推销人员在拜访每一位大客户前都必须认真去做的一项工作，也是推销人员应当具备的最基本的职业素质。销售工具是指推销人员日常工作时所需要的全部物品和资料。它通常包括 4 类：介绍资料、交易材料、辅助工具及其他。介绍资料包括产品介绍、品牌介绍、价目表等；交易材料包括订货单、协议书等；辅助工具包括陈列工具、笔、名片、工作包等。推销人员为了有效地避免在准备过程中遗漏工具，可以通过销售工具清单来进行管理。销售工具清单如表 10-18 所示。

表 10-18　销售工具清单

序　号	类　别	工具名称	有效期	星期					
				一	二	三	四	五	六
	介绍资料	价目表							
		产品介绍							
		企业活动介绍							
	交易材料	协议书							
		订货单							
	辅助工具	客户资料							
		名片							
		陈列工具							
		笔							
	其他	活动需要的礼品							

注：对于当日已准备好的工具请画“√”；对于当日无须准备的工具请画“×”；尚未准备好的工具请留空白。工具有效期用于提醒推销人员该项工具在当日是否仍为有效工具，以便及时更新或删除。

（二）接近客户常见的方法

有时，第一次拜访客户，他会说他很忙、现在没时间等，这是一种本能的防御心理，关键看推销人员怎样巧妙地推开客户的防御墙，进一步说服客户。为了在较短的时间内达到接近客户的预期目的，销售人员必须掌握适当的接近方法。根据客户及销售的具体情况，接近目标客户的方法主要有以下几种。

1. 介绍接近法

介绍接近法是推销人员自行介绍或经由第三者介绍而去接近推销对象的一种方法。它主要包括口头介绍和书面介绍两种。在销售过程中，接近的对象不同，介绍的方式也有所区别。

（1）自我介绍法

一般情况下，推销人员是通过自我介绍的方法接近客户的。通过约见，推销人员按时在约定地点拜见客户，通过口头自我介绍的方式让客户了解自己的身份、姓名、背景及目的。同时，推销人员应通过展示身份证、名片、单位介绍信等有关证件来证明口头介绍的准确性。

目前，很多推销人员用名片做自我介绍。推销人员的名片正面通常写明其姓名、工作单位、职务、职称、联络方法等，反面则介绍公司的主要产品目录、服务项目、开户银行等内容。接近时适时递上一张名片，可以让客户尽快了解推销人员和所推销产品的概况，迅速缩短与客户的距离。

自我介绍是最常用的方法，也是其他许多接近方法的基础。但是，无情的事实表明，推销人员在开始接近客户时所做的自我介绍绝大多数都是毫无意义的。客户一般不大关心推销人员的自我介绍，只是在推销品或者推销人员的建议令他感兴趣后，才重新询问推销人员的尊姓大名或查看推销人员的名片。所以，在接近客户之初，推销人员在进行自我介绍时要和其他方法配合使用。

案例阅读 10-2

成功的自我介绍法

金牌推销人员乔·吉拉德喜欢去运动场上观看比赛。当万众欢腾时，他就大把大把地抛出自己的名片。观看橄榄球比赛时，当人们手舞足蹈、摇旗呐喊、欢呼雀跃、忘乎所以的时候，吉拉德同样兴奋不已，只不过他同时还要抛出一沓沓的名片。

吉拉德认为："我把名片放在一个纸袋里，随时准备抛出去。也许有人以为我是在体育场上乱扔纸屑，制造名片垃圾，但是只要这几百张名片中有一张到了一个需要汽车的人的手中，或者他认识一个需要汽车的人，那么我就可以做成一单生意，赚到足够的现金。同见面或打电话一样，扔名片也可以制造推销机会。你应该知道，我的这种做法是一种有效的方法。我撒出自己的名片，也撒下了丰收的种子；我制造了名片垃圾，也制造了未来的生意。"

也许你会认为吉拉德的这种做法很奇怪，但是这种做法确实帮他做成了一些交易。很多买汽车的人对这种行为感兴趣，因为扔名片并不是一件平常的事，他们不会忘记这种与众不同的举动。

吉拉德能做出撒名片的惊人之举，到处递名片就更不用说了。他总是设法让所有与他有过接触的人都知道他是干什么的、推销什么东西，即使那些卖东西给他的人，甚至在餐馆付账时，他也把名片附在账款中。假如一餐饭的账单是20美元，一般人支付15%的小费3美元，吉拉德常会留下4美元，并且附上他的名片。对所有的侍者，吉拉德都采用这种方式。

案例阅读中，金牌推销人员乔·吉拉德为了在较短的时间内达到接近更多的客户的预期目的，只要在有人的场合，他就以抛出或递出自己名片的方式，不断地制造出未来的生意。他的这种与众不同的举动，让很多人不会忘记。

（2）他人引荐法

在可能的情况下，推销人员可以通过客户社交圈里的人介绍而接近客户。推销人员接近客户时，只需要把第三者开具的介绍信、便条、名片、介绍卡给客户，就能轻松接近客户，如能由介绍人亲自引见则效果更好。推销人员所找的介绍人都是熟悉客户的人，或者与客户往来密切和对客户能产生直接或间接影响的人。介绍人所起作用的大小，要看推销人员、客户与介绍人员关系的密切程度。但这种方法也有局限性，有时客户碍于人情勉强接待推销人员，却不一定有购买诚意，只是虚于应付，甚至在有些情况下客户还忌讳熟人的引荐。推销人员应努力扩大自己的交往面，争取有关人士的协助和引荐，但应注意尊重介绍人的意愿，不可强求。

2. 赞美接近法

所谓赞美接近法，是指推销人员利用客户的虚荣心理，通过赞美客户而接近客户的方法。喜欢听人说好话是人的共性，说好话的人总比说坏话的人更受人欢迎。俗话说：“阎王也喜欢奉承。”因此，赞美接近法是一个较方便的接近客户的好方法。推销人员应准确地把握客户的心理，恰当地赞美客户，在融洽的交谈中寻找销售机会。

小贴士

采用赞美接近法时应注意的问题

采用赞美接近法时应注意以下3点：

1）选择适当的赞美目标，避免冒犯客户。个人的长相、衣着、举止谈吐、风度气质、才华成就、家庭环境、亲戚朋友等，都可以给予赞美。若客户讲究穿着，你可向他请教如何搭配衣服；若客户是知名公司的员工，你可表示羡慕他能在这么好的公司上班。赞美时切忌信口开河、胡吹乱捧，否则必将弄巧成拙。

2）真诚赞美客户，避免虚情假意。推销人员赞美客户，一定要诚心诚意，把握分寸。赞美准客户必须要找出别人可能忽略的特点，让准客户知道你的话是真诚的。赞美的话若不真诚，就成为拍马屁，这样效果当然不会好。赞美比拍马屁难，它要先经过思索，不但要有诚意，而且要选定既定的目标。事实上，不合实际、虚情假意的赞美，只会使客户感到难堪，甚至导致客户对推销人员产生不好的印象。

3）针对不同客户，选择赞美方式。对不同类型的客户，赞美的方式也应不同。对严肃型的客户，赞语应自然朴实，点到为止；对虚荣型客户，可以尽量发挥赞美的作用；对年老的客户，应该多用间接、委婉的赞美语言；对年轻的客户，可以使用比较直接、热情的赞美语言。

3．馈赠接近法

馈赠接近法是推销人员利用赠品来引起客户的注意，进而和客户认识并接近，并由此转入推销面谈的方法。一些小而有意义的礼品符合客户求小利、求雅趣的心理，极易形成融洽的气氛，因此在实际推销中经常被推销人员用作接近客户的“跳板”。

小贴士

采用馈赠接近法时应注意的问题

推销人员在选择什么礼品作为馈赠时，应注意以下几点：

1）慎重选择馈赠礼品。在进行接近准备时应做好调查，摸清情况。首先，应确定客户会不会把赠送礼品看成不正当的行为，把送礼的推销人员看成骗子。其次，了解客户对礼品的价值观念，以确定送礼的方式。最后，了解客户的嗜好和需求，尽量投其所好，送其所用。

2）用来作为接近的礼品只能当作接近客户的见面礼与媒介，而绝不能当作讨好客户的手段。

3）礼品的内容与金额的大小必须符合国家有关规定，不可把馈赠变成贿赂。

4）礼品尽量与所推销的产品有某种联系。

4．利益接近法

利益接近法是指推销人员抓住客户追求利益的心理，利用其所推销的产品或服务能给客户带来的利益、实惠、好处，引起客户的注意和兴趣，进而转入面谈的接近方法。从现代推销原理上讲，这是一种最有效、最省力的接近客户的方法。因为这不仅符合客户求利的心理，而且符合商业交易互利互惠的基本原则。客户购买商品的目的是想通过商品使用价值的实现而从中获得某种利益，而工商企业的购买更是直接以赢利为目的。推销人员采用利益接近法时，如果能够用精练的语言把产品的优势与客户当时最关心的利益和问题挂钩，那么接近与洽谈都会成功。但应注意的是，产品优势及推销能带给客户的利益是实实在在的，而不是夸大其词，否则就会失去客户的信任或导致推销本身没有实际效益。

5．问题接近法

问题接近法也叫问答接近法或讨论接近法，是指推销人员利用提问方式或与客户讨论问题的方式接近客户的方法。在实际销售工作中，问题接近法可以单独使用，也可以和其他各种方法配合使用，如好奇接近法、利益接近法等都可以用提问作为引人入胜的开头。推销人员可以首先提出一个问题，然后根据客户的回答再提出其他一些问题，或提出事先设计好的一个问题，以引起客户的注意和兴趣，引导客户去思考，环环相扣，一步步达到接近的目的。

小贴士

采用问题接近法时应注意的问题

推销人员在具体运用问题接近法时应当注意以下 3 点：

1）问题必须突出重点，有的放矢。推销人员必须在接近准备的基础上设计所提问题，问题要能一针见血，切中要害。例如，“你愿意节省一点成本吗？”这个问题就不够明确，只是说明“节省成本”，究竟节省什么成本、节省多少、多长时间，都没有加以说明，很难引起客户的注意和兴趣。“您希望一年节省 1 万元油费吗？”这个问题就比较明白确切，容易达到接近客户的目的。一般说来，问题越明确，接近效果越好。

2）问题表述必须简明扼要，抓住客户的关注点，最好能形象化、量化、直观生动，以便引起客户的注意和兴趣。

3）问题应当具有针对性、耐人寻味，应当是客户乐意回答和容易回答的，要避免有争议、伤感情和客户不愿意回答的问题，以免引起客户的反感。

6. 好奇接近法

好奇接近法是推销人员利用客户的好奇心理而接近客户的方法。人都有不同程度的好奇心。现代心理学表明，好奇是人类行为的基本动机之一。那些客户不熟悉、不了解、不知道或与众不同的东西，往往会引起人们的注意，推销人员可以利用人人皆有的好奇心来引起客户的注意和好奇，然后在解答疑问时巧妙地把产品介绍给客户，客户的态度会立即从冷淡转为积极关注。

小贴士

采用好奇接近法时应注意的问题

采用好奇接近法应该注意以下 3 个问题：

1）引起客户好奇的方式必须与推销活动有关。

2）必须做到出奇制胜。

3）引起客户好奇的手段必须合情合理，奇妙而不荒诞。

7. 请教接近法

请教接近法是推销人员利用向客户请教问题与知识的机会接近客户的方法。一些专业水平较高的人士，尤其是在购买行为模式中担任决策角色或有重要影响的人，他们大多认为自己是该行业的专家，若用讨教的态度与方法去接近他们，由于满足了他们自尊心理的需求，容易受到欢迎。对一些年轻资浅的推销人员而言，求教接近法是一个较好的方法。

小贴士

采用请教接近法时应注意的问题

具体应用请教接近法时应注意 4 个问题：

1）请教时态度要诚恳，语言要谦虚。尽量让客户多说多讲，推销人员应毕恭毕敬，洗耳恭听，多听多记。

2）赞美在先，请教在后。如要请教，首先应对客户的专长特点有一定了解并尽力加以肯定与赞美，然后再提出与所推销的产品有关的问题进行请教。

3）请教在前，推销在后。如果请教的问题提得恰当，客户自然会注意到你的产品。如果客户一时没有联想到所推销的产品，推销人员应再就推销产品有关问题求教于客户。这样，客户也许会较快地接受产品。

4）请教过程中要注意分析客户的讲话内容，从中寻找资料，分析并确定下面的推销重点。许多年长的人都有“好为人师”的心理，推销人员针对这种心理进行接近，就不会吃“闭门羹”。

总之，接近客户的方法与技巧很多，推销人员应当在推销实践中灵活运用，并根据推销的实际情况创造一些新的行之有效的接近客户的方法。但无论采用哪种方法，都必须注意 3 个问题：①掌握有关客户、公司、产品的情况，资料掌握得越详细越可使推销接近成功；②约见方式要能充分吸引客户的注意力，有时还需借助手中的产品资料来充当接近客户的辅助器材；③接近客户时可选择恰到好处的销售技巧，以加深客户对推销人员及产品的印象。

职业知识检测

一、复习思考题

1．约见大客户的步骤有哪些？

2．约见大客户的方法有哪些？

3．拨打电话邀约的流程是什么？拨打电话时应注意哪些问题？

4．接听电话邀约的流程是什么？接听电话时应注意哪些问题？

5．接近客户常见的方法有哪些？

二、案例分析

一次成功的拜访

一个业务员去拜访某客户公司总经理："张总，我已经拜访过您好多次了，您对本公司的汽车性能也相当认同，汽车的价格也相当合理，您也听朋友夸赞过我们公司的售后服务。今天我再次来拜访您，不是向您销售汽车的。我知道总经理是销售界的前辈，我在您面前销售东西压力实在很大，我哪些地方做得不好，请总经理本着爱护晚辈的心怀，给予指点，以便我早日改善。"总经理说："你不错嘛，人很勤快，对汽车的性能了解得非常清楚。看你这么诚恳，我就坦白告诉你吧，这次我们要替公司的10位经理换车，当然换车一定要比他们现在的车子更高级，以激励他们的士气，但是价钱不能偏高，否则我短期内宁可不换。"这位业务员马上说："报告总经理，您实在是一位好的经营者，购车也以激励士气为出发点，今天我又学到了新的东西。我给您推荐的车是由美国装配直接进口的，成本偏高，价格不得不反映成本。但我们公司月底将从墨西哥OEM进来的同级车，成本很低，而且总经理又是一次购买10部，我一定能成功地说服公司尽可能地达到您的预算目标。"总经理说："哦，的确有很多美国车都是在墨西哥OEM生产，贵公司如果有这样的车，倒替我解决了换车的难题。"

分析讨论：

（1）接近客户常见的方法有哪些？

（2）案例中的推销人员在拜访客户中用了哪些方法接近客户？

（3）你认为成功的推销人员应具备哪些素质？

职业技能训练

一、单一技能训练

训练1：拨打电话邀请客户

按照接打电话的流程，每两人一组，分配角色，做好接打电话的准备。

甲：您好，我是A公司的许丹，请问齐辉先生在吗？

乙：您好，我就是。

甲：打电话来，是想邀请您参加我们在下星期三举办的汽车营销研讨会，不知道你有没有时间光临？

乙：可以，没问题。

甲：太好了，那我们下星期三上午10点在海洋酒店一楼会议厅见。

乙：好的，谢谢！

甲：谢谢，再见！

乙：再见！

训练2：王先生接近客户

王先生是某配送车公司的推销人员，其业绩一直是公司里最优秀的。他总结自己的销售方法时，指出了利益解说策略在销售过程中的重要性并认为这是他成功销售的关键所在。下面是他利用利益解说策略成功销售的过程。

王先生："陈处长、李科长，你们好。感谢两位能抽出时间来，同时要再感谢两位能协助我对贵企业配送车的使用现状做调查，让我能提出更适合贵企业的建议。"

"一辆好的配送车，能比同型货车增加21%的载货空间，并节省30%的上下货时间。根据调查显示，贵企业目前配送的文具用品体积不大，但大小规格都一致，并且客户多为一般企业，客户数量多且密集，属于少量多次进货的形态。一趟车平均要装载50家客户的货，因此上下货的频率非常高，挑选货物费时，并常有误拿的情形发生。如何正确、迅速地在配送车上拿取客户采购的商品是提高效率的重点。这点两位是否同意？"

陈处长："对，如何迅速、正确地从配送车上拿出下一家客户要的东西是影响配送效率的一个重要因素。"

王先生："另外，配送司机一天中大部分的时间都在驾驶位上，因此驾驶位的设置要尽可能舒适，这是配送司机们一致的心声。李科长也提到，由于车每天长时间在外行驶，车子的安全性绝对不容忽视。的确，一辆专业配送车的设计，正是要满足上面这些功能。"

"本企业新推出的专业配送车××（拿出该型号车的设计图纸、说明书等材料展示给陈处长他们看），正是为满足客户对提高配送效率而专门开发设计出来的。它除了比一般同型货车多出了15%的空间外，还设计有可调整的存放位置，可依空间大小的需要，调整出0～200个置物空间，最适合放置规格不一致的配送物，同时能活动编号，依号码迅速取出配送物。贵企业目前因为受制于货车置货及取货的不便，平均每趟只能配送50个客户，若使用此种型号的配送车，可调整出70个置物空间，经由左、右门及后面活动门依编号迅速取出客户所要的东西。"

"配送车的驾驶座，如同活动的办公室。驾驶室的位置调整装置能依驾驶人员的特殊喜好调整出最适合他的位置。座椅的舒适度绝对胜过一般内勤职员的椅子，并且右侧特别设置了一个自动抽取式架子，能让配送人员书写报表及单据，使配送人员能感到企业对他们的尊重。"

"由于配送车在一些企业并非专任司机使用，而是采取轮班制，因此车子的安全性方面的考虑更为重要。××型配送车有保护装置、失误动作防止、缓冲装置等。电脑安全系统控制装置，能预先防止不当的操作带给人、车的危险，能使配送驾驶人员自己能控制的车祸意外降至最低。贵企业的配送人员也常有轮班、换班的情形，使用本车能得到更大的保障。"

“或许有人会说，万一安全系统的电脑发生故障而驾驶人员不知道，不是更危险吗？这个问题非常好，因为在设计时也有人提出过，我们的解决方法是，若安全系统发生故障，车子一发动，就会有声音发出。”

陈处长：“××车听起来不错。但目前我们的车子还没到企业规定的以旧换新的年限，况且停车场也不够。”

王先生：“陈处长说得不错。停车场地的问题，的确给许多成长型的企业带来一些困扰。贵企业业务在处长的领导下，每年增长 15%，为了配合业务成长，各方面都在着手提升业务效率。若贵企业使用××配送车，每天平均能提升 20%的配送量，也就是可以减少目前 1/5 的配送车辆，相对地也可以节省 1/5 的停车场地。”

“虽然贵企业的车子目前仍未达到企业规定的使用年限，淘汰旧车换新车好像有一些不合算。的确，若是贵企业更换和目前同类型的车子，当然不合理，可是若采取××型专业配送车，不但因增加配送效率而能降低整体的配送成本，还能节省下停车场地的空间，让贵企业两年内不需为停车场地操心。”

“据了解，目前贵企业 50 辆配送车中有 10 辆已接近以旧换新年限，是否请处长先同意选购 10 辆××型专业配送车，我们会以最高的价格估算回收旧车。”

二、综合技能训练

每 3～4 人一组进行约见、拜访大客户的训练。一人作为推销人员，其余扮演大客户；然后互换角色训练。

人　　员	大客户约见与拜访训练内容	训 练 要 求
人员：推销人员 1 名；若干名大客户	约见大客户的程序 约见大客户的方法 拨打电话邀约的流程 接听电话邀约的流程 接近大客户常见的方法	掌握约见大客户的程序 掌握约见大客户的方法 掌握拨打电话邀约的流程 掌握接听电话邀约的流程 会用接近大客户常见的方法

三、技能迁移训练

（一）技能训练

以小组为单位，一部分学生扮演大客户，一部分学生扮演推销人员。选择某产品，用约见大客户的方法约见大客户，用接近大客户的方法接近大客户；然后在班里交流，同学们互相点评，最后由教师点评。

（二）案例分析

亚当森的故事

美国柯达公司老板伊斯曼曾捐款在罗切斯特市建造一座音乐厅、一座纪念馆和一座戏院。为承接这批建筑物内的座椅安装业务，家具制造厂商展开了激烈的竞争，结果都失败而归。

正是在此情况下，优美座位公司经理亚当森亲自出马，前去拜访伊斯曼，希望拿下这笔价值9万美元的生意。

伊斯曼的秘书在引见前就对亚当森说："我知道你想得到这批订单，但我可以告诉你，如果你占用了伊斯曼先生 5 分钟以上的时间，你就完了。他是一个很严厉的大忙人，所以你进去后要快快地讲，讲完马上出来。"亚当森微笑着点头称是。

亚当森被引进伊斯曼的办公室后，看见伊斯曼正埋头于桌上的一堆文件，于是静静地站在那里仔细地打量起这间办公室来。"先生有何见教？"过了一会儿，伊斯曼抬起头来，发现了亚当森。秘书把亚当森做了介绍后，便退了出去。这时，亚当森没有谈生意，而是说："伊斯曼先生，在我们等您的时候，我仔细观察了您的这间办公室。我本人长期从事室内的木工装修，但从没见过装修得这么精致的办公室。"

伊斯曼回答说："哎呀！你提醒了我差不多已经忘记了的事情。这间办公室是我亲自设计的，当初刚建好的时候，我喜欢极了，但后来一忙，就没机会仔细欣赏一下这个房间了。"

伊斯曼走到墙边，用手在木板上一擦，说："我想这是英国橡木，是我的一位专门研究室内细木的朋友专程为我订的货。"

伊斯曼心情极好，带着亚当森仔细地参观起办公室来，把办公室内的所有装饰一一地向亚当森做介绍，从木质谈到比例，又从比例谈到颜色，从工艺谈到价格，然后又详细介绍了他的设计经过。亚当森微笑着聆听，饶有兴趣。

亚当森看到伊斯曼的谈兴正浓，便好奇地询问起他的经历。伊斯曼便向他讲述了自己苦难的青少年时代的生活，自己和母亲在贫困中挣扎的情景，自己发明柯达相机的经过，以及自己为社会所做的巨额捐赠……

亚当森听得出神，由衷地赞扬他的功德心。本来秘书警告过亚当森，谈话不要超过 5 分钟。结果，亚当森和伊斯曼谈了一小时又一小时，一直谈到中午。最后，伊斯曼对亚当森说："上次我在日本买了几把椅子，放在我家中的走廊里，由于日晒，都脱了漆。我昨天到街上买了油漆，打算由我自己把它们重新漆好，您有兴趣看看我的油漆表演吗？好了，到我家里和我一起吃午饭，再看看我的手艺。"

结果可想而知，亚当森最后拿到了9万美元的订单。

问题：

1. 接近客户常见的方法有哪些？
2. 亚当森是如何接近客户的？
3. 本案例中，亚当森为得到9万美元的订单做了哪三件事？给了我们哪些启示？

情境十一

大客户洽谈与合同的订立

案例引入

小俞是××牌汽车销售公司的销售主管。某天，他要去拜访一位潜在客户。

拜访之前，小俞认真地做了推销前的准备工作。拜访当天，小俞非常详细地介绍了自己产品的特点、性能、优势及售后服务。客户一手托着下颌，食指不觉地触摸紧闭的嘴唇，始终注视着小俞，一言不发。

“冯经理，您对我的介绍还有什么不明白的地方吗？”小俞面带微笑地问。冯先生微笑着把眼镜摘下来，若有所思地咬着眼镜腿。

“冯经理，这是我们公司的产品品种及报价单，请您过目。另外，我也把其他公司的产品报价单一起带来了，相信您一定会找到您喜爱的汽车。”小俞双手把报价单递给冯先生。

冯先生戴上眼镜，仔细阅读起来，小俞趁机详细地说明自己产品的优势，并诚恳地指出一些不足，帮助冯先生选择适合自身需求的型号。冯先生托着下颌，食指不停地触摸面颊。

“冯先生，我想现在您只要在这里落笔，您就可以拥有一部您喜爱的汽车了。”（拿出协议书）

“好吧，小伙子，我就要这辆了！”冯先生说。

问题：

1. 冯先生的这些肢体语言表达了什么含义？
2. 小俞是如何洞察客户的真实需求的？
3. 小俞是如何抓住时机促成交易的？

任务背景

大客户的洽谈与合同的订立是一个复杂的、具有丰富内容和循序渐进的活动过程。正式的销售洽谈与合同的订立必须按照一定的步骤和程序进行，做好每个阶段的工作。

推销洽谈也称交易谈判，是指推销人员运用各种方式、方法和手段，向客户传递信息，并设法说服客户购买商品和服务的协商过程。在整个销售流程中，洽谈是最关键的环节。

买卖合同的拟订和签署是推销工作的一个重要环节，销售人员应当掌握拟订买卖合同的基本原则，能够就买卖合同的内容拟订相应条款，并确保合同条款符合法律规定。

任务目标

做好大客户洽谈工作的目的在于向客户传递产品信息，诱发客户的购买动机，激发客户的购买欲望，说服客户，达成交易；做好大客户合同订立工作的目的在于把大客户这种成交的意愿以书面形式固定下来，防止谈判成果“付诸东流”。

这一阶段的任务目标具体包括：明确洽谈的目标；掌握洽谈的内容；熟练掌握洽谈的程序；熟练掌握洽谈的策略；熟练掌握洽谈的策略技巧；会用洽谈中沟通的技巧；熟悉买卖合同的订立和履行；熟悉合同的变更、转让和终止等环节。

任务实施

一、进行洽谈

（一）确定洽谈的目标

洽谈前必须制定一个可行的目标。洽谈者只有明确了洽谈目标，才能弄清自己的努力方向，在洽谈中把握分寸，保证洽谈的顺利完成。具体来说，洽谈的目标包括以下几个。

1. 寻找客户的需要

从市场营销的角度去考虑，企业的根本目的是实现最大利润，而实现利润的途径是满足消费者需求。推销是市场营销中促销的一种手段，推销人员在洽谈之前必须尽量设法找出客户的真正需要，投其所好，开展推销。有的推销人员赢得洽谈机会后，只是从企业自身的角度去介绍自己产品的特点、自己的价格政策或对客户的优惠措施，唯独不去思考、判断此刻客户在考虑什么，客户最关心的是什么，往往说了半天后，客户会不耐烦地说：“如果我需要你的产品，我会跟你联系的，再见。”其实，推销洽谈的最根本目的就是满足消费者需求，所以推销人员要善于让客户发表见解，从他们的话语中了解他们的真正所需，这样才能增加成功的机会。如果推销人员不能把握客户的需求，那肯定不会拿到订单，所以要想成功拿到订单，就必须为客户着想，从客户的需求出发开展推销活动。

2．介绍产品信息

推销的一个重要目的是让客户了解产品，最终实现购买行为。推销人员要根据不同客户的需求，适宜地将产品的信息传递给对方，如企业规模、企业生产情况、产品功能、商标、质量、价格、服务、销售量等。推销活动中，切忌像读产品说明书那样滔滔不绝地讲述自己的产品。一般来讲，客户所面对的推销人员不止一个，市场上肯定存在竞争关系，传递那些最能满足客户需求的信息或者企业产品优于其他同类产品的信息才能有机会成功。当然，推销人员要赢得客户的充分信任，在传递信息的时候务必客观真实，做到实事求是。

3．处理客户异议

推销过程中，客户难免会提出一些问题，恰当处理这些问题是推销成功的关键，切忌为了推销心切掩盖产品不好的信息而欺骗客户，只有客观真实地解释说明，巧妙地把产品的优点突出来，才能解决客户的诸多疑虑。比如，客户认为该产品款式不太好，而此时推销人员如果明知道这确实是问题却说“不会啊，我觉得我们公司的产品最完美了”，这样只能增加客户对推销人员的反感，甚至对这家公司的不信任。相反，如果推销人员此时换一个角度去回答可能效果就会不同，如回答“哦，我们公司的产品的款式确实不太时尚，我也发现了这个问题，但由于这种产品的核心技术跟其他同类公司不一样，所用的材料不同，这样做的优点在于……因此款式只能这样了”，这样也许会消除客户心中的疑虑。因此，推销人员只有在诚实守信的基础上掌握适当的语言技巧，才能消除客户的异议。

4．有效促使客户采取购买行为

推销活动的最终目的是要说服客户采取购买行为。有时由于客户选择机会很多，难免会犹豫不决，出现反复行为，甚至产生复杂的心理冲突，但最终还是会做出购买或不购买的决策。在洽谈过程中，推销人员必须准确把握客户购买决策的心理冲突，站在客户的角度，有理有据地为他们分析利弊关系，通过优质的产品、良好的信誉、知名的品牌、完善的售后服务最终促使其尽快做出购买决策。有时使客户做出购买决策行为的动因可能仅仅是非常微小的一件事情，推销人员必须周密考虑，否则一个很小的失误就可能使客户改变主意。

5．制定洽谈计划

计划是对推销洽谈的具体安排，包括要讨论的议题、参加的人员、双方要遵循的规则等。制定洽谈计划是洽谈准备阶段的首要环节，其中包括洽谈的预期评价、确定推销洽谈的时间和地点、进一步核实客户的基本情况、提供产品和服务的有关信息、选择推销洽谈的策略和方法、做好洽谈的心理准备等。制定合理的洽谈计划关系到推销的成败，要做大量的准备工作。比如，对客户基本情况的了解，就需要掌握客户的姓名、年龄、职务、性格、偏好、工作作风、客户本人及其所在部门的公司状况等。此外，为了能够达成购买意向，还需要知道客户的资金情况、是否有权购买、是否有追切的需求动机等。只有准备到这种程度，才能在推销洽谈中灵活、有针对性地推销。

6. 制定销售洽谈进程

进程是洽谈的具体时间安排，包括所需的总时间和洽谈进程安排。制定销售洽谈进程主要是对正式洽谈阶段中的每个阶段洽谈的内容及进程情况的安排。

正式洽谈阶段包括摸底阶段、报价阶段和磋商阶段。摸底阶段是洽谈双方从见面入座到洽谈实质内容之前的这段时间，旨在建立洽谈气氛、交换意见和开场陈述；报价阶段是洽谈过程中的实质性阶段的前期，要开门见山，直接报价，双方会经过一轮或多轮的讨价还价，彼此都能接受某一价格时，即可转入其他问题的洽谈；如果买卖双方分歧很小，客户接受销售条件，可跨越磋商阶段，直接转入成交、签字认可，这时谈判所需的总时间比较短，若客户可能接受销售条件或无法预见销售交易的可能性，则需要进入磋商阶段；在磋商阶段，主要针对可能达成的交易，不断地调整意见，从分歧到协调一致，最终成交。由于双方的分歧比较大，需要反复洽谈、磋商，因此，这种情况下谈判所需的总时间比较长。

（二）确定洽谈的内容

在洽谈方案中，必须事先确定洽谈可能涉及的内容。洽谈的内容也应围绕客户所关心的问题来确定，一般包括以下几个方面。

1. 产品条件洽谈

一般来说，产品条件洽谈的内容包括商品本身及其规格、性能、款式、质量等，这是客户最关心的问题。对于大客户来说，购买商品的目的就是要得到一定的使用价值，满足其工作和生产消费的需要。不同的客户所关心的产品的侧重点和要求是不同的。就产品的质量来说，商品是符合同类商品的质量标准的，如国家标准、行业标准、地方标准。不同客户对质量的要求也是不同的，质量高的商品能引起客户的购买欲望，有时候质量低的商品也会吸引一部分客户购买。对于大客户而言，推销人员的介绍和洽谈应以商品的适用性为重点。

2. 价格条件洽谈

价格是洽谈中最敏感的问题，因为它涉及买卖双方的利益。推销人员应认识到，价格并非越低越好，价格低的商品不一定畅销，价格高的商品也不一定没有销路。因为每位客户对商品价格都有自己的理解，客户对价格有时斤斤计较，有时又不十分敏感，主要取决于客户需求的追切程度、需求层次、支付能力和消费理念等。在价格洽谈中，推销人员要在不违反公司政策的基础上，灵活运用价格这一敏感的洽谈焦点，针对客户的不同要求，巧妙定价。比如，对价格比较敏感的客户，推销人员可以根据情况适当降价，或者提供性能、款式、价格略低于洽谈商品的策略供客户选择；而对价格不是很敏感的客户，推销人员可以适当提高价格，同时完善产品相关的维修保养、售后服务等，让客户有超值的感觉。

3．其他条件洽谈

（1）服务

服务是营销中不可或缺的一个环节，推销人员要将自己公司所承诺的服务范围准确、真实地传递给客户，告知消费者彼此之间的权责范围，以免发生不必要的麻烦。

销售服务的内容一般包括以下几点：①兑现向客户承诺的送货时间；②兑现向客户承诺的送货方式、送货地点、运输方式等；③兑现向客户承诺的提供零配件、工具、维修，以及技术咨询和培训服务等；④兑现免费安装、维修、退换、养护、保养等方面的服务。

（2）结算条件

在洽谈方案中，结算问题都必须先明确，包括结算的方式和时间。双方应本着互利互惠、互相谅解、讲求信誉的原则进行磋商。

洽谈中要确定的主要内容：采用现款还是采用本票、汇票、支票方式支付；是一次付清、延期一次付清还是分期付清，以及每次付款的时间和数额；在付款时间方面，是提前预付，还是货到即付或其他方式。

（3）保证条款

保证条款是指在交易过程中，买卖双方对买进、售出的商品要承担某种义务、责任，以保证双方利益的担保手段。这种协议实质上也是为了进一步明确双方在交易中的权利和义务，它是一种担保措施，也是纠纷解决的办法。通常情况下，为了避免纠纷，双方都要严格、谨慎地签订一份协议来保证交易的顺利进行。对于一些比较大宗的交易，为了降低风险，谨慎的双方往往都会就双方履行和违约等有关权利、义务、纠纷诉讼、处理办法等事先进行协商，以免引起不必要的麻烦。

（三）确定洽谈的程序

一般而言，洽谈的程序大致可分为准备阶段、正式洽谈阶段、检查确认阶段。

1．准备阶段

准备阶段一般包括资料准备、工具准备、心理准备及洽谈场所和人员的准备。前两个问题已在制定客户拜访计划中介绍了，这里不再讲述，下面只介绍后面两个问题。

（1）心理准备

洽谈的心理准备主要是指洽谈人员要从思想上高度重视洽谈工作，并对洽谈中可能出现的一些问题做好应变的准备。特别是对洽谈中出现的预想不到的情况和对己方不利的情况，要事先设想出应对措施，以便到时处变不惊、沉着应对。

（2）洽谈场所和人员的准备

洽谈并非都是在买方的办公室进行，如果是在卖方的公司、展销会、订货会等地进行洽谈，卖方就要对洽谈场所进行准备。洽谈场所的准备包括房间、家具、文具、需要使用的相关设备等。对洽谈人员的组成也应提前安排与通知。通常洽谈场所和人员的准备是和洽谈的形式和内容紧密联系在一起的。一对一的洽谈，推销方主要考虑派谁洽谈最为合适，如果已经知道对方洽谈人员的职务、年龄等情况，最好是派出与对方职务同等、年龄相近的洽谈人员。洽谈场所不需要太大，家具也不需要太多，可布置几张沙发，以创造一种紧密对等的气氛。多对多的洽谈，推销方应做好组织和分工，要考虑对方派出的洽谈小组的构成。洽谈场所需要大一些的房间，要准备供双方洽谈小组进行洽谈的长桌，安排座位时应该特别注意双方主谈人的位置应处于正中。此外，如有可能，可以安排一些沙发供洽谈中间休息。在推销洽谈人员的准备上，一定要贯彻职级相等或己方职级略高于对方的原则，以免使对方产生受轻视或受辱的感觉。

2. 正式洽谈阶段

这一阶段又分为摸底阶段、报价阶段、磋商阶段。

（1）摸底阶段

这一阶段，谈判双方试探性地提出问题，互相了解对方，旨在建立洽谈气氛、交换意见、开场陈述。这一阶段一般从见面入座到洽谈的实质内容之前。这一过程中要竭力营造一种轻松、友好、愉快与和谐的谈判气氛。如果洽谈双方是对立、猜忌的，将在很大程度上影响谈判的结果。因此，在谈判的摸底阶段，谈判双方最好不要直奔主题，而以一些非业务性、轻松的话题开头，这将对推销洽谈起积极的促进作用，是谈判得以顺利进行的润滑剂。

在这一阶段，如果谈判双方彼此对谈判的气氛满意，彼此诚意合作，接下来双方就会选派洽谈代表进行一个开场陈述，将自己的立场做一个粗略的叙述，同时听取对方的陈述。开场陈述一般采用书面、口头、书面与口头相结合的形式，全面陈述本方立场。开场陈述时间不宜过长，点到为止，使对方能很快提问，从而展开沟通与交流。

（2）报价阶段

报价阶段是推销洽谈双方分别提出协议的具体交易条件，是开局阶段开场陈述的具体化，它涉及谈判双方的基本利益，因此是洽谈十分重要的阶段，是洽谈的核心和关键。

谈判一方在向另一方报价时，首先应该弄清楚报价时机与报价原则。一般而言，在对方对产品的使用价值有所了解后才报价，对方询问价格时是报价的最好时机，报价时最好按照产品等级、配置报价，价格有高有低，便于对方结合自身情况综合考虑。报价的原则一般要坚持做到表达清楚、明确，态度坚定、果断，不主动对自身价格做解释，尽量留有充分的磋商余地，便于对方讨价还价。

（3）磋商阶段

这一阶段也称讨价还价阶段，是指洽谈双方为了各自的利益、立场，寻求双方利益的共同点，并对各种具体交易条件进行磋商和商讨，以逐步减少彼此分歧的过程。在这一阶段，双方都极力阐述自己的立场、利益的合理性，施展各自的策略和手段，企图说服对方接受自己的主张或做出一定程度的让步。磋商阶段是双方利益矛盾的交锋阶段，谈判双方之间存在分歧或彼此处于对立状态是不可避免的，因此双方会适当地让步，从而寻求解决彼此分歧、达成协议的办法。在此阶段，切记在没有真正把握对方意图和想法的时候，不可轻易做出妥协、让步，而且让步时不做无利益的让步，不做同等幅度的让步，不做过早的让步，不做大幅度的让步。此阶段是洽谈的最关键阶段，也是最难的阶段，处理好这个阶段的问题是成功洽谈的重中之重。

案例阅读 11-1

与日本三菱载重汽车的赔偿谈判

我国曾就日方向我方提供的 5 800 辆三菱载重汽车存在严重质量问题，向日方三菱汽车公司提出索赔。日方在无可辩驳的事实面前，同意索赔，提出索赔金额为 30 亿日元。我方在指出日方报价失实后，提出我方要求赔偿的金额为 70 亿日元，此言一出，惊得日方谈判代表目瞪口呆。双方要求差额巨大，在我方晓以利害关系的前提下，日方不愿失去我国广阔的市场，同意将赔偿金额提高到 40 亿日元。我方又提出最低赔偿金额为 60 亿日元，谈判又出现了新的转机。经过双方的多次抬价压价，最终以日方赔偿我方 50 亿日元并承担另外几项责任而了结此案，创造了中外谈判索赔案的最高赔偿纪录。

案例阅读中，我方谈判代表通过把握让步的时机和幅度，说服日方接受我方的主张或做出一定程度的让步，最终使日方做出最大的让步。

著名的谈判专家霍华德·雷法（Howard Raiffa）在《谈判的艺术与科学》一书中把谈判中的让步过程称为“谈判舞蹈”。他假设在一次谈判中，如果让步利益的总份额规定为 60 的话，则可分 4 次做完这些让步。按照不同的让步时机和让步幅度，让步模式可分为 8 种类型。这 8 种让步类型可概括为如表 11-1 所示的方式。

表 11-1　让步模式

让步模式	让步次数	让步幅度 1	让步幅度 2	让步幅度 3	让步幅度 4	让步类型
1	1	0	0	0	60	冒险型
2	4	15	15	15	15	刺激型
3	4	8	13	17	22	诱发型
4	4	22	17	13	8	希望型
5	4	26	20	12	2	妥协型
6	2	59	0	0	1	危险型
7	4	50	10	−1	1	虚伪型
8	1	60	0	0	0	低劣型

1）冒险型。即在谈判的前阶段，不论对方做何表示，己方则坚持不做让步，而在谈判进入后期或迫不得已的时候，一次让出全部可让利益。这种策略的长处在于一步到位，可呈现大将风度。由于前三阶段拒绝让步，等于向对方传递了己方“绝不妥协”的坚定信念，如果对手缺乏毅力和耐心，有可能使己方获得较大的利益。

而当己方在最后阶段一次让出全部可让利益时，会使对方产生一种险胜感，并给对方留下既强硬又出手大方的强烈印象。它的缺点是由于在前三阶段丝毫不做让步，而提出的条件对方又不愿接受，有可能会使对方退出谈判，因此风险较大；同时也会给对方留下缺乏诚意的印象。这种让步策略适用于对谈判的依赖性小、不怕谈判失败或在谈判中有优势的一方。采取这种策略要求谈判者态度果断，语言干脆利落，不给对方以可乘之机。

2）刺激型。即等额让步方式。国际上将这种挤一点让一步的策略称为“色拉米”香肠式让步策略。其长处是对于双方的充分讨价还价比较有利，容易在利益均沾的情况下达成协议；又由于让步平稳，坚持步步为营，这样不仅对方不会轻易占到便宜，如果遇到急性子或没有时间谈判的对手，己方还会因此而获利。这种策略的缺点是每次讨价还价都会获得等额的利益，因而有可能刺激对方要求让步的信心，要求己方让出更多的利益。此策略对于竞争十分激烈或缺乏谈判经验及进行一些较为陌生的谈判时效果较好。

3）诱发型。即递增让步方式。如果对手缺乏经验和耐心，就可为己方保住较大的利益，而不断地让利也会使对方产生成就感。但这种让步方式会将对方的胃口越吊越大，诱发对方不切实际的要求。这种策略适宜在竞争较强的谈判中由富有谈判经验的谈判高手来运用，而在具备友好合作关系的谈判中则不宜采用。

4）希望型。即以递减的方式实施让步。它可给人以顺乎自然、顺理成章的感觉，易于为人们所接受；同时由于一步比一步更谨慎，故不会产生让步的失误，也可降低对方的期待，在己方停止让步后，对方也会随之刹车，可以防止对方获得超额利益。这是一种便于应用的策略，因而在谈判中采用得最为广泛；但它会给对方形成越争取所获利益越小的感觉，使谈判终局情绪不高，又由于是最常用的手法，因而会让人觉得比较乏味。

5）妥协型。即以较高的起点开始让步，然后依次减少的方式。其好处是在让步之初以高姿态出现，具有较强的诱惑力；而随着让步幅度的减小又向对方暗示出己方已尽了最大努力，做出了最大的牺牲，让对方明白要想取得进一步的利益是不可能的。其不足在于前期让步幅度过大，给人以妥协意愿较强的印象，容易使强硬的对手认为让步方软弱可欺，从而加强攻势。这种策略一般适用于以合作为主的谈判。

6）危险型。即以几乎一步到位的方式实施让步。这种策略的优点是，以求和的精神为先，有可能会换得对方的回报，最后让出小利，以显示己方的诚意，使通达的谈判对手难以拒绝。其缺点是初期让步过大显现出明显的弱势倾向，且容易刺激对方的期望值，如果对手强硬而贪婪，会使其变本加厉地向己方发起攻击，而后两期的寸步不让又使对方吊高了的胃口无法满足。这种让步方式适合在谈判中处于不利境地又急于成交的一方采用。

7）虚伪型。即以大幅让步开始，两次即让出全部可让利益，第三次赔本相让，最后再设法讨回的让步方式。这种方式的优点是具有很大的吸引力，往往会使陷于僵局的谈判起死回生，诱使对方沿着己方的思路走，当己方为谈判付出了代价时，再借口某种原因，讨回本不应失去的利益，促成和局。其缺点是前期的超额让利会使对方的期望值增大，第三阶段回讨利益如果不成功，则会损害己方利益，甚至导致谈判的破裂。此方式适用于谈判陷于僵局或危难性的谈判。这种方式实施起来富于变化，要求谈判者要有丰富的经验和娴熟的技巧，对于谈判新手会有一定的难度。

8）低劣型。这种方式与第一种模式正好相反，即所谓的“一口价”方式。这种速战速决、坦诚相见的策略，比较容易打动对手采用同样的回报行动；同时，率先大幅度的让步也会给对方以合作感、信任感，可提高谈判的效率，降低谈判成本。其不足之处是有可能失掉本来能够争取到的利益，也可能会让对方在大喜过望之后陷入大失所望，容易导致僵局的出现。这一策略一般适用于在谈判中处于劣势的一方或关系较为友好的谈判。

以上 8 种让步模式或类型各有千秋，分别适用于不同特点、内容和形式的谈判，其中应用最为广泛的是第 4 种和第 5 种模式。当然，让步的模式也不仅限于这 8 种，只要不损害己方利益，便可灵活决定进退。但无论使用何种策略，都要求谈判者要了解对方的情况，要能控制住局面。

3. 检查确认阶段

洽谈的检查确认阶段是推销洽谈的最后阶段，也是收获最终成果的阶段。当双方进行实质性的磋商后，经过彼此的妥协让步，重大分歧基本消除，意见逐步统一，趋势逐渐明朗，最终双方就有关的交易条款达成共识，于是推销洽谈便进入成交阶段。检查确认的内容包括：

1）检查成交协议文本。最后的文本一定要格式化并经过法律顾问的审核。

2）签字认可。经过检查审核后，由洽谈小组组长或洽谈小组成员签字认可。

3）做好货款的点收和产品的检查验收工作，对小额款项进行直接支付。

4）进行诚挚的感谢并礼貌告别。

（四）确定洽谈的策略

推销人员在向客户推销商品时，一定要注意采用适当的策略，这样商品才能卖出去。推销洽谈的策略林林总总，不能尽数，下面是几个在实践中卓有成效的策略。

1. 自我发难策略

自我发难策略是在洽谈中针对对方可能提出的问题，先自行摆出，再加以解释、阐明立场的洽谈策略。例如，由于己方的报价比其他企业同类产品高 20%，估计对方一定会对这一问题心存疑虑，并且会怀疑己方洽谈的诚意，进而影响到他们对洽谈的态度和信心，因此在洽谈的一开始就应予以介绍——与同类产品的报价相比，本企业的价格要高 20%，看起来似乎价格过高，但实际上并不高。第一，本企业采用的是进口优质原料，其成本高，质量绝对可靠，而其他企业产品采用的是国产原料。第二，本企业的产品合格率比其他同类产品的高 30%，并且采用的是国际 ISO 9000

标准，产品已获得国家专利，有独特的性能。第三，在一年之内，对不合格的产品一律给予退换。第四，本企业是该行业最大的经销商，货源充足，能够保证长期稳定的供应。第五，本企业的跟踪服务和售后体系完备，服务网点遍布全国，设有 24 小时抢险电话。这种自我发难并解释疑难的方式，能使对方认为己方以诚相见，从而解除疑虑，使洽谈达到预期目的。但是，这种策略必须建立在深入调查、知己知彼的基础上，问题必须选得恰当，理由必须令人信服，否则不但达不到预定的目的，还会陷自己于被动。

2．回答方式策略

有时，客户会先发制人地对商品进行评价，这时要注意以下几点：

1）注意倾听对方所说的话。

2）尽量给对方最圆满的解释，使他满意。

3）如果过去说了某些话，就要兑现过去对客户的承诺。

4）即使相同的理由，也要一再地说给他听。

5）温和而有礼貌地对待客户。

6）向他保证给其他客户的待遇都没有给他的好。

7）尽量重复地向他指出这次交易将会提供给他完美的售后服务。

8）向他说明其他有能力及受尊敬的人也做了相同的选择。

9）让他亲自去调查某些事情。

10）如果可能，向他承诺未来交易中他将得到优待。

11）让公司高级主管亲自出马，使客户更满意、更有信心。

12）让他了解商品的优点及市场的情况。

3．扬长避短策略

扬长避短策略指在洽谈中尽量突出己方优点和长处，避免谈及缺点和不足的策略。这种策略的目的是要以优遮丑，弥补在洽谈中所处的不利地位。例如，本企业产品在合格率及技术先进性方面落后于同类产品，但是价格便宜、大量供应、提供不合格产品的退换货制度、提供零配件供应和厂家售后维修的支持等是己方的长处，因此可以在这些方面下功夫，突出推销品的优势，说服对方，签订合约。但扬长避短绝不意味着弄虚作假、欺骗对方，而是突出优势、弥补不足。也许己方在某些条件上不如别人，但在另一些条件上却占有一定的优势，甚至绝对的优势，综合考虑下，己方并不比别人差，所以要尽量挖掘己方的长处，并用长处打动对方。

4．吊起客户胃口策略

所有的人都有一种越是得不到的东西越想得到的心理，而这正可运用于推销。

运用这一技巧的关键在于促使客户尽快采取购买行动。例如，你可以告诉客户“敝公司从下星期起将提高售价”或是“从下个月起，优惠活动停止”。当然，这类说辞不能过于夸张，点到为止即可；如果太夸张，可能不利于交易，甚至引起反作用。

5．先发制人策略

先发制人策略是指在洽谈中由己方先提出有关条件和合同草本的策略。例如，预先提出一个产品价格、供应数量、各种规格产品的构成比例、付款方式等内容的洽谈框架，这种情况下对方很难再提出自己的一个方案，只能在已提出的方案基础上提出自己的意见。先发制人要求知己知彼，熟悉行情及双方的力量对比，提出的条件要适度，过高容易吓跑对方，过低则可能失去一定的利润。这种策略对卖方来说，多用于大企业对小买主的情况；对买方来说，多用于供过于求或许多卖主对一个或少数几个买主的情况。先发制人并不意味着一口说死、不可改变，提出方案的一方还要准备应变方案，即哪些条件是可以让步的、哪些条件是不能让步的、让步可以让到什么程度等。如果对方采取这种策略，己方不应为其所动，不能被对方牵着鼻子走，应该坚信任何条件都是可以通过洽谈改变的，所以要按照己方原定的洽谈方针进行洽谈，不要被对方方案束缚住自己的手脚而不敢提出自己的方案或条件。

6．步步为营策略

步步为营策略是指在洽谈中，不是一次就提出总目标，而是先从每一具体目标洽谈入手，最后完成整个目标的洽谈策略。例如，先就订货数量、产品规格、型号、配置、质量标准等进行洽谈，待达成一致意见后再就产品价格进行洽谈，然后再就付款方式、交货时间等进行洽谈等。如果在每个具体问题上都取得了成果，也就完成了总的洽谈任务。

7．折中调和策略

折中调和策略是指在洽谈处于僵持局面时，由一方提出折中调和方案，即双方都做出一些让步以达成协议的策略。例如，我同意降价 10%，但你也得同意将订货数量增加 30%。折中调和貌似公平，但实际上并不一定，所以对这种策略必须权衡得失，仔细计算，用数字说明问题，而不能认为对方让步一半，我方也让步一半，这是对等的，谁也不吃亏。这种想法有时会使己方受到较大的损失，而让对方得到利益。折中调和本身就意味着双方都有让步的余地，所以坚持自己的原则立场，在关键问题上不做让步，有时是可以使对方妥协并达成交易的。

8．价格洽谈策略

价格洽谈是各项洽谈内容中最为棘手的问题，因为价格是调整买卖双方经济利益的杠杆，价格的每一细微变化，都是一方利益的增加和另一方利益的损失。所以，在研究价格洽谈的具体策略之前，首先必须明确价格洽谈的原则和要求。价格洽谈的原则可以概括为八个字：以我为主，随机应变。以我为主，就是说价格洽谈中，不管对方采取什么样的策略，己方都要坚持既定的洽谈方针，在原则问题上不轻易改变；随机应变，就是在洽谈的策略和方法上要机动灵活，可以根据洽谈时的具体情况进行调整。其具体原则如表 11-2 所示。当然，除了表 11-2 所示的 4 个方面之外，价格洽谈的成功与否，还取决于洽谈人员被赋予的权限大小和随机应变的能力等条件。

表 11-2　价格洽谈的原则

序号	原　则	内　容
1	喊价要“狠”	无论是卖方还是买方，在第一次出价时，必须要喊高价（低价），以免对方因低价（高价）降低对己方的印象和评价，也为以后的讨价还价留下充分的回旋余地，使己方在谈判中更富有弹性，便于掌握成交时机
2	明确底线	明确底线即要确定己方能够接受的最基本价格。对卖方来说是最低价格，对买方来说是最高价格，这是双方最后的价格底线
3	制定目标	一般来说，价格目标可以分成 3 个层次：最理想价格、最可能价格、勉强接受价格（价格底线）。即每一方在洽谈当中的价格目标是一个区域而不是一个点。双方的成交价格取决于双方的价格目标区域重合的范围，重合的范围越大，洽谈成功的概率越高
4	确定幅度	确定幅度即在讨价还价当中己方降价（加价）的幅度和次数

报价和磋商是洽谈中的两个核心问题，不仅在很大程度上决定了生意能否成交，还将在很大程度上决定是盈利还是亏损。

（五）确定洽谈的策略技巧

在洽谈过程中，采用合适的洽谈策略，可以起到事半功倍的作用，创造和保证良好的洽谈氛围，使得洽谈顺利进行。

1. 了解客户心理策略

在与客户进行洽谈之前，需要了解客户的基本情况，具体包括客户的需要、客户的工作情况、客户对推销人员的态度、客户的奋斗目标等。掌握了这些情况，就能做到胸中有数，有准备地与客户进行推销洽谈。

2. 为客户着想策略

在推销洽谈中，如果推销人员能够设身处地地为客户着想，即完全理解客户，知道客户心里想什么，就可对症下药，使推销洽谈更富有成效。

3. 寻找共同点策略

推销洽谈几乎无一例外都是从寻找共同点开始的。因为无论推销人员还是客户接受不同意见或相反意见的速度都较慢，而从相同部分入手则显然较快。例如，洽谈刚开始，推销人员可谈一些与推销无关的话题以形成一种轻松的气氛，或谈一些双方感兴趣的话题以形成一种和谐的气氛，这样可缩短与客户之间的感情距离，为推销洽谈打下良好的感情基础。

4. 察言观色策略

如果推销人员在洽谈中仅是一味固执地按事先定好的计划行事，不密切注意客户的反应，推销洽谈就可能无法进行下去。

察言观色是指在推销洽谈中，密切观察客户的言谈举止、态度和意向，根据客户的反应来调整自己的推销方案，小心谨慎地进行洽谈。

5. 事实运用策略

在推销洽谈中，推销人员用事实支持自己的观点是取得客户信任、说服客户的便捷之道。运用事实时，推销人员应尽可能具体地展示事实、运用事实。实事求是是最基本的要求，不言过其实、不吹牛夸口是取信于客户的重要条件。洽谈中，推销人员口气小一些，余地留大一些，更能说服客户。

6. 参与说服策略

在推销洽谈中，如果推销人员把一个意见说成自己的，可能招来客户的攻击，因为攻击显示了客户存在的价值。因此，推销人员总是把自己的意见“装扮”成客户的意见，在自己的意见提出之前，先问客户如何解决问题，在客户提出自己能够接受的设想后，尽量承认这是客户的创见，解决问题的最佳方案是客户提出来的。这就是参与说服策略的要点。这种情况下，客户是不会反对的，因此他们感到自己受到尊重，意识到反对这个建议、方案就是反对自己。运用参与说服策略必须注意两点：一是让客户参与的过程开始得越早越好；二是让客户参与的难度越小越好。

7. 妥协让步策略

妥协让步也是一种推销洽谈的策略技巧。在推销洽谈中，推销人员要成功地推销商品，还必须学会让步，特别在处于买方市场的局势下，推销洽谈更应该注意有计划地实施让步策略。这种让步策略以退为进，缠住对方，最终按计划成交。

小贴士

实施妥协让步策略应注意的问题

在实施让步和妥协时，务必注意以下5点：

1）让对方表明成交的要求，而使自己的让步计划藏而不露。

2）不能让步太快，晚点让步比较好一些。

3）注意让步幅度，即一次让步幅度不能太大，要与对方的让步幅度同步或相近。

4）不做无谓的让步，每次让步应让对方获得某些益处，有时也做一些对己方没有损失的让步。

5）可在小问题上让步，而争取让对方在重要问题上让步。

（六）确定洽谈中沟通的技巧

1. 洽谈中的语言沟通技巧

洽谈中的语言沟通是以语言为传播符号的谈判沟通过程，主要借助于听、叙、问、答等手段来进行。掌握这些手段和技巧，对于提高语言沟通的水平是十分必要的。

（1）洽谈过程中的“听”

谈判过程中，“听”起着非常重要的作用。首先，听是获取信息的基本手段，谈判中大量信息要靠倾听对方的说明来获得；其次，对听的处理本身也可以向对方传递一定的信息，同时还可以表示对对方的尊重，从而能够起到鼓励对方做更多、更充分的阐述，使己方获得更多信息的作用。听的要领不在于一字不漏地收集并理解对方全部表达的含义，这是不可能做到也是没有必要的。听的关键在于了解对方阐述的主要事实，理解对方表达的显在和潜在含义，并鼓励对方进一步充分地表述其所面临的问题和其对有关问题的看法。要达到这些要求，需注意以下一些问题：

1）在对方说话的过程中，不轻易打断对方的话题，无论对方的意见听起来多么可笑，都不应该露出轻蔑或心不在焉的表情。

2）多与对方交流眼神。

3）通过一些恰当的、极其简短的插话和提问，表示自己对话题感兴趣。

4）适当点头或做一些手势动作，表示自己在注意听。

5）不要抢话。抢话会打乱对方的思路，也耽误自己倾听。

6）做适当的记录。在长时间及比较复杂问题的谈判中，谈判者应考虑对所获得的重要信息作适当记录，作为后续谈判的参考。

（2）洽谈过程中的“叙”

“叙”就是叙述己方的观点。谈判者借叙的手段可以充分阐述己方的立场、观点和要求，也可以指出对方立场、观点和要求中的问题，提出双方合作可能出现的机会与障碍，明示双方共同获得的利益等。谈判中，双方正是通过不断的述说，传递己方想让对方知道的信息，让对方充分明白己方的意图，促使谈判成功。

小贴士

洽谈中“叙”的基本要领

洽谈中“叙”的基本要领包括以下4个方面：

1）叙述要简明扼要，切忌冗长、烦琐的陈述。当需要陈述时，应该用简明的语言抓住对方、吸引对方，让其正确理解陈述的内容，并能很快针对陈述提出问题，使双方立刻交谈起来，让谈判顺利地向纵深发展。

2）叙述要注意把握分寸，要立足于加强和谐的谈判气氛。叙述应该既正式又客观，要以诚挚的方式表达出来。陈述时忌带感情，要尽量采用中性、客观、礼貌的语言，避免使用偏激、主观、粗俗的语言。

3）叙述应准确易懂，要尽量使对方听懂你所表达的意思。对于一些专业术语，应做必要的解释；如果涉及一些数值，应力求准确，尽可能不用“大约”“差不多”之类的词语。

4）注意头尾。一般来说，人们对发言的开头和结尾记忆比较牢固，因此在陈述时要特别留意开头和结尾。

（3）洽谈过程中的“问”

谈判中，通过提问来获取对方的信息是一种最直接的方法。为了获得良好的提问效果，应把握以下几点：

1）尊重对方，以诚恳的态度提出问题，不要表现出自己高于对方的情绪，以免使对方感到自尊心受到伤害。只有这样，对方才会乐于回答你的提问。

2）问题不应具有压迫性，不应使对方感到窘困，要给对方以回旋的余地和选择的机会。例如，“你看月底付款怎么样，这对咱们双方都有好处”就比“月底付款已是对你们的照顾，你考虑怎么办吧”要更恰当一些。

3）提问的句式应尽量简短，而由问句引出的回答则越长越好。如果提问的话比对方回答的话还长，问话人将会处于被动地位，这种提问显然是失败的。

4）安排好提问的顺序。一般来说，提问应该先易后难。有经验的谈判者，往往是先提出一些看上去很一般并且比较容易回答的问题，而这个问题恰恰是随后所要提出的比较重要的问题的前奏，如果对方思想比较松懈，在突然面对比较重要的问题时，往往会措手不及，而其先前的回答又限定了他的退路，所以对方只好按原来的思路来回答问题，或许这个答案正是己方所需要的。

5）处理好发问的时机。一般不要在对方陈述未结束、谈兴正浓或气氛不恰当时提问。

（4）洽谈过程中的“答”

有问有答，谈判才能顺利进行，谈判过程就是由一系列的问答所构成的。问得不当不利于谈判，答得不妥同样也会使自己陷入被动之中。回答对方的提问时，也有几点需要注意。

1）回答问题之前，要给自己留有思考的时间，想得周到，才能答得圆满。

2）切勿将一切毫无保留地和盘托出。回答问题时，要给自己留有一定的余地，不要通过回答对方的提问，过早地暴露己方的实力。

3）回答问题时要减少问话者继续追问的兴致和机会。这就要求回答时尽量避免出现漏洞，以免让对方抓住把柄，刨根问底。假如回答时出现了漏洞，也要设法降低对方追问的兴致，如可以说“这个问题容易解决，但现在还不是时候”、“现在讨论这个问题还为时尚早，是不会有什么结果的”、“这是一个暂时无法回答的问题”等。

4）对于不知道答案的问题不要盲目回答，可以坦率地告诉对方不能回答或暂不回答，以免付出不应有的代价。

2．洽谈中的非语言沟通技巧

美国心理学家艾伯特·梅拉比安做过的一个实验证明，把一个信息完整地传递给对方，55%靠的是面部表情，38%靠的是语音，而真正的有声语言的效果只占7%。这个结论深刻地揭示了无声语言在人们沟通和传递信息中所起的重要作用。谈判中，无声语言可以强化和补充有声语言，使语言的表达效果更直接、更全面。谈判者既可以通过对方的无声语言来判断其当时的心理状态，又可以通过自己出色的无声语言技巧促使对方相信自己所听到和看到的一切，从而坚定对方做出决断的信心，使对方的判断结果更加接近己方的需要。

洽谈中使用丰富多彩的体态语言，其作用有四个：一则可以始终抓住对方的注意力，使其时时处在兴奋状态之中，保持高昂的情绪。二则可以加强语言的表达效果。比如，当你想使对方做出更多的让步时，同时表情上表示出为难和恳求的态度，就会加强你的语言的可信度。三则可以补充有声语言表达上的不足，特别是对一些难以名状和难以形容的事物。比如，对对方表示非常感谢时，一边说“感谢！太感谢了”，一边紧紧地握住对方的手，就能更充分地表达自己的心情；四则可以替代有声语言。比如，对对方的观点表示赞赏时，不用说话，只要诚恳地点一点头，对方就会明白你的意思了；或当你在表达自己的意见时，发现对方直皱眉头，那代表对方不是有不同意见就是表示不耐烦了。

二、合同的订立

通过成功的洽谈，知道客户有成交意愿后，应及时把这种成交的意愿以书面形式固定下来，防止谈判成果“付诸东流”。买卖合同的拟订和签署是销售工作的一个很重要的环节，应当根据拟订买卖合同的基本原则，就买卖合同的内容拟订相应条款，确保合同条款符合法律规定。

买卖合同是出卖人转移标的物的所有权于买受人、买受人支付价款的合同。推销人员与客户订立买卖合同后，才算真正意义上的成交，合同才具有法律效力。一般要求推销人员与客户之间签订书面形式的合同。书面形式是指合同书、信件和数据电文（包括电报、电传、传真、电子数据交换和电子邮件）等可以有形地表现所载内容的形式。

（一）买卖合同订立的基本原则

在社会主义市场经济中，为保证买卖合同的顺利订立和履行，使买卖合同当事人的目的得以实现，使企业获得较好的经济效益，就需要明确合同订立的原则。合同订立除了必须遵守合同法的基本原则外，还应遵循如下基本原则。

1. 买卖合同主体必须有法定资格

《中华人民共和国合同法》（以下简称《合同法》）第 9 条规定：“当事人订立合同，应当具有相应的民事权利能力和民事行为能力。”也就是说，当事人应当具有相应的主体资格。

2. 当事人的委托代理必须合法

现实生活中，有些当事人由于各种原因，往往需要委托代理人来订立合同。委托代理是指代理人根据被代理人的授权，在代理人与被代理人之间产生的代理关系。当事人委托代理必须依法进行。委托代理人订立买卖合同，包括委托授权和委托合同两种形式。如果授权委托书授权不明，被代理人应与代理人一起向第三人负连带法律责任。合同的代理，是指代理人在代理权限内，以被代理人的名义订立、变更、解除合同的活动，直接对被代理人产生权利和义务的一种法律行为。代订合同是当事人双方建立合同关系时经常采用的形式。代理行为必须符合法律的要求。

3．买卖合同形式必须符合法定形式

合同形式，是指体现合同内容的明确当事人权利义务的方式，它是双方当事人意思表示一致的外在表现。订立合同的形式有书面形式、口头形式和其他形式。其中，书面形式合同有利于督促当事人全面认真履行合同，发生争议也便于分清责任和举证；口头形式的合同无文字为据，一旦发生争议则难于举证，不易分清责任，以致当事人的合法权益得不到保护；其他形式，即法律没有禁止的形式。

（二）买卖合同的内容

买卖合同的内容包括 8 个方面，如表 11-3 所示。

除此之外，合同中还包括包装方式、检验标准和方法等条款。

有关汽车销售合同参见第一篇情境六中表 6-22 的内容。

表 11-3　买卖合同的内容

序号	内　容
1	当事人的名称（或者姓名）和住所。签订合同时，自然人要写上自己的姓名，法人和其他组织要写上单位的名称，还要写上各自的住所
2	标的。标的是指合同当事人的权利和义务共同指向的对象。标的是订立合同的目的和前提，也是一切合同都不可缺少的重要内容
3	数量。数量是确定合同当事人权利义务大小的尺度。订立合同必须有明确的数量规定，没有数量，合同是无法生效的。合同数量规定要准确、具体
4	质量。质量是标的物的具体特征，也就是标的内在素质和外观形态的综合，是满足人的需要或生产的属性，如产品的品种、型号、规格和工程项目的标准等。质量条款由双方当事人约定，必须符合国家有关规定和标准化的要求
5	价款或报酬。价款或报酬，简称价金，是指作为受买人的一方向交付标的的一方支付的货币。它是有偿合同的主要条款，如买卖商品的货款、财产租赁的租金、借款利息等
6	履行期限、地点和方式。履行期限是合同履行义务的时间界限，是确定合同是否按时履行或迟延履行的标准，是一方当事人要求对方履行义务的时间依据。履行地点是当事人按合同规定履行义务的地方，即在什么地方交付或提取标的。履行方式是指当事人交付标的的方式，即以什么方式或方法来完成合同规定的义务
7	违约责任。违约责任是指当事人一方或双方，出现拒绝履行、不适当履行或者不完全履行等违约行为，对过错方追究的责任。违约责任的具体条款，当事人可以依据《合同法》在合同中进一步约定
8	解决争议的方法。我国目前有 4 种解决合同争议的方法：一是当事人自行协商解决；二是请求有关部门主持调解；三是请求仲裁机关仲裁；四是向人民法院提起诉讼。合同当事人可以在合同上写明采取何种解决争议的方法

（三）合同的履行

1．买卖合同履行的原则

买卖合同履行的原则包括全面履行原则和诚实信用原则两项，如表 11-4 所示。

表 11-4　买卖合同履行的原则

序号	原　则	内　容
1	全面履行原则	全面履行原则也称正确履行原则，是指买卖双方应按照买卖合同规定的标的及其质量、数量，由适当的主体在适当的履行期限、履行地点，以适当的履行方式，全面履行合同义务
2	诚实信用原则	诚实信用原则是指买卖双方履行合同时应根据合同的性质、目的和交易习惯，认真履行通知、协助、保密等义务。它主要体现为协作履行的原则和经济合理的原则。同时，当事人在履行买卖合同时，应顾及对方的经济利益，以最小的履约成本，取得最佳的合同利益

2．预交定金

定金是指推销合同的一方当事人，在合同规定应当交付的数额内预先交付给对方一定数额的货币。它是证明推销合同已经成立，并保证推销合同履行的一种方式。定金的作用如表 11-5 所示。

表 11-5　定金的作用

序号	作　用
1	定金可以证明合同成立
2	定金是为了担保销售合同的履行而设立的
3	定金可以起到预付款的作用

3．双方共同履行的义务

买卖合同订立以后，购销双方当事人应当按约定全面履行各自的义务。买卖双方当事人应当遵循买卖合同履行的两条原则，根据合同的性质、目的和交易习惯履行的基本义务。买卖双方共同履行的义务如表 11-6 所示。

表 11-6　买卖双方共同履行的义务

序号	义务	内　容
1	通知	买卖合同当事人任何一方在履行合同过程中应当及时通知对方履行情况的变化；遵循诚实信用原则，不欺诈、不隐瞒
2	协助	买卖合同是双方共同订立的，应当相互协助，具体体现在 3 个方面：当事人除了自己履行合同义务外，还要为对方当事人履行合同创造必要的条件；一方在履行过程中遇到困难时，另一方应在法律规定的范围内给予帮助；当事人一方发现问题时，双方应及时协商解决
3	保密	当事人在合同履行过程中获知的对方的商务、技术、经营等秘密信息，应当主动予以保密，不得擅自泄露或自己非法使用

4．出卖人履行的职责

出卖人履行的职责如表 11-7 所示。

表 11-7　出卖人履行的职责

序号	职　责
1	出卖人必须按合同规定的质量标准、期限、地点等交付标的物
2	向受买人交付标的物或者提取标的物的单证。出卖人交付标的物，可以以实际交付，也可以以提单、仓单、所有权证书等提取标的物的单证作为交付
3	出卖人应当按约定向买受人交付提取标的物单证以外的有关单证和资料，如专利产品附带的有关专利证明书的资料、原产地说明书等

5．买受人履行的职责

1）买受人收到标的物时应当在约定的检验期间检验。没有约定检验期间的，应当及时检验。买受人应当在约定的检验期间内将标的物的数量或质量不符合约定的情形通知出卖人，买受人没有通知的，视为标的物的数量和质量符合规定。当事人没有约定检验期间的，买受人应当在发现或者应当发现标的物的数量或者质量不符合约定的合理期间内通知出卖人，受买人在合理期间内未通知或自标的物收到之日起一定时限内未通知出卖人的，视为标的物的数量和质量符合约定，但标的物有质量保证期的适用质量保证期。

2）买受人应当按照约定的时间、地点足额地支付价款。

（四）合同的变更、转让和终止

依法成立的合同受法律保护，对当事人具有法律约束力。当事人应当按照合同约定履行自己的义务，不得擅自变更或者解除合同。但合同订立之后，也可能发生一些当事人订立合同时未及预料的情况，影响到当事人订立合同目的的实现，这就需要依法进行调整，因此便出现了合同的变更、转让和终止。

1．合同的变更

合同的变更是合同成立后在履行前或履行过程中，因所签合同依据的主客观情况发生变化，而由双方当事人依据法律法规和合同规定对原合同内容进行的修改和补充。因而，合同的变更仅指合同内容的变更，不包括合同主体的变更。

合同依法成立后，对买卖双方当事人均有法律约束力，任何一方不得擅自变更，但双方当事人在协商一致或因合同无效、重大误解、显失公平等情况下可以对合同的内容进行变更。当事人变更合同应当与订立合同一样，内容明确，不能模糊不清。如果当事人对合同变更的内容约定不明确，当事人无法执行，则可以重新协商确定，否则法律规定对于内容不明确的合同变更推定为未变更，当事人仍按原合同内容履行。

合同变更仍需要到原批准或登记机构办理手续，否则变更无效。

合同变更后，当事人应当按照变更后的合同履行。合同的变更，仅对变更后未履行的部分有效，对已履行的部分无溯及力。因合同的变更而使一方当事人受到经济损失的，受损一方可向另一方当事人要求损失赔偿。

2．合同的转让

合同的转让，即合同主体的变更，指当事人将合同的权利和义务全部或者部分转让给第三人。合同的转让分为债权的转让和债务的转让。当事人一方经对方同意，也可以将自己在合同中的权利和义务一并转让给第三人。

《合同法》规定，债权人可以将合同的权利全部或者部分转让给第三人，但有下列情形之一的除外：

1）根据合同性质不得转让。主要指基于当事人特定身份而订立的合同，如出版合同、赠予合同、委托合同、雇佣合同等。

2）按照当事人约定不得转让。

3）依照法律规定不得转让。

《中华人民共和国民法通则》第 91 条规定："合同一方将合同的权利、义务全部或者部分转让给第三人的，应当取得合同另一方的同意，并不得牟利。"该规定对债权人的处分权限制过严，《合同法》对此做了相应的变更规定。根据《合同法》规定，债权人转让权利的，应当通知债务人。未经通知，该转让对债务人不发生效力。债权人转让权利的通知不得撤销，但经受让人同意的除外。债权人转让权利的，受让人取得与债权有关的从权利（如抵押权），但该从权利专属于债权人自身的除外。

债权人权利的转让，不得损害债务人的利益，不应影响债务人的权利。为此，《合同法》规定，债务人接到债权转让通知后，债务人对让与人的抗辩可以向受让人主张，如提出债权无效、诉讼时效已过等事由的抗辩。

债务人对债权人享有的抵消权，不受债权转让的影响。债务人接到债权转让通知时，债务人对让与人享有债权，并且其债权先于转让的债权到期或者同时到期的，债务人可以向受让人主张抵消。

对债务的转让，《合同法》规定，债务人将合同义务的全部或者部分转移给第三人的，应当经债权人同意。这是因为新债务人的资信情况和偿还能力须得到债权人的认可，以免债权人的利益受到不利影响。债务人转移义务的，新债务人可以主张原债务人对债权人的抗辩。新债务人应当承担与主债务有关的从债务，但该从债务专属于原债务人自身的除外。

合同当事人转让权利或者转移义务，法律、行政法规规定应当办理批准、登记等手续的，当事人应依照其规定办理相应手续。

在合同当事人发生合并或分立时，也存在合同权利或义务的转让问题。《合同法》规定，当事人订立合同后合并的，由合并后的法人或者其他组织行使合同权利，履行合同义务。当事人订立合同后分立的，除债权人和债务人另有约定的以外，由分立的法人或者其他组织对合同的权利和义务享有连带债权，承担连带债务。

3．合同的终止

1）合同终止的定义。合同的终止，是指因发生法律规定或当事人约定的情况，使当事人之间的权利义务关系消灭，从而使合同法律效力终止。

2）合同终止的原因。《合同法》第 91 条规定，有下列情形之一的，合同的权利义务终止：①债务已经按照约定履行；②合同解除；③债务相互抵消；④债务人依法将标的物提存；⑤债权人免除债务；⑥债权债务同归于一人；⑦法律规定或者当事人约定终止的其他情形。

职业知识检测

一、复习思考题

1．销售洽谈的策略有哪些？
2．良好的洽谈开端包括哪些准备工作？
3．洽谈的方法有哪些？
4．洽谈让步的模式有哪几种？各有什么特点？其适用条件是什么？
5．对谈判的语言有哪些要求？
6．买卖合同订立后，买卖双方应分别履行哪些职责？

二、案例分析

推销人员："先生，通过观察贵厂的情况，我发现你们自己维修所花的费用比请我们干还要多，是这样吗？"

客户："我也认为我们自己干不太划算，我承认你们的服务不错，但你们毕竟缺乏电子方面的……"

推销人员："对不起，请允许我插一句。有一点我想说明一下，任何人都不是天才，修理汽车需要特殊的设备和材料，如真空泵、钻孔机、曲轴……"

客户："是的，不过，你误解了我的意思，我想说的是……"

推销人员："我明白您的意思。就算您的部下绝顶聪明，也不能在没有专用设备的条件下干出高水平的活来……"

客户："但你还没有弄清我的意思，现在我们负责维修的伙计是……"

推销人员："请等一下，先生，只要一分钟，我只说一句话，如果您认为……"

客户："你现在可以走了。"

分析讨论：

（1）通过上面的对话，说明洽谈中的语言沟通技巧有哪些。

（2）如果你是推销人员，你应如何与客户进行沟通？

（3）根据案例的情节，重新设计推销人员与客户的对话。

（4）简述洽谈策略的技巧。

职业技能训练

一、单一技能训练

训练 1：销售洽谈训练

一位推销人员与客户很投缘，谈得很投机，前期工做得很好。到了产品解说阶段，当客户问到汽车发动机的材料是什么、如何保养等产品知识问题时，这位推销人员答不上来，吞吞吐吐，张口结舌，使客户很失望。客户认为这位推销人员不务实，花言巧语，不值得信赖。

问题：

（1）为什么客户认为这位推销人员不值得信赖？

（2）如果你是这位推销人员，你应该怎样做？

（3）洽谈的目标是什么？洽谈的内容包括哪些？

训练 2：进场费洽谈训练

甲："没个三五万块别想进我这个场子！"

乙："呵呵！这么高！谈了这么多场子你这里可是最高的。我考虑一下。不过你这也太高了。"

甲："怎么样？看不起我这个场子啊？别的品牌进入我这个场子都是这个数。"

乙："哦！A 品牌和 B 品牌都是这个数吗？是真的吗？他们销量高啊！我这个品牌在你这里有多少销量呢？你可别一棒子打死我啊！"

甲："那你给多少？"

乙："你认为我应该给多少？"

甲："给多一点大家都好做，我这个场子大家又不是不知道。"

乙："按照行规吧！你不要让我难做。"

甲："那多少？"

乙："你说吧！总不能不听你的嘛！"

甲："那 2 万块。"

乙："能少点吗？反正我们合作是长期的。"

甲："到底多少？"

乙：（脸上露出迟疑）"1 万块，大家都好。"

甲："不行，这太少了。"

乙："不少了，而且我准备在你这里做促销活动也要花钱。呵呵！"

甲："那太低了，不行、不行、不行。"

乙：（态度突然强硬起来）"我只能给这个数，不能再高了。"

甲："那你给多一点嘛！"（对方口气开始缓和下来）

乙："1 万块已经不少了，现在还有哪个品牌能给得起这个价钱。没错，这个是新品牌，但很多事还要看以后呢！"

甲："那好吧！怎么支付？我要现金。"

乙："我这里只是办事处，没有财务权。给现金可要总部批，时间很长，且你又不能提供发票，很难报账。"

甲："反正我要现金。"

乙："那咱们变通一下，你在这个月底经销商的货款里扣除，反正又不是你的，是吧！"

甲："那好吧！"

二、综合技能训练

全班每 3～4 人为一谈判小组，选择熟悉的汽车产品作为交易项目，进行模拟谈判的训练。一组作为推销人员，另一组扮演大客户；然后互换角色训练。

人　　员	大客户约见与拜访训练内容	训 练 要 求
人员：一组推销人员；一组大客户	洽谈的目标 洽谈的内容 洽谈的程序 8 种让步模式 洽谈的策略 洽谈中沟通的技巧 合同的订立和履行	学会确定洽谈的目标 掌握洽谈的内容 掌握洽谈的程序 会用 8 种让步模式 掌握洽谈的策略 学会用洽谈中沟通的技巧 掌握合同的内容

三、技能迁移训练

（一）技能训练

以小组为单位，一部分学生扮演大客户，一部分学生扮演推销人员。选择某产品，用洽谈的策略、洽谈中沟通的技巧练习洽谈；然后在班里交流，同学们互相点评，最后由教师点评。

（二）案例分析

一次成功的超市入场谈判实录

笔者两年前曾在北方某省会城市担任一家小型乳品企业的总经理，亲身经历过一次超市入场谈判，通过努力，产品最后以最小的代价顺利进入超市。

1. 背景

我们企业成立不久，与邻省一家乳品企业合作，生产袋装酸奶。该企业的酸奶在邻省同类产品中销量第一，质量和口感都很不错。

唯一的缺憾就是上市的时间特别紧张，要在不到一周的时间内完成 4 个大超市的入场工作，同时展开大规模的促销活动，难度的确不小。

我决定由我和张经理一起组成攻关小组，解决这道难题。

2. 筹划

筹划是拜访客户及与客户谈判的前提，省了这一道程序，十有八九会失败。所以，我们做了比较充分的准备。

（1）时间与拜访顺序的安排

由于时间很紧，在一周之内必须马不停蹄。考虑到如果能将第一个超市顺利拿下，对以后的攻关将是个极大的帮助，再加上时间的紧迫性，我最终选择了该城市排名第四的超市（A 超市）。

（2）了解超市谈判主管的情况

在谈判之前，我们通过多种渠道了解了部分情况。例如，A 超市的主管 H 先生很专业，对供应商的产品很挑剔，年轻气盛，脾气大，不好对付。

（3）仔细考虑产品入场的难点及对方有可能提出的问题

根据产品的情况，质量、口感、包装在同档次的产品中应该很有竞争力，超市入场应该没有什么问题。难点应该是价格问题（产品的价格平均高出其他产品 15% 左右）、入场费用及其他费用的问题。

3. 受挫

按照预定的计划，我与销售部张经理前往 A 超市。A 超市负责乳品的 H 先生，果然傲气而冷漠。按照事先的约定，由张经理先跟他谈，而且也没有介绍我。大概不到 10 分钟，谈话就有结束的趋势：

“现在的排面很紧张，你们的产品虽然看上去不错，但现在竞争也很激烈，能不能卖好很难说……”

“先把资料和样品放下，过后我再看看。”

“你们过几天再来吧！”

这时，张经理看着我，意思是“怎么办，走还是不走”。

4. 转折

在 H 先生准备起身送客的时候，我对他说：“H 先生，我能不能跟你谈一下。”张经理赶快介绍：“这是我们公司的总经理。”他几乎无动于衷，而且还有些不耐烦。

“我只耽误你 5 分钟，如果 5 分钟之内你对我的话不感兴趣，那我们自己走人。”我站起来，冷静且严肃地告诉他。对付这样比较强硬的对手，一定要镇住他才会有下面的机会。果然，他明显愣了一下。我又趁热打铁：“我听说 H 先生在专业上很有造诣，我只是想跟你交流一下，你不会拒绝我吧？”

“好吧，好吧！”他同意了。我猜想，当时他一定在想：看你 5 分钟能说出点什么来。

“H 先生，据我所知，本市的袋装酸奶虽然品种很多，但在包装、质量、口感上能上点档次的产品没有几个，你同意吗？”

“是这种情况！”

“我想，贵超市也希望在这一类产品中能有一个好产品，一方面可以吸引客户，另一方面也是你的业绩嘛！”

“是啊，是啊！”

在谈判刚开始的时候，一定要让你的对手多说“是”，你要选择一些对方无法否认的事情来讲，这样会一步步把对方引进你布置好的套路中。

“其实，我们在做这个产品的时候，虽然是个中低档次的产品，但我们还是把品位定得很高，如果你有兴趣，可以比较一下。”

这时，他才仔细拿起样品看着。刚才我注意到张经理递给他样品的时候，他根本就没有放在眼里，只是随手扔在桌子一旁。

“包装还不错，是比其他产品要好一些。”

他已经开始有点认同了。这时候，必须迅速“诱敌深入”。

“你知道，酸奶的口感很重要，现在客户都很挑剔，我不知道我们的产品口感能不能过你这一关？”我接着说。言外之意，你快尝一尝吧！

H 先生的确很专业，他像品咖啡一样，在嘴里仔细品尝着酸奶。

“口感的确不错，而且牛奶的浓度也很高，只是甜度似乎有些高。”

当然，得到赞美是我预料之中的。自然，整个谈判已经有了质的转折！

5. 畅谈

“你的确很专业，甜度的问题很好解决，这是可以调整的。看来，你专门研究过酸奶。”我开始不住地赞美他，这是增加亲和力的有力武器。

“那是，搞这个工作嘛，就要专业一些啊！不过呢，我一直很喜欢喝酸奶，连我家人也都喜欢喝！”

于是，我们开始畅谈有关酸奶的一切事情，从酸奶的起源到酸奶的发展，从过去人们的认识到未来的趋势，从酸奶的营养到“长寿食品”的由来，从市场的现状到解决的途径，从生产工艺到新的菌种……

时间不知不觉过去了一个多小时，其间有一些其他厂家的人员来找他，都被他回绝了。

6. 进入主题

在谈兴正浓的时候，我开始把话题引入正题。

“H 先生，难得遇到跟你这样聊得来的人，今天我特别高兴。但现在有个烦心的事情……”

“王总，什么事情，你尽管说！”显然，他已经把我当朋友了。

于是，我把公司一周内的入场计划告诉他，而且要在“六一”全面促销。

“这个好说！”说着，他从抽屉中拿出了合同。这个动作我都没有想到，看来如果你成功地推销了自己，后面的事情真是不难。

他告诉我入场费是多少，我说太高了。我话音还没落，他说你别急，这是报价。看看，他已经为你操心了。

“那你能给我们优惠多少呢？”我问道。

他想了想，报出个数字。我知道这个费用已经是我们可以接受的范围了。我给张经理使个眼色，张经理不失时机地说：“再低一些吧！听说你们给××产品的入场费比这还低。”

“哪有的事，你们别听别人乱说。”

“我们也是刚开始创业的小企业，资金很紧张，你看能不能再给支持一下？”我继续加压。

他又想了想，说：“入场费实在是没办法低了，这样，我给你们免几个费用，不能免的店庆费和年节费给你们按最低算。”

看着我们还不善罢甘休的样子，他又很无奈地说：“你们资金紧张，我跟领导说，入场费不用交现款，在货款中扣吧。”

这已经超过我们预想的优惠条件，我们不禁窃喜。

但是，最棘手的问题来了。

“你们的价格不行，太高，必须降价！”

这时，事先准备的东西派上了用场。

“H 先生，我们产品的价格是高，我不否认。但是，我们的价格高有它的道理。”

于是，我把事光准备好的 9 条理由一条一条地娓娓道来。结果，我还没有把全部理由说完，对方已经“投降”了，我对不降价的坚定语气和有备而来已经使他感觉到价格无法动摇。

更重要的是，我又坚定地说：“如果我们的产品在贵超市三个月内销不到同档次产品的前三位，我们就自动撤货。”

这样的信心也给了 H 先生信心，因为他给予我们这么优惠的条件也得跟上面有个交代。

最终，我们下午拿到了合同！

问题：

1. 阅读完案例后，谈谈主人公为推销洽谈做了哪些准备工作。
2. 案例中的主人公使用了哪些推销洽谈的技巧？请举例说明。

情境十二

大客户管理

案例引入

推销人员：王先生您好，8 月贵公司在我们这里买的一部 2 驱手动挡的车，开了这段时间，感觉怎么样？

客户：已经跑了 11 000 公里了，总体感觉还不错，特别是在高速公路上，跑 180 公里很轻松，和路虎、宝马都飙过，不次于它们。如果高速平均时速 150 公里的话，每 100 公里 12 升油，市内 10 升油，刚开始时我曾在市内跑过 8.5 升油，并且开空调，当然是严格按照节油方法开的。我还是很喜欢现在的车的。下半年我们公司要对销售业绩好的经销商进行物质奖励，初步定为对销售业绩排名前五名的经销商每家奖励汽车 1 台，到时候一定给我们最好的优惠呀。

推销人员：这个您放心，我会尽快将我们公司的销售政策等相关的信息发给您的。

客户：谢谢你给我提供信息。你的服务很周到，我的几个同事最近也想买车，改天介绍他们也到你的店里去看看。

推销人员：非常感谢您。

问题：

1. 案例中推销人员是如何做好客户管理的？
2. 在对大客户进行管理的过程中应遵循哪些原则？
3. 大客户管理的策略有哪些？

任务背景

大客户管理工作的成功与否，对整个企业的销售业绩具有决定性的作用，所以一定要抓紧、抓好。只要大客户销售能够保持稳定，企业的发展也就有了一个稳定的基础。因此，重视大客户管理工作，与大客户建立长期稳定的关系，是企业寻求长期发展的必经之路。做好大客户管理工作，有助于企业客户开发及获得长期稳定的客户，最终提升企业的经济效益。

任务目标

大客户管理的任务目标具体包括：不断改进对客户的服务水平；在企业与客户之间建立长期、稳定的关系；使企业获得最大效益。

任务实施

一、明确大客户管理的内容

客户管理是指为了使企业获得最大的收益，在对客户进行充分分析的基础上，不断改进对客户的服务水平，并在企业与客户之间建立长期、稳定关系的过程。进行大客户管理主要包括客户分析、建立客户档案、确定重点客户、客户关系维护等内容。

1．客户分析

客户分析的目的就是从多个渠道了解客户的购买数量和频率、客户给企业带来的利润、客户的基本类型，理解不同客户群的需求特征和购买行为，确定不同客户的信用及其购买潜力等方面的信息，并在此基础上建立客户档案，为选择重点客户、制定有效的推销措施提供决策信息。

2．建立客户档案

客户档案是用来反映客户基本情况的基础性文件。建立客户档案就是将客户的有关信息资料用文字的形式记载下来，经整理、分类、编目、造册，进行存放和管理，以备在需要时进行查寻和调阅。

客户档案的内容如同客户本身一样复杂多变。客户档案的内容丰富多彩，归纳起来主要有以下 4 个方面，如表 12-1 所示。

表 12-1　客户档案的内容

序号	项　目	内　容
1	基础资料	基础资料即客户最基本的原始资料。它主要包括：客户的名称、地址、电话；所有者、经营管理者、法人代表及其个人性格、兴趣、爱好、家庭、学历年龄、能力；创业时间，与本企业交易时间；企业组织形式、业种、资产等
2	客户特征	客户特征主要包括服务区域、销售能力、发展潜力、经营观念、经营方向、经营政策、企业规模、经营特点等
3	财务状况	财务状况主要包括销售实绩、经营管理者和业务人员的素质、与其竞争者的关系、与本企业的业务关系及合作态度等
4	交易现状	交易现状主要包括客户的销售活动现状、存在的问题、保持的优势、企业形象、声誉、信用状况、交易条件及出现的信用问题等

表 12-1 中所列的 4 个方面是客户档案的主要内容，建立客户档案基本上应围绕

这4个方面进行。为了管理和使用上的方便，可将这些信息资料设计成统一的表式，按内容不同进行分类管理，这样无论是填写还是查阅都会十分方便。

3．确定重点客户

企业的所有客户共同构成了企业销售收入的来源，但是每个订单带来的利润并不一样。企业的人力和物力是有限的，不可能花费同样的精力来管理每一个客户。通常情况下，很多企业按照购买数量、利润贡献等指标来选择重要客户。但挑选重要客户事实上并没有如此简单，除了要考虑很多定量因素外，还要综合企业推销战略目标、竞争对手的客户现状等众多定性因素。

4．客户关系维护

客户关系维护是指为了提高客户忠诚度，增加推销业绩，对企业与重点客户之间的关系进行维护的过程。为了有效地实施客户关系维护，企业首先要制定客户管理计划，其主要目的在于确定企业希望与客户建立什么样的关系及如何发展这种关系。在执行客户管理计划的过程中，要时刻对客户管理工作进行创新，并与客户保持紧密的合作关系。

客户管理者应该定期盘点企业与重点客户之间的关系。如果发现某个重点客户的情况发生了很大的变化，就应该重新定位客户的重要程度，或者进一步提高这个客户的地位，或者降低这个客户的重要程度，或者干脆放弃这个客户。企业应确保重点客户能够随着市场环境的变化而吐故纳新。

小贴士

大客户管理的原则

对大客户进行管理应遵循以下原则：

1）动态管理原则。该原则要求对客户的变化进行跟踪，客户资料要及时更新，使对大客户的管理保持动态性。

2）突出重点原则。该原则要求推销人员要通过资料找到重点客户。

3）灵活运用原则。该原则要求将已建立的客户资料卡或客户管理卡以灵活的方式及时全面地提供给推销人员及其他有关人员，使他们能进行更详细的分析，使资料变成活材料，提高客户管理的效率。

4）专人负责原则。该原则要求客户管理应确定具体的规定和办法，应有专人负责和管理，严格控制客户情报资料的利用和借阅。

二、确定大客户管理的策略

客户管理策略是指通过一系列时间、行为和事件等过程管理的安排，对客户关系进行策略化管理。对客户实行策略化管理一方面可以加强客户与企业的黏合度，进一步降低客户流失率和提高客户成交率；另一方面可以帮助企业内部充分挖掘客户资源，实现销售自动化管理。

1. 成立客户组织

企业可以发动现有客户成立一种组织（如客户学校、客户联谊会等机构），使组织随着客户的增加而不断扩大规模。这种将客户组织化的方式有助于与客户建立比较稳定的关系，使松散的联系变成紧密的联系，有利于开发客户资源。同时，参加了客户组织的会员，很容易产生品牌忠诚度，并且会在有意无意之间帮助企业宣传产品。

2. 定期拜访大客户

成交不是销售工作的终点，而是新的开始。推销人员应该对重点客户进行定期拜访，这样做一方面可以及时发现客户的问题并帮助提出解决方案，另一方面有利于向客户征求对企业、产品及推销人员的建议，保障充分沟通，建立互信合作的关系，使其成为企业的忠实客户。

3. 分级管理客户

企业的资源是有限的，推销人员的精力也是有限的，不同客户对企业利润的贡献程度也存在较大的差异，因此为了提高推销效益，企业应该按照一定的标准将客户划分成若干级别，针对不同级别的客户采取不同的管理策略，尤其要对重要的客户实施重点管理。

4. 实行客户信用制度

这是指推销人员根据企业与客户的交易关系给客户的信用评级打分，然后在企业政策允许的范围内，根据客户的实际情况，为他们发放一定额度的消费信用。持有消费信用卡的客户可以先消费再付款，或者分期付款。这种制度不仅可以促进推销工作的完成，还可以给客户一种精神上的享受，提升客户的品牌忠诚度。

职业知识检测

一、复习思考题

1. 大客户管理的内容有哪些？
2. 简述大客户管理的策略。
3. 大客户档案的内容主要包括哪几个方面？
4. 客户分析包括哪些内容？

二、案例分析

忠诚客户的培养

日本的一家化妆品公司设在人口百万的大都市里，这座城市每年的高中毕业生相当多。该公司的老板灵机一动，想出了一个好点子，从此他们的生意蒸蒸日上，成功地掌握了事业的命脉。

这座城市中刚毕业的女学生无论是就业还是深造，都将开始一个崭新的生活。她们脱掉学生制服，开始学习修饰和装扮自己。化妆品公司的老板了解了这个情况后，每年都为女学生们举办一次服装表演会，聘请知名度较高的明星或模特现身说法，教她们一些美容的技巧。在招待她们欣赏、学习的同时，老板自己也利用这一机会宣传自己的产品，表演会结束后他还不失时机地向女学生们赠送一份精美的礼物。

这些应邀参加的少女除了可以观赏到精彩的服装表演之外，还可以学到不少美容的知识，又能个个中奖，人人有份，满载而归，真是皆大欢喜。因此，许多人都对这家化妆品公司颇有好感。

这些女学生事先都会收到公司寄来的请柬。请柬设计得相当精巧有趣，令人一看卡片就欣喜，哪有不去的道理，因而大部分人都会寄回报名单。公司根据这些报名单准备一切事务。据说每年参加服装表演会的人数，约占全市女性应届毕业生的90%以上。

她们所得的纪念品中附有一张申请表，上面写着：如果您愿意成为本公司产品的使用者，请填好申请表，亲自交回本公司的服务台，你就可以享受到公司的许多优待。其中包括参加各种表演会和联欢会，以及购买产品时的优惠价等。大部分女学生都会响应这个活动，纷纷填表交回，该公司就把这些申请表一一加以登记装订，以便事后联系或提供服务。事实上，她们在交回申请表时，或多或少都会买些化妆品回去。这对该公司而言真是一举多得，不仅吸收了新客户，也实现了把客户忠诚化的理想。

分析讨论：

（1）试分析案例中这家化妆品公司的客户管理策略。

（2）通过阅读该案例，你从中得到了哪些启示？

职业技能训练

一、单一技能训练

积极维系大客户做转介绍

汽车推销人员：张大哥，最近忙吗？

客户：呵呵，小李啊，你好几天没打电话了。我跟你说，上次你给我们推荐的那款导航仪还真不错，实惠还实用，给客户送货非常方便，节省了时间，提高了效率。看来，有事情还就得找专业人士帮忙。

汽车推销人员：张大哥，能帮到您我高兴还来不及呢。您以后如果是业务上需要，要想改装什么，都可以找我。对了，我们店最近有一次大活动，有好几款车型8.8折优惠，一辆车最多能省两三万元呢。您有没有亲朋好友或是与您公司有业务联系的企业最近有买车计划的，您可以推荐到我们店里来，只要是您介绍来的，我一定给最优惠的价格。

客户：8.8折呀？那确实很低了。我确实有两个与我们公司有业务联系的企业最近想换车，有空时带到你们店去看看。

汽车推销人员：张大哥，您看周六怎么样？周六您休息，正好可以来试试我们几款新车，我觉得您对车的品位那真称得上是一流，每次试车都能说出很不一样的意见来。

客户：呵呵。好啊，那我周六带他们过去。

二、综合技能训练

全班每5～6人为一个小组，进行大客户管理的训练。一组作为推销人员，另一组扮演大客户；然后互换角色训练。

人　　员	大客户管理训练内容	训 练 要 求
人员：一组推销人员1～2人名；一组大客户若干名	进行大客户分析 建立客户档案 确定重点客户 进行客户关系维护	学会进行客户分析 学会建立客户档案 学会确定重点客户 会进行客户关系维护 掌握大客户管理的策略

三、技能迁移训练

（一）技能训练

以小组为单位，选择若干家企业，进行分析，确定重点客户，选择大客户管理的策略，并说明原因；然后在班里交流，同学们互相点评，最后由教师点评。

（二）案例分析

与客户互动是成功的关键

一位客户在房地产推销人员的帮助下买下了一所大房子。房子虽说不错，可毕竟价格不菲，所以总有一种买贵了的感觉。几个星期之后，房地产推销人员打来电话说要登门拜访，这位客户不禁有些奇怪，因为不知道他来有什么目的。

星期天上午，推销人员来了，一进屋就祝贺这位客户选择了一所好房子。在聊天中，推销人员讲了好多当地的小典故，又带客户围着房子转了一圈，把其他房子指给他看，说明他的房子为何与众不同，还告诉他附近几个住户都是有身份的人。销售人员的一番话，让这位客户疑虑顿消，得意满怀，觉得很值。那天，推销人员表现出的热情甚至超过卖房子的时候，让客户大受感染，确信自己买对了房子，很开心。一周后，客户的朋友来这里玩，对旁边的一幢房子产生了兴趣。自然，他将那位房地产推销人员介绍给了朋友。结果，那位推销人员又顺利地完成了一笔生意。

问题：

1. 这位推销人员是如何管理客户的？
2. 客户是如何转变态度的？
3. 这位推销人员采取了哪一种大客户管理的策略？

参 考 文 献

[1] 黄建武，等．现代商务礼仪 [M]．北京：北京邮电大学出版社，2013．

[2] 刘桂光．汽车营销 [M]．北京：科学出版社，2013．

[3] 赵铁．市场调查与分析 [M]．北京：北京交通大学出版社，2012．

[4] 吴健安．现代推销理论与技巧（第 3 版）[M]．北京：高等教育出版社，2013．

[5] 易开刚．现代推销学（第 3 版）[M]．上海：上海财经大学出版社，2012．

[6] 石春玲．商务谈判与推销 [M]．成都：西南财经大学出版社，2013．

[7] 张秋筠．商务沟通技巧 [M]．北京：对外贸易经济大学出版社，2010．

[8] 赵培全，山云霄．汽车营销理论与实务 [M]．北京：中国水利水电出版社，2010．

[9] 周勇江，贾永轩．汽车品牌营销 [M]．北京：机械工业出版社，2010．

[10] 陈永革，裘文才．汽车市场营销 [M]．北京：机械工业出版社，2010．

[11] 石虹，胡伟．汽车营销礼仪 [M]．北京：北京理工大学出版社，2010．

[12] 刘秀荣．新编市场营销实务 [M]．北京：北京理工大学出版社，2010．